ESV
ERICH
SCHMIDT
VERLAG

AF538152

Blockchain und digitale Währungen

Auf dem Weg zur Echtzeit-Wirtschaft

Von

Enée Bussac

ERICH SCHMIDT VERLAG

Bibliografische Information der Deutschen Nationalbibliothek
Die Deutsche Nationalbibliothek verzeichnet diese Publikation in der Deutschen Nationalbibliografie; detaillierte bibliografische Daten sind im Internet über http://dnb.dnb.de abrufbar.

Weitere Informationen zu diesem Titel finden Sie im Internet unter
https://ESV.info/978-3-503-20696-4

Zitiervorschlag:
Bussac, Blockchain und digitale Währungen

ISBN 978-3-503-20696-4 (gedrucktes Werk)
ISBN 978-3-503-20697-1 (eBook)

www.ESV.info

Druck: docupoint, Barleben

Inhaltsverzeichnis

I. Einleitung

In einer Zeit, in der die Marktkapitalisierung von Bitcoin die von Facebook übertroffen hat und jede große Zentralbank an ihrer eigenen staatlichen digitalen Währung arbeitet, ist es an der Zeit, sich einen Überblick über die Kryptosphäre, aber auch die Fortschritte der Verwendung der digitalen Währungen durch zentrale Entitäten und der aufkommenden Digitalisierung der Wirtschaft zu schaffen. Sie haben vielleicht schon mal von Ethereum, NFTs (non-fungible token) oder DeFi (Decentralized Finance) gehört? Welche neuen wirtschaftlichen Modelle entstehen gerade? Welche Auswirkungen wird der digitale Euro haben? So viele Fragen, die wir versuchen werden zu beantworten, indem wir einen ebenso pädagogischen wie praktischen Ansatz verfolgen, um Ihnen beschreiben zu können, wie die Wirtschaft der zweiten Hälfte der Jahre 2020 aussehen wird.

Diese schnell wachsenden Technologien, die mit der Einführung von Bitcoin im Jahr 2009 das Licht erblickt haben, bieten fantastische Entwicklungsmöglichkeiten für unsere Gesellschaft im Allgemeinen und unsere Wirtschaft im Besonderen, die wir in diesem Buch beschreiben werden. Die Tatsache, dass China im April 2020 seinen digitalen Yuan eingeführt hat, dass kleine Länder wie El Salvador, immer mehr Staaten des amerikanischen und des afrikanischen Kontinents sowie Unternehmen Bitcoin zum gesetzlichen Zahlungsmittel machen, zeigt, dass wir weit über einen Mediengag oder eine Modeerscheinung hinaus sind.

Dieses Buch ist eine Fortsetzung von „Bitcoin, Ethereum & Co.: Praxiswissen Kryptowährungen und Blockchain", das Anfang 2019 veröffentlicht wurde und ausführlich erklärt, was die Blockchain, Kryptowährungen, Krypto-Märkte usw. sind. Der erste Teil des vorliegenden Buches bietet eine Zusammenfassung dessen, was digitale Währungen und Register sind, und wie die Märkte sich seit 2017 entwickelt haben. In den darauffolgenden zwei Kapiteln erfolgt eine Bestandsaufnahme der dezentralen Seite der digitalen Währungen und Register. Zuerst wird es um Bitcoin, Ethereum und dessen bekannteste Anwendungen, wie NFTs und DeFi gehen. Wir werden dann sehen, wie sich zentralisierte Einheiten wie Staaten, Zentralbanken und institutionelle Investoren diese Technologien aneignen, von der EZB bis hin zu einem kleinen Archipel im Pazifischen Ozean. Wir werden uns dann auf die grundlegenden Unterschiede zwischen digitalen Währungen und Fiat-Währungen konzentrieren, wie wir sie heute kennen, und werden sehen, welche neuen Wirtschaftsmodelle sie ermöglichen. Abschließend werden wir uns die Rolle anschauen, die digitale Währungen und Register in unserem Kampf gegen den Klimawandel spielen könnten: Diese Perspektive ist viel erfreulicher, als Bitcoin uns glauben macht.

II. Ein kurzer Blick zurück

In diesem Kapitel wird zusammengefasst, was digitale Währungen und Register sind, wie sie sich entwickelt haben und wie sich die Krypto-Märkte in den letzten fünf Jahren entwickelt haben. Wir erinnern hier an einige Elemente des Vokabulars sowie an das Glossar am Ende des Buches, um das Verständnis der verwendeten Begriffe zu erleichtern.

1. Digitale Register

Digitale Register sind ein Überbegriff, der mehrere Methoden beschreibt, um spezifische Informationen online zwischen Teilnehmern mit bestimmten Rechten auszutauschen. Die Blockchain ist eine der Arten von digitalen Registern: Der Begriff „digitales Register" umfasst daher den der Blockchain, während „digitale Währung" den der Kryptowährungen umfasst.

1.1 Was ist ein Register?

Ein Register kann wie ein Dokument angesehen werden, in das eine juristische oder natürliche Person nach bestimmten Regeln bestimmte Informationen einträgt, die von einer bestimmten Personengruppe oder der ganzen Welt eingesehen werden können: Es kann typischerweise ein Grundbuch oder ein Rechnungsbuch sein. Die meisten der von uns verwendeten Register sind seit Langem digital, was es Unternehmen wie SAP, Microsoft, Google oder Oracle ermöglicht hat, dank ihrer Programme viel Geld zu verdienen, und die es Organisationen verschiedener Arten und Größen längst ermöglichen, viel effizienter zu sein als in der Papier-Ära. Der Begriff „Organisation" wird in diesem Buch sehr weit gefasst: Es können Unternehmen, öffentliche Verwaltungen oder NGOs sein, aber auch Verbände wie Sportvereine oder internationale Organisationen wie die UNO.

Wenn wir hier von „digitalem Register" sprechen, gehen wir davon aus, dass es geteilt wird, wodurch eine Online-Zusammenarbeit ermöglicht wird. Das Register wird als verteilt („distributed" auf Englisch) oder dezentralisiert bezeichnet, wenn es keine zentrale Stelle gibt, die dieses Register verwaltet, sondern ein als Protokoll bezeichnetes Regelwerk bestimmt, wer Zugriff auf das Register hat, wie die enthaltenen Informationen codiert sind und unter welchen Bedingungen ein Teilnehmer etwas hinzufügen darf usw. So werden Sie im Englischen regelmäßig auf den Begriff „DLT" für „Distributed Ledger Technology" stoßen, wobei „Ledger" „Register" bedeutet. Die Blockchain ist eine DLT, bei der Informationen in mehrere Blöcke von Computerdaten gruppiert und kryptografisch miteinander verknüpft werden. Jeder hat also bereits ein Register verwendet und konsultiert, dessen Komplexität und Sicherheitsniveau grundsätzlich dem Wert der darin enthaltenen Informationen entsprechen.

1.2 Die Bestandteile eines digitalen Registers

Bei der Erstellung eines digitalen Registers müssen mehrere Merkmale ermittelt werden:

- **Die Teilnehmer:** Wer kann auf die Registrierung zugreifen? Ihre Freunde über Dropbox? Ihre Kollegen über Excel oder Google Suite? Die gesamte Welt über die Bitcoin-Blockchain?
- **Die Art der im Register enthaltenen Informationen:** Code? Zeugnisse? Nummernschilder? Finanztransaktionen? Patente?
- **Informationscodierung:** Welche Computersprache wird verwendet? Sind die Informationen verschlüsselt? Datiert? Geschützt? Veränderbar? Welche Elemente muss jeder Eintrag im Register unbedingt enthalten?
- **Registerverwaltung:** Wird es zentralisiert, d. h. von einer einzigen Stelle oder einer kleinen Anzahl eindeutig identifizierter Stellen verwaltet, oder dezentralisiert, d. h. durch eine Reihe von Computerregeln, die jeder Teilnehmer einsehen kann und beachten muss, wenn er das Register nutzen möchte? Einfach gesagt: Google oder Bitcoin?
- **Die Regeln für jeden Teilnehmer:** Wer hat das Recht, die Daten zu sehen? Sie zu teilen? Sie zu ändern? Sie zu entfernen?
- **Aktualisierungshäufigkeit der Registrierung:** Jede Woche? Jeden Monat? Jede Stunde? Alle zehn Minuten?

1.3 Die Blockchain

1.3.1 Definition

Die Blockchain ist eine Art DLT: „Eine Blockchain ist eine digitale Datei, in der dieselbe Information von allen Mitgliedern einer Gesellschaft abgespeichert und Updates in regelmäßigen Zeitblöcken an die bereits bestehende Information gehängt werden, sodass jeder Teilnehmer die gesamte Information besitzt und sich nicht auf andere verlassen muss." (Julian Hosp, 2018)

Konzentrieren wir uns auf diese Sequenz-für-Sequenz-Definition, um die Vorteile, Nachteile und Verwendungen von Blockchain besser zu verstehen.

1.3.1.1 „Digitale Datei"

Die Blockchain ist nur in digitaler Form verfügbar, kann aber viel Platz einnehmen. Die von Bitcoin beispielsweise übersteigt 360 GB, was für ein Register, das alle Transaktionen in Bitcoins seit dem 3. Januar 2009 erfasst, immer noch angemessen ist.

1.3.1.2 „Dieselbe Information [wird] von allen Mitgliedern einer Gesellschaft abgespeichert"

Dieselben Informationen werden tatsächlich auf so vielen Computern wiedergegeben, wie es Teilnehmer im Netzwerk gibt, die als Knoten fungieren, also mehrere hunderttausend Teilnehmer für Bitcoin. Daraus ergibt sich einer der

Nachteile der Blockchain: Sie verursacht einen deutlich höheren Ressourcenverbrauch als zentralisierte Systeme wie Banken oder soziale Netzwerke.

Die Bank einer Einzelperson sichert ihre Daten wahrscheinlich auf zwei Servern, vielleicht drei aus Sicherheitsgründen. Die Blockchain speichert sie je nach Größe ihrer Community auf hunderten, tausenden, zehn- oder sogar hunderttausenden. Allerdings verursacht Bitcoin nicht aus diesem Grund einen solchen Energieaufwand. Dies stellt jedoch einen seiner großen Vorteile dar: Da die Daten auf Tausenden von Computern gespeichert sind, die zu einem Netzwerk gehören und dieselben Regeln und dieselben Informationen teilen, ist dieses Netzwerk unzerstörbar, da es unmöglich ist, gleichzeitig all die Teilnehmer dieses Netzwerkes zu hacken. Selbst dann müssten alle Computer deaktiviert werden, um das Netzwerk und dessen Daten zu zerstören, was fast unmöglich ist.

1.3.1.3 „Updates [werden] in regelmäßigen Zeitblöcken an die bereits bestehende Information gehängt werden"

Sie können einer Blockchain nur Daten hinzufügen. Diese können nachträglich nicht gelöscht oder geändert werden. Dies ist aus Sicht des Datenschutzes und des Widerrufs- und Löschungsrechts der Bürger (vorgeschrieben durch die DSGVO) problematisch. Es gibt Lösungen, um dieses Problem zu umgehen, z. B. indem unzugängliche Daten, die noch in der Blockchain gespeichert sind, aber veraltet sind, durch Updates ersetzt werden. Jede Blockchain ist darüber hinaus so programmiert, dass ihr alle x Sekunden oder Minuten ein Block hinzugefügt wird, beispielsweise durchschnittlich alle 10 Minuten bei Bitcoin oder alle 30 Sekunden bei Ethereum. Ein Block ist eine Computereinheit, die Daten enthält, die durch das Blockchain-Protokoll datiert und codiert werden. Jeder Block ist kryptografisch mit dem vorherigen Block und dem folgenden Block verknüpft, sodass alle nachfolgenden Blöcke modifiziert werden müssen, um die in einem einzelnen Block enthaltenen Informationen zu modifizieren, was eine kryptografische Auswirkung auf die in den folgenden Blöcken enthaltenen Daten hat.

1.3.1.4 „Sodass jeder Teilnehmer die gesamte Information besitzt"

Wenn wir hier von Blockchain sprechen, ist die Rede von einer öffentlichen Blockchain, die von jedem über spezialisierte Websites wie Etherscan.io für Ethereum oder Blockchain.com für Bitcoin eingesehen werden kann.

1.3.1.5 „Jeder Teilnehmer [muss] sich nicht auf andere verlassen muss"

Die goldene Regel der Blockchain lautet, dass die Mehrheit die Wahrheit bestimmt. Wenn 9999 Computer Informationen übermitteln und nur ein weiterer Computer widersprüchliche Informationen übermittelt, dann akzeptiert die Gemeinschaft die erste Information als wahr und der „Rebell"-Computer wird zumindest vorübergehend aus dem Netzwerk ausgeschlossen.

1.3.2 Dezentralisierung, Transparenz und Unveränderlichkeit

Die Blockchain zeichnet sich auch dadurch aus, dass sie ohne zentrale Instanz funktioniert, was Vor-, aber auch Nachteile hat. Für einige ist sie damit potenziell frei von einer Unterwerfung unter Regierungen, Banken und andere große Unternehmen, sodass die Entwicklung von Blockchain und Kryptowährungen Werte wie Idealismus, Rebellion oder Anarchismus in sich trägt. Die im ersten Bitcoin-Block enthaltene Botschaft bezieht sich in diesem Fall auf die großzügige Unterstützung von Banken durch Regierungen während der Finanzkrise von 2008-2009, als Bitcoin geboren wurde (siehe rechte Spalte in Abbildung 1, Titel eines „Times"-Artikels in Grün).

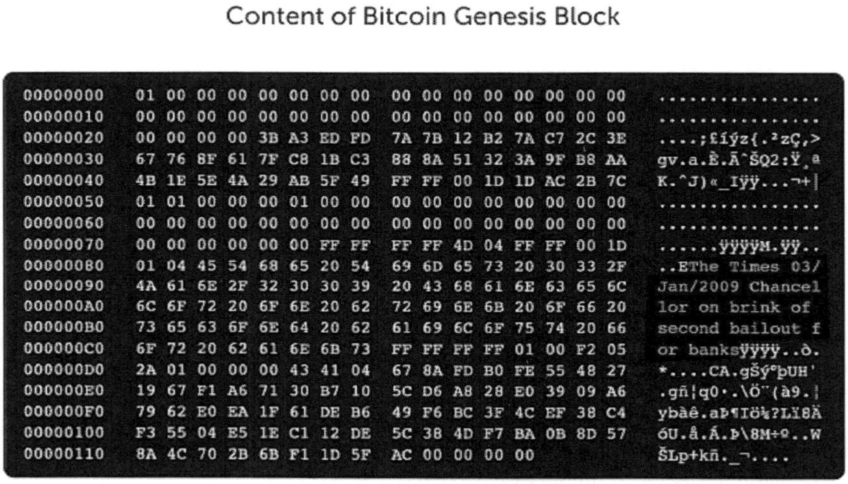

Content of Bitcoin Genesis Block

```
00000000  01 00 00 00 00 00 00 00  00 00 00 00 00 00 00 00  ................
00000010  00 00 00 00 00 00 00 00  00 00 00 00 00 00 00 00  ................
00000020  00 00 00 00 3B A3 ED FD  7A 7B 12 B2 7A C7 2C 3E  ....;£íýz{.²zÇ,>
00000030  67 76 8F 61 7F C8 1B C3  88 8A 51 32 3A 9F B8 AA  gv.a.È.Ã^ŠQ2:Ÿ¸ª
00000040  4B 1E 5E 4A 29 AB 5F 49  FF FF 00 1D 1D AC 2B 7C  K.^J)«_Iÿÿ...¬+|
00000050  01 01 00 00 00 01 00 00  00 00 00 00 00 00 00 00  ................
00000060  00 00 00 00 00 00 00 00  00 00 00 00 00 00 00 00  ................
00000070  00 00 00 00 00 00 FF FF  FF FF 4D 04 FF FF 00 1D  ......ÿÿÿÿM.ÿÿ..
00000080  01 04 45 54 68 65 20 54  69 6D 65 73 20 30 33 2F  ..EThe Times 03/
00000090  4A 61 6E 2F 32 30 30 39  20 43 68 61 6E 63 65 6C  Jan/2009 Chancel
000000A0  6C 6F 72 20 6F 6E 20 62  72 69 6E 6B 20 6F 66 20  lor on brink of 
000000B0  73 65 63 6F 6E 64 20 62  61 69 6C 6F 75 74 20 66  second bailout f
000000C0  6F 72 20 62 61 6E 6B 73  FF FF FF FF 01 00 F2 05  or banksÿÿÿÿ..ò.
000000D0  2A 01 00 00 00 43 41 04  67 8A FD B0 FE 55 48 27  *....CA.gŠý°þUH'
000000E0  19 67 F1 A6 71 30 B7 10  5C D6 A8 28 E0 39 09 A6  .gñ¦q0·.\Ö¨(à9.¦
000000F0  79 62 E0 EA 1F 61 DE B6  49 F6 BC 3F 4C EF 38 C4  ybàê.aÞ¶Iö¼?Lï8Ä
00000100  F3 55 04 E5 1E C1 12 DE  5C 38 4D F7 BA 0B 8D 57  óU.å.Á.Þ\8M÷º..W
00000110  8A 4C 70 2B 6B F1 1D 5F  AC 00 00 00 00           ŠLp+kñ._¬....
```

Abbildung 1: Der Inhalt des ersten Blocks der Bitcoin-Blockchain am 3. Januar 2009

Quelle: The Times (UK), 3. Januar 2009, „Chancellor on Brink of Second Bailout for Banks"

Transparenz ist einer der wesentlichen Bestandteile der Blockchain: Alle Transaktionen sind öffentlich, sodass es möglich ist, die Teilnehmer über ihre öffentliche Adresse zu verfolgen, aber es ist die meiste Zeit nicht möglich zu wissen, wer hinter diesen Adressen steckt. Wir sprechen daher von Pseudo-Anonymität.

Die Hauptattribute der Blockchain sind daher:

- **Transparenz:** Alle Einträge sind durchsuchbar.
- **Dezentralisierung:** Es gibt keine zentrale Instanz.
- **Unveränderlichkeit:** Daten können nicht geändert bzw. gelöscht werden.

Eine Blockchain ist außerdem:

- ständig zeitgestempelt und aktualisiert,
- nach Datenblöcken organisiert,
- von einem Computerprotokoll geregelt, das allen bekannt ist,

- mit einem Belohnungssystem ausgestattet, um die Teilnehmer zu ermutigen, das System fortzusetzen,
- sehr innovativ in Bezug auf die Governance (Führungssystem).

1.3.3 Der Konsensalgorithmus

1.3.3.1 Definition und Grundprinzip

Durch eines der grundlegenden Elemente eines Blockchain-Protokolls werden dessen Betriebsregeln bestimmt: der Konsensalgorithmus. Insbesondere wird durch den Konsensalgorithmus bestimmt:

- wie oft neue Blöcke zur Blockchain hinzugefügt werden sollen,
- nach welchen Kriterien ein Block akzeptiert wird,
- welche Belohnung der Teilnehmer erhält, der den von ihm vorgeschlagenen Block zur Blockchain hinzufügen konnte.

Ein Teilnehmer hat großes Interesse daran, einen Block an die Blockchain anzuhängen: Er erhält tatsächlich eine Belohnung dafür, dass er zum Fortbestand des Systems beigetragen hat. Da Blockchains keine zentrale Instanz haben, ist ein Mechanismus erforderlich, um die Rolle zu ersetzen, die diese gespielt hätten, wie beispielsweise die Rolle einer Bank. Da es für einen Computer einfach ist, einen Block zu erstellen, solange er mit dem Blockchain-Netzwerk verbunden ist, wird ein Mechanismus benötigt, um in jeder Periode einen einzelnen Teilnehmer zu bestimmen, der den nächsten Block an die Blockchain anhängt und somit eine Belohnung erhält.

Es werden zwei Sachen von Teilnehmern erwartet:

1. dass sie die Anforderungen des Protokolls in Bezug auf den Inhalt des Blocks strikt einhalten,
2. dass sie sich denen des Konsensalgorithmus unterwerfen.

In aktuellen Kryptowährungs-Blockchains werden mehrere Konsensalgorithmen verwendet. Die beiden wichtigsten sind Proof of Work (PoW) und Proof of Stake (PoS).

1.3.3.2 Der PoW

Je mehr Energie ein Teilnehmer investiert, desto wahrscheinlicher wird er vom System ausgewählt, um einen Block an die Blockchain anzuhängen, denn der Algorithmus stellt Teilnehmer vor ein kryptografisches Rätsel, das nur durch wiederholtes Probieren gelöst werden kann. Bei Bitcoin beispielsweise werden im Schnitt alle zehn Minuten mehrere hunderttausend Dollar in Form von Bitcoins an die glücklichen Gewinner ausgeschüttet, die einen vom System ausgewählten Block vorgeschlagen haben. Dadurch verstehen wir, warum diese Teilnehmer („Miner" genannt) motiviert sind, ihre Blöcke an die Bitcoin-Blockchain anzuhängen. Der PoW ist somit der einzige Grund für den phänomenalen Stromverbrauch von Bitcoin (wir werden uns für den Stromverbrauch des Bitcoin-Systems am Ende dieses Buches näher interessieren).

1.3.3.3 Der PoS

Je höher der Einsatz, also je mehr Systemeinheiten, also Coins, desto größer ist die Chance, vom System (zufällig) ausgewählt zu werden, um den nächsten Block an die Kette anzuhängen. Wenn ein Teilnehmer beispielsweise ein Tausendstel der Coins in der Wallet der Kryptowährung gelagert hat, hat er für jeden Block eine Tausendstel Chance, ausgewählt zu werden und somit eine Belohnung einzustreichen. Der große Vorteil dieses Systems ist, dass es keinen besonderen Stromaufwand verursacht. Andererseits begünstigt es natürlich die Reichsten. PoW-Enthusiasten werden sagen, dass es auch weniger sicher ist als ihr Lieblingssystem. Ethereum wechselt gerade von PoW zu PoS. Es gibt Variationen von PoS, vor allem DPoS (EOS, Polkadot usw.) und Masternode (Dash usw.).

Konsensalgorithmen sind für die Blockchain unerlässlich und grundlegend, da sie die Aktion einer zentralisierten Einheit ersetzen, die in der Lage ist, Entscheidungen zu treffen und das System nach ihren eigenen Regeln und ihrem eigenen Timing zu aktualisieren. Sie sind daher nur in dezentralen Systemen relevant.

1.3.4 Das Trilemma der Blockchain

Zurück zur Blockchain. Eine Blockchain kann durch das Prisma des Trilemmas beschrieben werden, das aus einer Bewertung ihrer drei grundlegenden Eigenschaften besteht:

- Dezentralisierung
- Sicherheit
- Skalierbarkeit

Das Konzept des Trilemmas stammt nicht aus der Blockchain. Bei „herkömmlichen" Geldanlagen sind beispielsweise die drei Merkmale des Trilemmas Liquidität, Rentabilität und Sicherheit. Wir können jedes Produkt gemäß den drei Merkmalen des Trilemmas beschreiben, wobei zu beachten ist, dass kein Produkt gleichzeitig in diesen drei Bereichen herausragend ist: Kein Finanzprodukt ist gleichzeitig vollkommen liquide, sicher und rentabel; keine Blockchain ist vollständig skalierbar, dezentral und sicher. Der Bitcoin ist zum Beispiel ein Modell für Dezentralisierung und Sicherheit, aber kaum skalierbar, das heißt, nur gering anpassungsfähig an eine Veränderung der Nachfrage nach der Nutzung seines Netzwerks. Bei vielen Blockchains hingegen werden Zugeständnisse bei der Dezentralisierung gemacht, um deren Sicherheit und Skalierbarkeit zu erhöhen. Dies wird natürlich deutlich mehr der Fall bei zentralisierten digitalen Registern sein, wie zum Beispiel beim digitalen Register, auf dem der digitale Euro verwaltet wird.

1.3.5 Digitales Vertrauen

Die Blockchain bietet eine Lösung in zwei grundlegenden Bereichen:

1. Wertaustausch in größerem Umfang: Durch die Blockchain eröffnen sich neue Vertrauensräume und damit Kooperationen in neuen Größenordnungen und in neuen Umgebungen zwischen Teilnehmern, die sich sonst nicht vertrauen würden, insbesondere weil sie sich nicht kennen.
2. Digitaler Wert: Durch die Blockchain wird das bahnbrechende Konzept der „digitalen Knappheit" eingeführt, da sie ein Gegenmittel gegen digitale Doppelausgaben („Double spending") darstellt. Dadurch werden tatsächliche digitale Einheiten einer einzelnen Einheit zugeordnet, die durch ihre öffentliche Adresse („Public address") repräsentiert wird, wodurch das Aufkommen digitaler Vermögenswerte ermöglicht wird.

Fassen wir die wichtigsten Vor- und Nachteile der Blockchain zusammen:

Vorteile	Nachteile
Selbstverwaltet	Ressourcenhungrig
Fast unmöglich zu hacken	Nicht unbedingt billiger als zentralisierte Register
Offen für alle	Häufig mit Skalierbarkeitsproblemen konfrontiert
Unzensiert	Aufgrund der dezentralen Natur schwierig zu verwalten
Zuverlässig	Schwierig, die DSGVO einzuhalten
Immer aktualisiert	Oft benutzerunfreundlich
Sehr innovativ	Insgesamt weniger effizient als zentralisierte Systeme

2. Digitale Währungen

Digitale Währungen tauchten nach vielen Versuchen mit Kryptowährungen und damit Bitcoin auf. Erst 2017 gewannen sie durch die ICO-Blase gegen Ende des Jahres breite Aufmerksamkeit. Wir werden hier untersuchen, welche Funktionen eine Währung erfüllen muss, welche Funktionen digitale Währungen zusätzlich mitbringen und was ihnen teilweise ihren disruptiven Charakter verleiht.

2.1 Kryptowährungen: Fazit der ersten Schritte

Zur Erinnerung: Kryptowährungen wurden mit Bitcoin geboren, dessen Whitepaper, d. h. die Präsentation des Projekts, im Oktober 2008 veröffentlicht wurde; das System wurde am 3. Januar 2009 in Betrieb genommen. Bitcoin ist eine Kombination aus Ideen und Technologien, die in verschiedenen Bereichen durch verschiedene Personen und Institutionen in den vergangenen Jahrzehnten entwickelt wurden, die durch den mysteriösen Satoshi Nakamoto zusammengebracht wurden.

Kryptowährungen sind die erste massenhafte und praktische Nutzung der Blockchain, die 2009 mit Bitcoin auftauchte. Hier sind fünf Schlüsseldaten der digitalen Währungen:

- 3. Januar 2009: Erscheinen von Bitcoin
- 2011: Erscheinen von Litecoin und Durchführung der ersten Transaktionen
- 2015: Einführung von Ethereum
- April 2020: China führt offiziell den digitalen Yuan ein
- 2020: Aufstieg der NFT und der DeFi hauptsächlich auf der Ethereum-Blockchain

2.2 Die Funktionen des Geldes

Geld wird oft durch seine drei Funktionen beschrieben:

1. Es ist ein Wertaufbewahrungsmittel.
2. Es ist eine Rechnungseinheit.
3. Es ist ein Austauschmittel.

2.2.1 Wertaufbewahrungsmittel

Wenn jemand eine bestimmte Währung besitzt, muss er sicher sein, dass deren Wert im Laufe der Zeit nicht sinken wird. Wenn der Wert einer Währung zu schnell sinkt, werden ihre Inhaber zum sofortigen Konsum ermutigt, sodass kaum bzw. kein Geld zur Verfügung steht, um zu sparen oder in Unternehmen, Investitionen, Projekte usw. zu investieren, die dennoch für die Entwicklung unserer Gesellschaften unerlässlich sind. Die Funktion einer Währung als Wertaufbewahrungsmittel wird dadurch sichergestellt, dass es schwierig oder unmöglich ist, neue Einheiten dieser Währung zu schaffen, sodass die derzeit im Umlauf befindlichen Einheiten ihren Wert behalten oder gegenüber anderen Währungen an Wert gewinnen. Dies ist insbesondere bei Gold der Fall. Selbst in großen Produktionsjahren ist es unmöglich, jedes Jahr mehr als das Äquivalent von 2 % des vorhandenen Goldbestands zu extrahieren, sodass Gold immer einen hohen Wert haben wird. Umgekehrt haben die meisten Zentralbanken seit Beginn der Pandemie aus dem Nichts so viel Geld ausgegeben, dass man sich fragen muss, ob der Wert von Bitcoin steigt oder der von Fiat-Währungen unaufhaltsam sinkt. Damit wurde seit Januar 2020 ein Drittel der heute im Umlauf befindlichen US-Dollar ausgegeben (siehe Abbildung 2). Inflation ist einer der Indikatoren für eine Abwertung der Rolle einer Währung als Wertaufbewahrungsmittel; sie kommt dieses Jahr überall stark zurück, zum Beispiel gerade auf 8,9 %/Jahr in der EU (Quelle: „Inflation in Eurozone steigt auf Rekordwert von 8,9 Prozent" *https://www.br.de/nachrichten/wirtschaft/inflation-in-eurozone-steigt-auf-rekordwert-von-8-9-prozent,TCxJziF* abgerufen am 12.08.2022).

Abbildung 2: Wie andere entwickelte Länder haben die Vereinigten Staaten ihre Währung seit dem Ausbruch der Pandemie massiv ausgestellt

Quelle: Economics explained (YouTube), *https://www.youtube.com/c/EconomicsExplained*

2.2.2 Rechnungseinheit

Eine Währung wird verwendet, um den Wert einer Dienstleistung oder eines Produkts, meistens durch das Gesetz von Angebot und Nachfrage, möglichst genau auszudrücken. Sie macht es möglich, nicht mehr auf Tauschhandel zurückzugreifen, unsere Volkswirtschaften effizient und liquide zu machen, komplexe Wirtschaftsmodelle hervorzubringen, Märkte beträchtlicher Größe zu entwickeln und spezialisierte Akteure hervorzubringen. Die Preisgestaltung ist in einer Volkswirtschaft von grundlegender Bedeutung. Digitale Währungen geben diesem Bereich eine neue Dimension und ebnen den Weg für neue Geschäftsmodelle, da sie in viel kleinere Einheiten teilbar sind als der Cent, der im Allgemeinen die kleinste Einheit der aktuellen Fiat-Währungen (Euro, Dollar, Pfund usw.) ist.

2.2.3 Austauschmittel

Eine Währung muss ein guter Tauschvermittler sein, wenn die beiden vorherigen Funktionen (Wertaufbewahrungsmittel und Rechnungseinheit) erfüllt sind und sie von einer Vielzahl von Wirtschaftsakteuren akzeptiert wird, oder weil ein Staat verfügt hat, dass diese das einzige legale Zahlungsmittel in seinem Territorium ist, wie das britische Pfund im Vereinigten Königsreich.

Eine gute Währung ist also eine Währung, die diese drei Funktionen hervorragend und über einen langen Zeitraum erfüllt und immer komplexere und effizientere Volkswirtschaften entstehen lässt. In diesem Bereich ist das Buch von Saifedean Ammous, *The Bitcoin Standard,* veröffentlicht von John Wiley & Sons im Jahr 2018, sehr zu empfehlen.

2.3 Informationsvektoren

Digitale Währungen haben eine vierte Funktion: die der Informationsvermittlung. Kryptowährungen, von Natur aus globale digitale Währungen und Einheiten von Computersystemen, haben die Nichtbindung einer Währung an ein Gebiet eingeführt, aber auch das Konzept des „Utility Token", d. h. einer Einheit, die ausschließlich Zugang zu einem System gewährt, wie z. B. der Ether in der Ethereum Virtual Machine (EVM). Die EVM ist ein Netzwerk miteinander verbundener Computer, das seinen Benutzern dezentrale Cloud-Dienste bietet, die sogenannte Dapps (dezentralisierte Applikationen) entwickeln, hosten und testen, neue Währungen erstellen, Daten speichern, Geld verwalten usw. Durch die Nutzung des EVM erhebt das System eine Gebühr namens „Gas", die in Bruchteilen von ETH (Ether, die Währung des Ethereum-Netzwerks) angegeben ist, sodass ETH die einzige Währung ist, die die Nutzung des EVM erlaubt.

Das einfache Eigentum oder der einfache Gebrauch einer Währung vermittelt somit Informationen über potenziell genutzte Dienstleistungen, denn man kann ETH auch kaufen, verkaufen oder lagern, einfach um zu sparen oder zu spekulieren, und nicht um die EVM zu nutzen. Ein anderes Beispiel: Wenn der deutsche Staat eine Währung ausgibt, die wir „DEMWST" nennen, und diese vom Finanzamt eingezogen wird, sobald ein Kauf zu einem Mehrwertsteuerbetrag führt, wird jede Person, die Zugang zu den Geldflüssen einer Verkaufsstelle hat, wissen, für welchen Zweck die Währung „DEMWST" verwendet wird. Dies widerspricht der Logik von Fiat-Währungen, die in einem bestimmten Gebiet als universelles Zahlungsmittel dienen, aber andere Vorteile mit sich bringen und erhebliche Auswirkungen auf unsere Volkswirtschaften haben könnten. Wir werden darauf in den Kapiteln 4, 5 und 6 ausführlicher zurückkommen.

3. Krypto-Asset-Märkte

Kryptografische Asset-Märkte sind eine Art Parallelwelt zu traditionellen Finanzmärkten und haben ihre eigenen Teilnehmer und Betriebsregeln. Wie die Vermögenswerte, auf die sie sich beziehen, sind sie zunehmend in der breiten Öffentlichkeit bekannt und werden von ihr genutzt. Insbesondere Coinbase ist ein börsennotiertes Unternehmen, das mehr wert ist als viele Banken, die es seit Jahrzehnten gibt, Zehntausende von Menschen beschäftigen und ein Netzwerk von Hunderten von Filialen haben.

3.1 Besonderheiten

Bevor wir einen kurzen Rückblick auf die Krypto-Asset-Märkte machen, erinnern wir Sie hier kurz an ihre Besonderheiten im Vergleich zu traditionellen Finanzmärkten:

- Sie sind rund um die Uhr geöffnet.
- Sie sind nur Kryptowährungen und Fiat-Währungen gewidmet, manchmal nur den ersten.
- Sie bewegen sich in einer Grauzone der Regulierung.

- Sie werden von spezialisierten Plattformen betrieben, die als „Exchanges“ bezeichnet werden und zentral oder dezentral sein können.
- BTC und ETH sind die am häufigsten akzeptierten Währungen auf diesen Plattformen.
- Alle Börsen wurden in den Jahren 2010 und 2020 eingerichtet; praktisch alle sind der Öffentlichkeit unbekannt.
- Der Markt ist extrem volatil; Schwankungen von 5 % pro Tag sind völlig normal.
- Die verfügbaren Informationen zu den Währungen unterscheiden sich von denen der traditionellen Märkte: Es werden kein Unternehmen, keine Person oder kein Staat identifiziert, aber das „Kontobuch“ (die Blockchain) ist für alle offen, ebenso wie die Informationen über den Token und dessen Inhaber.

3.2 Ein paar Größenordnungen

Mehrere Indikatoren werden verwendet, um Informationen auf hoher Ebene über den Zustand der Krypto-Asset-Märkte zu kommunizieren:

- die Anzahl der Kryptowährungen: offiziell mehr als 20.000 auf Coin Market Cap gelistet, einer der Referenzseiten, auf denen Preise und andere Informationen zu Währungen und Börsen veröffentlicht werden
- die Anzahl der Börsen: mehr als 500 auf derselben Website
- Marktkapitalisierung: mehr als 1100 Milliarden Dollar am 11. August 2022, nachdem sie sich 2021 der 3000 Milliarden Dollar näherte (Quelle: *https://coinmarketcap.com/*)
- Handelsvolumen: 92 Mrd. $ per 11. August 2022 (Quelle: *https://coinmarketcap.com/*)
- Dominanz: ein Indikator, der den Prozentsatz der wichtigsten Währungskapitalisierung auf dem Markt oder einem Teil davon angibt. Wenn wir über die Dominanz von Bitcoin sprechen, liegt dies im Markt als Ganzes. Diese Dominanz des Bitcoins befindet sich derzeit auf einem historischen Tiefstand. In der dezentralen Finanzierung werden wir über die Dominanz der Währung sprechen, die die meisten Vermögenswerte verwaltet, Maker zum Beispiel; in Masternodes ist es immer Dash. Flippening bezeichnet eine Theorie, dass Ethereum eines Tages Bitcoin als Top-Marktgewicht für Krypto-Assets entthronen wird. Die Entwicklung des Preises dieser beiden Währungen seit 2020 deutet darauf hin, dass dies durchaus passieren könnte. Coin Market Cap zeigt jedenfalls die Dominanz von Ethereum neben der von Bitcoin seit Anfang 2021 an
- Gas: ein Indikator, der die Transaktionskosten auf der Ethereum-Blockchain widerspiegelt, ausgedrückt in Gwei, d. h. in Milliardstel ETH.

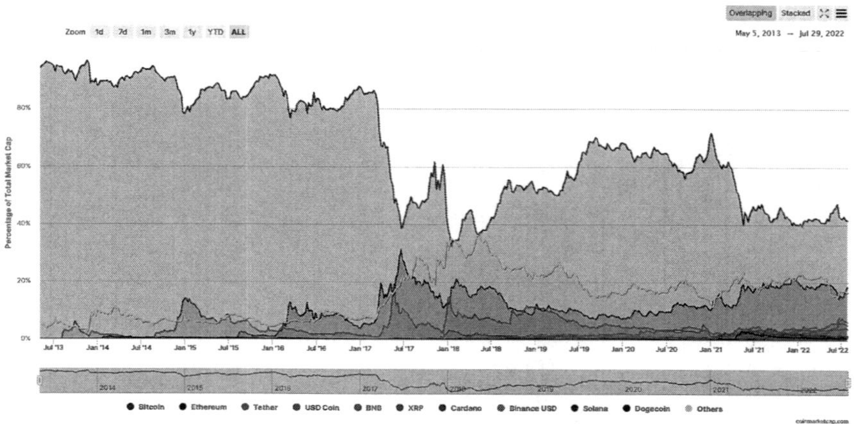

Abbildung 3: Coin Market Cap zeigt die Dominanz der wichtigsten Coins im Laufe der Zeit (Bitcoin in Beige)

Quelle: *https://coinmarketcap.com/charts/*, 29. Juli 2022

3.3 Zwei Klischees

3.3.1 „Bei Kryptowährungen sind Gebühren niedriger als im herkömmlichen Fiat-System"

Die Transaktionsgebühren für die wichtigsten Kryptowährungen steigen tendenziell recht schnell, sodass dies insbesondere bei Ethereum zu einem Problem wird.

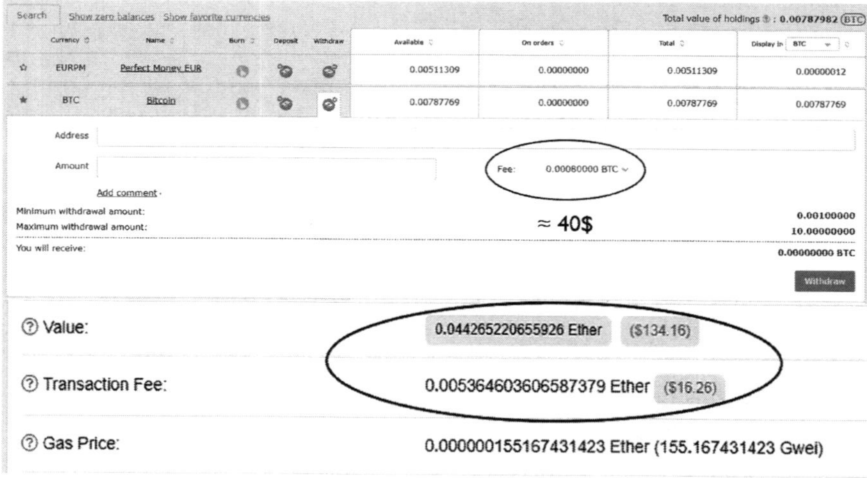

Abbildung 4: Screenshots der Crex24 Exchange oben und Etherscan unten

Quellen: *https://crex24.com/exchange/und https://etherscan.io/*

3.3.2 „Die Kryptosphäre ist dezentralisiert"

Die Blockchain ist zwar theoretisch dezentralisiert, aber das ist nicht immer der Fall und vor allem erfolgt der Zugriff auf Kryptowährungen oft über Exchanges, die meistens zentralisierte Plattformen sind.

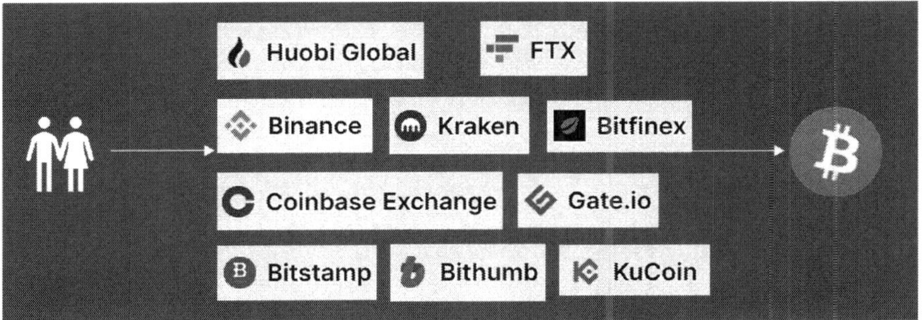

Abbildung 5: Die meisten von uns verwenden Exchanges, um in die Welt der Kryptowährungen einzutauchen

Quelle: Darstellung des Autors und Logos der jeweiligen Exchanges sowie des Bitcoins

3.4 Kurzer Rückblick

3.4.1 2017: die ICO-Blase

2017 ist das Jahr, in dem der Krypto-Asset-Markt wirklich Fahrt aufgenommen hat, sowohl in Bezug auf seine Kapitalisierung als auch auf seine Bekanntheit in der breiten Öffentlichkeit (Abbildung 6). Ende des Jahres entstand eine Spekulationsblase rund um ICOs, Börsengänge in der Welt der Kryptowährungen. Es haben auch viele Betrügereien stattgefunden, von Bitconnect bis Chain Group über Hexabot.

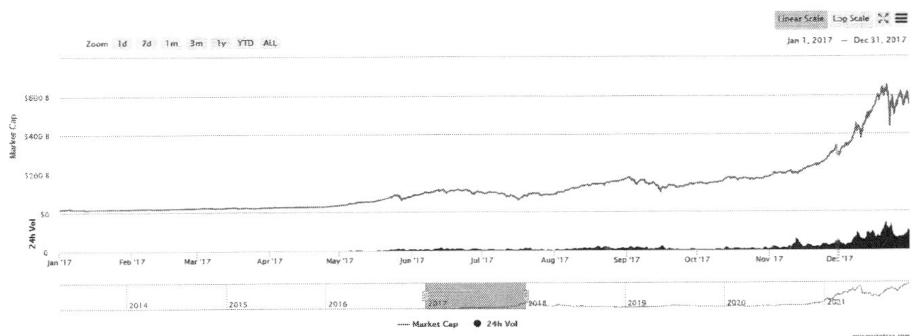

Abbildung 6: Marktkapitalisierung des Krypto-Marktes im Jahr 2017

Quelle: *https://coinmarketcap.com/*

3.4.2 2018: Es wird wieder ruhig

2018 begann mit dem Platzen der Blase; dann kam eine sehr ruhige Phase bis zum Jahresende, als der ETH beispielsweise unter 100 € fiel. Allmählich hörten ICOs auf.

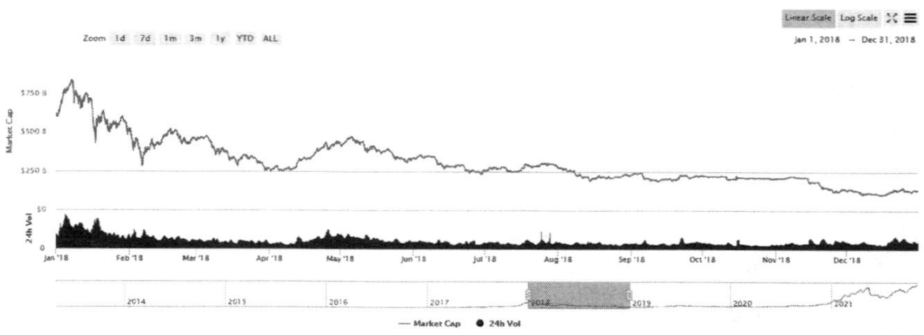

Abbildung 7: Marktkapitalisierung des Krypto-Marktes im Jahr 2018

Quelle: *https://coinmarketcap.com/*

3.4.3 2019: Bitcoin is back

2019 war ein Bitcoin-Jahr, dessen Preis nach einem sehr ruhigen Jahr 2018 wieder zu steigen anfing. Dies ist auch das Jahr, in dem die ersten STOs, das Libra/Diem-Projekt von Facebook, aber auch DeFi entstanden.

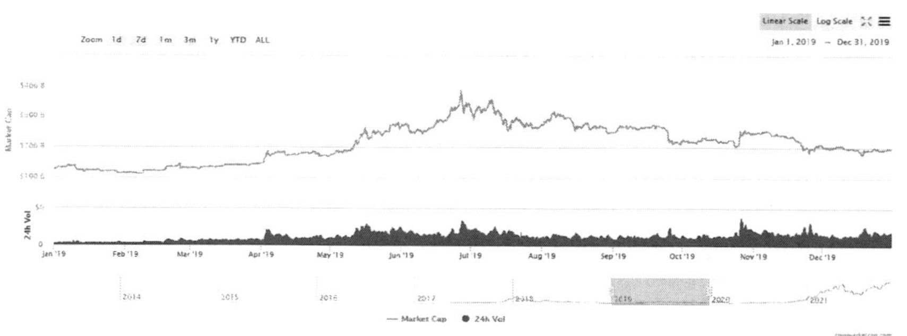

Abbildung 8: Marktkapitalisierung des Krypto-Marktes im Jahr 2019

Quelle: *https://coinmarketcap.com/*

3.4.4 2020: Here we go

Obwohl dies keine sichtbaren Auswirkungen auf die Märkte hatte, war 2020 das Jahr der offiziellen Einführung des digitalen Yuan in China. Es war auch das Jahr, in dem DeFi und NFTs zu wachsen begannen und traditionelle Finanzakteure und Elon Musk in Kryptowährungen eintauchten, wodurch der Markt ab Oktober explodierte.

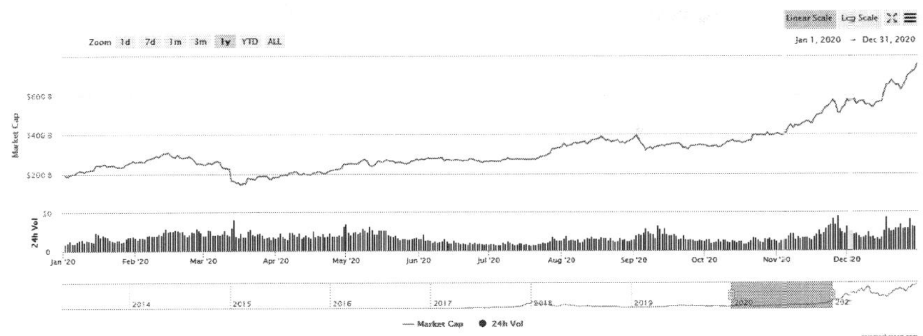

Abbildung 9: Marktkapitalisierung des Krypto-Marktes im Jahr 2020
Quelle: *https://coinmarketcap.com/*

3.4.5 2021: das Jahr aller Rekorde

Im Jahr 2021 erreichten die Preise aller Hauptwährungen, insbesondere BTC und ETH, neue Höhen, im Einklang mit der im Oktober 2020 ausgelösten Bewegung, ebenso wie der Wert der Vermögenswerte, die im Rahmen von DeFi-Protokollen oder NFT verwendet werden. Bitcoin wird von immer mehr Unternehmen und Staaten als Zahlungsmittel akzeptiert; so wurde er am 7. September 2020 zu einer der beiden offiziellen Währungen von El Salvador. Lionel Messi erhielt Tausende von PSG-Token in seinem Willkommenspaket. 2021 war jedoch wirklich ein Ethereum-Jahr: Alle seine Indikatoren, beginnend mit dem Wert seines Tokens, explodierten, da Ethereum die bedeutendste Plattform für DeFi und NFT war und immer noch ist. Schließlich stellte Elon Musk die ersten Fragen über die Auswirkungen von Bitcoin auf die Umwelt, was dazu führte, dass der Preis der Kryptowährung Nummer eins im Mai stark fiel.

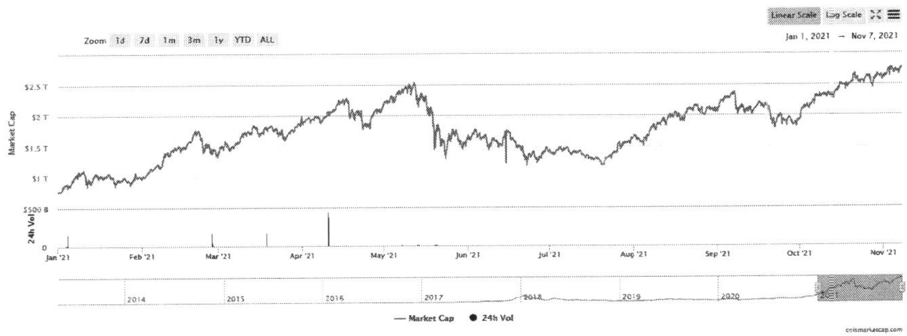

Abbildung 10: Marktkapitalisierung des Krypto-Marktes im Jahr 2021
Quelle: *https://coinmarketcap.com/*

3.5 Eine neue Blase?

3.5.1 Die Entstehung einer neuen Anlageklasse

Von der Währung für Rebellen, Geeks und Hacker haben sich kryptografische Assets zu einem eigenständigen Markt entwickelt und sind ein Labor für neue Wirtschaftsmodelle mit Transparenz und Dezentralisierung als grundlegende Merkmale. Angesichts der Art der Investoren, die seit 2020 in den Markt eingetreten sind, und der Größe des Marktes, der im Vergleich zu traditionellen Finanzmärkten immer noch relativ bescheiden ist, gibt es nur sehr wenige Argumente, um noch von einer Blase zu sprechen, im Gegensatz zu 2017–2018, als das Wachstum des Marktes hauptsächlich durch Einzelpersonen getragen wurde.

3.5.2 Ein noch relativ kleiner, aber wachsender Markt

Wie in diesem Diagramm zu sehen ist, ist der Krypto-Asset-Markt immer noch relativ klein (Abbildung 11, MSCI World auf der rechten Seite repräsentiert alle Aktien an allen Börsen).

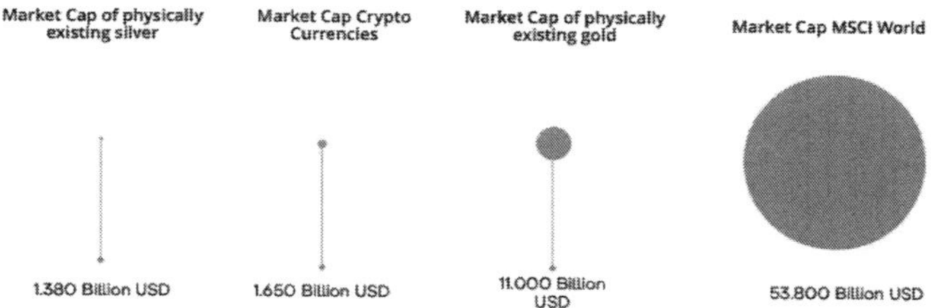

Abbildung 11: Relative Größen der Silber-, Kryptowährungs-, Gold- und Aktienmärkte ab Mitte 2021

Quelle: Blocksize Capital, Mai 2021

3.5.3 Was zieht institutionelle Investoren an?

Der Krypto-Asset-Markt bietet institutionellen Anlegern die folgenden Vorteile:

- Diversifikation: In Zeiten von Negativzinsen und künstlich hohen Aktienmärkten bieten Krypto-Assets eine attraktive Rendite-Alternative.
- Nicht-Korrelation: Wie aus Tab. 1 ersichtlich ist, korrelieren kryptografische Assets sehr wenig und sogar negativ mit traditionellen Finanz-Assets.
- Avantgarde: Die zugrunde liegende Blockchain-Technologie wird bald zu einem wichtigen und bahnbrechenden Asset-Management-Tool.
- Unabhängigkeit: Kryptografische Märkte und Vermögenswerte sind nicht von den Entscheidungen von Regierungen und Zentralbanken abhängig, bis auf Verbote!

Tabelle 1: Korrelation verschiedener Assets mit dem Krypto-Markt

Crypto Asset Correlation

	Crypto Market Index 10
Bitcoin(1)	0.98
Nasdag	0.37
US Dollar(2)	-0.16
UST 10Y	-0.14
Gold	0.29
Crude Oil (WTI)	0.11
EM Bond Index	0.14
EM Currency Index	0.16

Based on 365-day returns up until 10. 03. 2021.

Quelle: Crypto Broker, Mai 2021

III. Entwicklungen auf der dezentralen Seite

Von Bitcoin bis Ethereum über ihre vielen Konkurrenten und Anwendungen – es gibt viel über all diese neuen Modelle zu berichten, die entstehen und sich allmählich an den Rändern der zentralisierten Systeme durchsetzen, die das tägliche Leben der meisten von Ihnen ausmachen. Wir werden dieses Kapitel mit der Geschichte des Bitcoins und einer Beschreibung der wichtigsten Ereignisse der letzten Jahre anfangen. Anschließend werden wir die Erfolgsgeschichte von Ethereum und seine vielen Anwendungen beschreiben, von NFTs bis hin zur dezentralen Finanz.

1. Alles über Bitcoin

Es ist an der Zeit, eine Bestandsaufnahme der ältesten und bekanntesten Kryptowährung zu machen: Bitcoin. Durch den Ursprung und die Funktionsweise von Bitcoin wird verständlich, warum der Krypto-Asset-Markt ohne technische Probleme entstanden und gewachsen ist, wobei zu berücksichtigen ist, dass andere Kryptowährungen nicht unbedingt auf die gleiche Weise wie Bitcoin funktionieren, insbesondere in Bezug auf den Konsensalgorithmus.

1.1 Datenschutz in der digitalen Welt

Bitcoin ist im Kopf eines mysteriösen Ingenieurs und talentierten Kryptologen entstanden, der wahrscheinlich dachte, dass der digitale Raum in unserem Leben immer wichtiger werden würde und dass unsere Freiheit sowie unsere Privatsphäre in Gefahr wären, wenn wir weiterhin zentralisierte Systeme verwenden würden. Unter zentralisierten Systemen müssen wir die digitalen Giganten verstehen, die wir in diesem Buch GAFAM für Google, Amazon, Facebook, Apple und Microsoft nennen, und das zentralisierte Geldsystem, das wir derzeit verwenden und aus dem Fiat-Währungen ausgegeben werden, die von Zentralbanken, Geschäftsbanken und weiteren Zahlungsdienstleistern verwaltet werden. Von dem Moment an, in dem eine Person irgendetwas online ausführt, kann diese Person zurückverfolgt werden, und bekannte und erfolgreiche Unternehmen wurden auf der Nutzung unserer personenbezogenen Daten aufgebaut.

E-Commerce war bereits weit entwickelt, als Bitcoin Ende 2008 geboren wurde. Die Privatsphäre und das Kaufverhalten der Menschen zu kennen, ist für viele Unternehmen, die Produkte und Dienstleistungen verkaufen möchten, von enormem Wert. Diese digitale Ökonomie, deren Rohstoff unsere persönlichen Daten sind, gewinnt mit dem Aufkommen des Metaversums neuen Schwung, auf das Mark Zuckerberg so sehr angewiesen ist, dass er Facebook im Oktober 2021 in Meta umbenannte und seit 2018 an der Schaffung eines eigenen digitalen Währungsdienstes arbeitet; wir werden darauf zurückkommen. Ein noch größerer Teil unseres Lebens wird mit dem Aufkommen des Metaversums online stattfinden, sodass unsere persönlichen Daten potenziell noch mehr geschützt werden müssen.

Ob im Metaversum mit Decentraland oder im monetären Bereich mit Bitcoin, es haben sich seit den 1990er-Jahren dezentrale Alternativen entwickelt, die von Informatikern, Unternehmern, Aktivisten usw. parallel zu zentralisierten Modellen getragen wurden und die in den letzten Jahren sehr an Bedeutung und Wert gewonnen haben. Die Wahrung von Privatsphäre und Freiheit hat diese Personen erst dazu motiviert, diese weitgehend auf Kryptografie basierenden Modelle aufzubauen. Kryptografie ist die Kunst, Informationen zu verschlüsseln, um sie für diejenigen unverständlich zu machen, die nicht über den Entschlüsselungsschlüssel verfügen. Es handelt sich um keine neue Technik: Sie wurde von vielen Zivilisationen und Regierungen verwendet, insbesondere während des Zweiten Weltkriegs von allen Kriegführenden. Es wird in allen Systemen gebraucht, die wir heute verwenden, um Informationen zu übertragen oder zu schützen, von Banksystemen bis zu unseren Passwörtern und E-Mail-Systemen.

Die gewählte Anonymität, die Freiheit und der Schutz personenbezogener Daten sind für die Entwicklung des Menschen wesentlich und können niemals für immer gewährleistet werden. Die Menschheit verändert sich ständig, und der Schutz der Privatsphäre muss sich diesen Entwicklungen anpassen, insbesondere im technologischen Bereich. Der Schutz der Privatsphäre in Systemen, die per Definition alles aufzeichnen können, ist keine leichte Aufgabe, aber nicht wegzudenken, denn das digitale Leben hat offensichtlich große Vorteile und ist gleichbedeutend mit Fortschritt. Eine Gruppe von Aktivisten aus San Francisco, die Cypherpunks, nutzten dieses Dilemma bereits 1993, indem sie ihre Fähigkeiten in der Computercodierung und Kryptografie mobilisierten, um Systeme zum Schutz der persönlichen Daten und der Freiheit der Internetnutzer zu entwickeln, die damals noch in den Kinderschuhen steckten. Sie basierten auf dem Grundsatz, dass Regierungen, internationalen Organisationen und Unternehmen nicht vertraut werden könne, und dass es daher notwendig sei, Schutzmittel zu schaffen und diese allen zur Verfügung zu stellen. Viele Lösungen, die auf komplexer Mathematik und Kryptografie basieren, wurden eingeführt, um die uns bekannten zentralisierten Systeme wie Regierungen, Wahlsysteme, Kommunikationssysteme oder Geldsysteme zu ersetzen, und mehrere Versuche entstanden, digitales Geld zu schaffen, bevor Bitcoin entstand. Es dauerte also fünfzehn Jahre (von 1993 bis 2008), bis Bitcoin zunächst auf sehr vertrauliche Weise auftauchte.

Während das Internet nahezu unbegrenzte Möglichkeiten bietet, indem es den Zugang zu Informationen demokratisiert, indem es ermöglicht, Einkäufe zu tätigen, zu kommunizieren und immer mehr Aktivitäten zu entmaterialisieren, haben einige bemerkt, dass das von uns verwendete Geld von einem zentralisierten System kontrolliert wird, was eine Bedrohung darstellt, denen dezentrale Alternativen gegenübergestellt werden mussten. Damals war bereits klar, dass sich die elektronischen Geldflüsse im Internet stark entwickeln würden und dass diese viel über ihre Emittenten aussagen. Die Kontrolle des Geldflusses bedeutet, die Kontrolle über alle Aspekte des Lebens der Menschen zu haben. Die Überwachung dieser Ströme ermöglicht es, praktisch alles über die Menschen zu wissen. Dieser Schutz personenbezogener Daten ist ein entscheidendes Thema in einer Zeit, in der immer mehr Zentralbanken an der Schaffung einer digitalen Staatswährung arbeiten und einige dies bereits getan haben. Die staatliche digitale Währung ist in China bereits Realität und wird bestenfalls in vier Jahren in den westlichen Ländern ankommen; darauf kommen wir im Kapitel 4: Fortschritte auf der zentralisierten Seite.

1.2 Eine Währung, die Ihre digitale Privatsphäre respektiert

Die digitale Welt brauchte eine Währung, die von keinem Staat, keiner Zentral- oder Geschäftsbank kontrolliert wird, die für alle zugänglich ist, die Anonymität, Freiheit und persönliche Daten wahrt und die auch die drei wesentlichen Funktionen des Geldes gewährleistet: Wertaufbewahrungsmittel, Rechnungseinheit und Tauschmittel. Da diese Währung vollständig digital sein und nicht von einer zentralisierten Einheit verwaltet werden musste, die Benutzerkonten führen würde, gab es die Probleme der doppelten Ausgaben und der Wartung des Systems. Entscheidend war die Lösung des ersteren: Wenn jeder die Einheiten dieser Währung kopieren könnte, wie man ein Foto auf seinem Computer kopiert, wäre es offensichtlich, dass diese Währung keinen Wert und daher keinen Nutzen hätte. Bitcoin kann als die Frucht jahrzehntelanger Überlegungen und Versuche von Menschen betrachtet werden, die kompetent und leidenschaftlich die Idee verfolgen, der Menschheit Werkzeuge zur Verfügung zu stellen, die es ihnen ermöglichen, ihre Freiheit und ihre persönlichen Daten bei ihren Transaktionen zu wahren. Die Beseitigung des „Double Spending"-Problems war eine große Herausforderung. Durch die Lösung dieser Herausforderung war Satoshi Nakamoto, das Pseudonym des Schöpfers oder der Gruppe von Schöpfern von Bitcoin, in der Lage, das zuverlässige und langlebige System zu schaffen, das wir heute kennen und das eine ganze Wirtschaft, die der digitalen Vermögenswerte, ermöglicht hat.

Satoshi Nakamoto löste dieses Problem, indem er ein gemeinsames digitales Register einrichtete, in dem alle Geldströme in Blöcken gruppiert sind, die zeitgestempelte und verifizierte Transaktionen einer großen Anzahl von Netzwerkteilnehmern enthalten. Diese digitale Einzigartigkeit wird dadurch gewährleistet, dass das System neue Datenblöcke nur in einer bestimmten Frequenz von Teilnehmern akzeptiert, die die im Protokoll enthaltenen Verschlüsselungsanforderungen gewissenhaft einhalten und es schaffen, eine Rechenaufgabe mit Energieaufwand zu lösen, also nicht versuchen, ein System zu beschädigen, in das sie selbst (viel) investiert haben. Dieses Register ist für alle zugänglich und wird von Tausenden von Teilnehmern geteilt, die eine neue Version erhalten, sobald ein Datenblock hinzugefügt wird, sodass das Register immer auf dem neuesten Stand ist, jeder Teilnehmer das gleiche Register hat und niemand einem Teilnehmer vertrauen würde, der ein Register anbieten würde, das sich von den x anderen Teilnehmern im Netzwerk unterscheidet. Dieses Register ist die Blockchain, die Hauptinnovation, die Bitcoin hervorgebracht hat und die von Tausenden weiteren Systemen derzeit verwendet wird.

Was die Blockchain u. a. effizient und beliebt macht ist, dass ein Ausgleich zwischen den Interessen des Systems und denen seiner Teilnehmer erreicht wurde, der zudem in einem völlig dezentralen Kontext steht: Bei Bitcoin wie bei allen anderen Kryptowährungssystemen bringen wir etwas Wertvolles ins Spiel, wie einen Geldbetrag oder Energieaufwand, um am System teilnehmen zu dürfen, das vernichtet werden könnte, wenn wir die Regeln des Systemprotokolls nicht strikt befolgen, wenn wir nicht unser Bestes tun, um zu dessen Fortsetzung beizutragen, oder wenn wir versuchen, das System zu betrügen: Unser Interesse besteht daher darin, auf ehrliche und effiziente Weise zum System beizutragen und das Protokoll gewissenhaft einzuhalten, um unseren Einsatz nicht zu verlieren und vom System belohnt zu werden.

Satoshi Nakamoto verstand offensichtlich Wirtschaft, Geldpolitik und Geld im Allgemeinen, anders als die meisten seiner Vorgänger der Cypherpunks und anderen ideologischen Aktivistengruppen. Er verstand, was „gutes Geld" ist, d. h. eine Währung, die auf einem transparenten, zuverlässigen und offenen System basiert, eine Währung, die schwer erhältlich und in begrenzter Menge vorhanden ist, was es ihr ermöglicht, ihre drei wesentlichen Funktionen zu erfüllen, was Vertrauen unter deren Benutzern schafft, auch wenn dies bedeutet, dass alle diese Attribute künstlich und ohne Erkennung des derzeit vorhandenen Systems erhalten werden. Einer der revolutionären Aspekte des Bitcoin-Systems ist in der Tat, dass es die Tatsache infrage stellt, dass Staaten durch Zentralbanken die einzigen sind, die Geld prägen können. Der Wert einer Währung ist von Natur aus mit dem Vertrauen verbunden, das sie weckt. Bitcoin-Benutzer vertrauen nicht einer zentralen Einheit, sondern einem dezentralen System: Diese Verschiebung des Vertrauens, das einer Geldeinheit Wert verleiht, ist an sich bahnbrechend. Diese Logik findet sich in den meisten von Kryptowährungen entwickelten Systemen, die zu zeigen versuchen, dass das Vertrauen, das einer Währung Wert verleiht, auch von anderen Orten kommen kann als von einem Staat und seiner Zentralbank.

1.3 Die Finanzkrise von 2008-2009 macht Bitcoin unverzichtbar

Neben der Lösung des Problems der doppelten Ausgaben wurde die Geburt von Bitcoin durch die Finanzkrise von 2008-2009 und das Licht, das sie auf das Versagen von Staaten und Zentralbanken warf, beschleunigt. Es ist der Anfang vom Ende des Post-Bretton-Woods-Kapitalismus, wie es Yánis Varoufákis, Volkswirtschaftswissenschaftler und ehemaliger griechischer Finanzminister, ausdrückt, der gerne vom umgekehrten Darwinismus spricht, weil Staaten den schwachen Teilnehmern des Systems geholfen haben, anstatt sie untergehen zu lassen (außer Lehman Brothers). Diese Krise hat alle Mängel in der Welt der zentralisierten Finanzen offengelegt: ihre Undurchsichtigkeit, ihre Instrumente, ihre Regeln, ihre Ratingagenturen, ihre Geldschöpfung usw. Als Gefangene der Geschäftsbanken mussten sich die Regierungen verschulden, um sie zu retten, auch wenn dies bedeutete, dass Millionen von Menschen ihre Ersparnisse und/oder ihre Häuser verlieren mussten, weil die gesamte Wirtschaft zusammenzubrechen drohte.

Dass Satoshi Nakamoto am 31.10.2008 das Whitepaper von Bitcoin veröffentlichte und im ersten Block den Titel „Chancellor on brink of second bailout for banks" eines Zeitungsartikels hinzufügte, ist kein Zufall. Hinweise deuten darauf hin, dass Bitcoin bereits seit einigen Monaten bereit war und dass Satoshi Nakamoto auf den richtigen Zeitpunkt wartete, um seine Idee und seinen Code zu veröffentlichen. Bitcoin ist das komplette Gegenteil dieser Welt, der sich sein Schöpfer zu widersetzen scheint: ein transparentes, kopfloses, autonomes, anonymes, universelles, inklusives System, basierend auf Mathematik und Kryptografie. Dadurch, dass Bitcoin für alle zugänglich und von Anfang an offen war, konnte sich das System schnell ausbreiten, und diese Ausbreitung war von einer zentralen Stelle schwer zu stoppen, da es nach dem plötzlichen Verschwinden von Satoshi Nakamoto keinen Kopf und gar keinen Gesprächspartner gab.

Bitcoin wurde zuerst von Informatikern, Aktivisten, Hackern und anderen verwendet, die zweifelhafte Aktivitäten ausführten. Sein Glück könnte gewesen sein, dass Bitcoin zunächst von zentralisierten Stellen nicht ernst genommen wurde, die das Netzwerk hätten hacken oder lahmlegen können, als es noch klein war, was schon lange nicht mehr der Fall ist. Bitcoin wurde ursprünglich außerbörslich auf vertraulichen Plattformen gehandelt. Der erste Einkauf mit Bitcoins fand im Mai 2010 statt: zwei Pizzen für 10.000 BTC, das Bitcoin-Symbol als Geldeinheit. Dann wurden Börsen wie Mt. Gox oder Kraken und direkt von Bitcoin inspirierte Kryptowährungen, insbesondere Litecoin, geboren, und der Preis von Bitcoin stieg von Rekord zu Rekord:

- 2. Februar 2011: Parität mit dem Dollar
- 8. Juni 2011: erster Höhepunkt bei 30 $
- 9. April 2013: 230 $
- 19. Dezember 2013: 1.213 $
- 17. Dezember 2017: 19.891 $
- 13. März 2021: 61.365 $
- 8. November 2021: 67.566 $

Die Tatsache, dass die Regierungen der wichtigsten Volkswirtschaften 2010 verhinderten, dass Wikileaks/Julian Assange Geld über zentralisierte Einrichtungen wie Visa, Master Card, PayPal usw. Geld sammeln konnte, oder dass die zypriotische Regierung 2013 in die Konten ihrer wohlhabenden Einwohner eindrang, um einen Bankrott zu vermeiden, haben schließlich einige davon überzeugt, dass eine alternative Form der Währung unerlässlich ist. Es war die Annahme von Bitcoin-Spenden, die Wikileaks vor dem Untergang bewahrte, da ihm alle Formen von Finanztransaktionen im zentralisierten System verweigert wurden. Auch die Ukraine hat mehrere Millionen Dollar an Spenden über Kryptowährungen gesammelt, so viel, dass sie im März 2022 13 davon zu offiziellen Zahlungsmitteln machte. Ebenso wenden sich immer mehr Einwohnerländer mit ineffizienten Regierungen und Währungen Bitcoin zu: Argentinien, Simbabwe, Iran, Venezuela, Afrikanische und Zentralamerikanische Staaten usw. Denn nichts und niemand kann Sie daran hindern, Bitcoins zu senden oder zu empfangen, solange Sie es sich leisten können und Sie durch eine Wallet Zugang zum System haben.

1.4 Ein kopfloses System

Bitcoin ist somit ein Beweis dafür, dass das Vertrauen, das erforderlich ist, um einer Währung einen Wert zu verleihen, von einem dezentralisierten System kommen kann, ohne von einem Staat verliehene Legitimität, sogar ohne einen Ansprechpartner. Das Projekt wuchs so schnell und das Licht, das durch den Wikileaks-Fall auf Bitcoin geworfen wurde, war so stark, dass sein Schöpfer, Satoshi Nakamoto, Mitte 2011 beschloss, zu verschwinden, nachdem er eine Einladung der CIA erhalten hatte, sein Projekt vorzustellen. Was von Satoshi neben Bitcoin und seinem Whitepaper übrigbleibt, sind seine E-Mails und Nachrichten aus der Zeit vor Juni 2011 und das, was wie seine Bitcoin-Wallet mit 1,1 Millionen Einheiten aussieht und was ihn möglicherweise zu einem der zehn reichsten Männer der Welt macht. Das System hatte damit bewiesen, dass es dezentral und autonom funktionieren konnte, nachdem einige kleinere Unvollkommenheiten im Code in den ersten Monaten seines Bestehens korrigiert worden waren, sodass es seinen Schöpfer nicht mehr benötigte. Andere Entwickler wie Gavin Andresen hatten sowieso übernommen. Die Geschichte von Bitcoin war mit einigen Skandalen übersät, von Silk Road über Wikileaks bis hin zu Mt. Gox. Aber Bitcoin hat überlebt.

Die Tatsache, dass Bitcoin keinen identifizierten Schöpfer oder gar eine Körperschaft hat, an die man sich wenden kann, wie beispielsweise Vitalik Buterin und die Ethereum Foundation im Fall von Ethereum, macht es noch schwieriger, das System abzuschaffen. Niemand kann das System modifizieren oder manipulieren, was ihm einen immensen Wert in den Augen derjenigen verleiht, die das ständige Eingreifen der Regierungen und Zentralbanken auf die Währung anprangern. Niemand kann in Bitcoins Geldschöpfung eingreifen. Dies ist im Protokoll festgelegt und im Voraus bekannt, damit beispielsweise die Anzahl der Bitcoins, die am 24. Februar 2067 im Umlauf sein werden, genau berechnet werden können. Das System ist souverän, autonom, transparent, offen für alle, dezentralisiert und besteht aus Tausenden von Maschinen auf der ganzen Welt. Wir wissen immer noch nicht, wer Satoshi Nakamoto ist und es ist möglich, dass die oben erwähnten 1,1 Millionen Bitcoins niemals aus ihrer Wallet entnommen werden. Satoshi Nakamoto ist potenziell sehr reich, möchte aber anonym bleiben oder ist verschwunden, damit er seinen Reichtum nicht anfassen kann, sonst würde er sich selbst verraten und könnte dem von ihm geschaffenen System schaden.

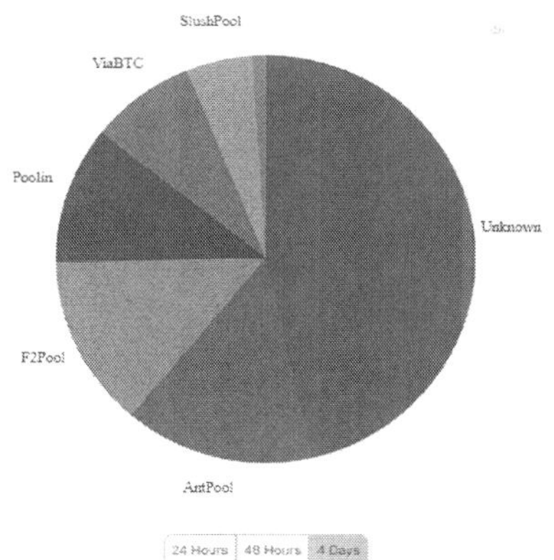

Abbildung 12: Verteilung der von Minern in Bitcoin investierten Rechenleistung zum 1. August 2022 (geschätzt)

Quelle: Blockchain.info, ein Bitcoin-Explorer, *https://www.blockchain.com/charts/pools*

1.5 Ein autonomes und unzerstörbares System

Um frei und effizient zu sein, muss Bitcoin autonom sein. Dem Markt steht es frei, der Einheit dieses Systems einen Wert zuzuordnen: dem Bitcoin. Teilnehmer, die das System ohne Wartung nutzen möchten, müssen eine Gebühr pro Transaktion (ebenfalls in der Einheit dieses Systems) zahlen. Mit jedem Block wird eine vordefinierte Anzahl von Bitcoins vom System aus dem Nichts erstellt und dem Miner zugewiesen, der zuerst an das Ende des mathematischen Rätsels gekommen ist, das er lösen musste, damit sein Block als gültig gilt. Die Belohnung beträgt derzeit 6,25 Bitcoins pro Block oder ca. 150.000 US-Dollar zum aktuellen Bitcoin-Preis. Da der Bitcoin-Blockchain im Durchschnitt alle zehn Minuten ein neuer Block hinzugefügt wird, sind dies Belohnungen in Höhe von mehreren Millionen Dollar, die zum Zeitpunkt der Erstellung dieses Werkes täglich von Bitcoin-Minern vergeben werden.

Alles, das mit Bitcoin außerhalb des Systems selbst zu tun hat, kann jedoch manipuliert, zentralisiert oder gehackt werden, insbesondere der Preis von Bitcoin und der Zugriff auf das System über Wallets oder Börsen. Wenn Miner zusammenkommen und eine Gruppe bilden würden, die mehr als die Hälfte der dem Netzwerk zugewiesenen Macht (Rechenleistung) konzentriert, könnten sie theoretisch die Geschichte oder die Regeln des Netzwerks umschreiben, wodurch es wiederum sofort seinen gesamten Wert verlieren würde, deswegen ist so ein Ereignis sehr unwahrscheinlich. Miner arbeiten in Gruppen, die „Pools" genannt werden, und achten daher ständig darauf, die 51-Prozent-Grenze nicht zu überschreiten. Da das Netzwerk transparent ist, würde dies sofort gesehen werden. Ein Miner, der ansonsten versucht, isoliert falsche Informationen einzugeben, würde von anderen auf frischer Tat ertappt und wegen seines versuchten Betrugs vom Netzwerk ausgeschlossen. So stimmen Miner zu, astronomische Summen in Maschinen und deren Stromverbrauch zu investieren, weil sie auf die bereits in der Blockchain enthaltenen Informationen vertrauen und darauf, dass das System ihnen eine Belohnung gewährt, wenn sie die Voraussetzungen zur Annahme ihrer vorgeschlagenen Blöcke erfüllen.

1.6 Ist Bitcoin digitales Gold?

Bitcoin hat viel mit Gold gemeinsam:

- Er wird im Laufe der Zeit immer schwieriger zu produzieren.
- Er ist mengenmäßig begrenzt: 21 Millionen Einheiten im Fall von Bitcoin.
- Jeder kann an seiner Gewinnung teilnehmen, sofern er mit der entsprechenden Ausrüstung ausgestattet ist.
- Wie jede Unze Gold ist jeder Bitcoin das Ergebnis harter Arbeit, sodass Bitcoin und Gold das Gegenteil von Fiat-Währungen sind: Sie sind ein Konzentrat bereits verbrauchter Energie, während das Fiat-Geld eine aus dem Nichts entstandene Schuld darstellt, also eine Energie, die zukünftig verbraucht wird.
- Er ist fungibel, d. h. eine Bitcoin-Einheit ist der anderen absolut gleichwertig.
- Es ist relativ einfach vorherzusagen, wie viel Arbeit erforderlich ist, um neue Einheiten zu gewinnen.
- Er ist vollständig dezentralisiert (niemand hat Gold in den Flüssen und am Grund der Erde verstreut).
- Er ist deflationär, d. h. es werden im Laufe der Zeit immer weniger Einheiten produziert im Vergleich zu den bereits geschürften Einheiten (19 der 21 Millionen Bitcoins sind bereits verfügbar).

Wir können daher zustimmen, dass die Assimilation von Bitcoin an digitales Gold stichhaltig ist. Bitcoin ist das Gegenteil von einfachem Geld, im Gegensatz zu dem, was Sie vielleicht hören, außer vielleicht für diejenigen, die ihn in seinen frühen Tagen „geschürft" haben. Der Hauptunterschied zwischen diesen beiden Vermögenswerten besteht natürlich darin, dass Bitcoin rein virtuell ist und dass ihm alle diese Attribute künstlich verliehen wurden.

1.7 Digitales Vertrauen und Einzigartigkeit

Bitcoin hat daher das Kunststück vollbracht, ein System zu schaffen, in dem Entitäten, die sich nicht kennen und keinen Grund haben, einander zu vertrauen, zusammenarbeiten, ohne miteinander zu interagieren, und der Einheit einen Wert verleihen. Neben einer Lösung der digitalen doppelten Ausgabe ist der wesentliche Beitrag von Bitcoin daher, die Möglichkeiten der Zusammenarbeit in Umgebungen zu schaffen, in denen Vertrauen zwischen den Teilnehmern weder erworben noch erforderlich ist. Bitcoin führt zusätzlich zum Konzept der digitalen Einzigartigkeit das des dezentralisierten Vertrauens über den

Konsensalgorithmus seines Registers, der Blockchain, ein. Dadurch wird also die Entwicklung eines Systems ermöglicht, das die höchstmögliche Dimension für den Austausch bzw. die Zusammenarbeit bietet, während es sich von jeglicher Gesetzgebung oder Diskriminierung befreit.

Der Wertzuwachs seiner Einheit (Bitcoin) geht einher mit dem Anstieg der von Minern in dieses System investierten Rechenleistung, sodass Bitcoin derzeit das leistungsmäßig zweitgrößte Computernetzwerk der Welt darstellt. Hier ist zu beachten: Es ist der Wert von Bitcoin, der durch das Gesetz von Angebot und Nachfrage auf den Märkten bestimmt wird, der die von Minern investierte Leistung beeinflusst, nicht umgekehrt. Jeder Miner entscheidet souverän, wie hoch seine Investition in Computerausrüstung und Strom im Netzwerk ist, basierend auf dem Wert der Belohnung in Fiat-Geld und der Wahrscheinlichkeit, diese zu erhalten. Es ist eine rein mathematische und finanzielle Entscheidung, die Tag für Tag, sogar Stunde für Stunde getroffen wird. Miner aktivieren, deaktivieren, kaufen und verkaufen regelmäßig Maschinen basierend auf dem Preis von Bitcoin und „schürfen" andere Währungen, wenn sie es zu einem bestimmten Zeitpunkt für sie interessanter halten. All diese aufgewendete Energie (Stromverbrauch) und das in Computerausrüstung investierte Geld spiegeln sich jedoch im Wert von Bitcoin wider, der sich seit seiner Entstehung mit hoher Volatilität auf Rekordniveau entwickelt hat. Auf den durch Bitcoin verursachten Stromverbrauch gehen wir im letzten Teil dieses Buches, das der Umwelt gewidmet ist, näher ein.

Eine der großen Ideen hinter Bitcoin ist es, jeden zum wahren Eigentümer seines Geldes zu machen, da er einen privaten Schlüssel hat, der die öffentliche Adresse kontrolliert, der das System das Eigentum an einer bestimmten Anzahl von Einheiten dieser Einheit zuweist, normalerweise Bruchteile im Fall von Bitcoin. Bitcoin hat damit das grundlegende Konzept des digitalen Eigentums eingeführt, auf das wir in diesem Buch mehrmals zurückkommen werden. Je mehr das Vertrauen in das zentralisierte Geld- und Finanzsystem erodiert, desto mehr wird das von Bitcoin getragene komplett alternative System aufgewertet, insbesondere wenn Krisen ausbrechen, sodass man sich fragt, ob es der Wert von Bitcoin ist, der steigt, oder der von Fiat-Währungen, der schrumpft.

1.8 Oftmals kopiert, niemals erreicht

Ein solcher Erfolg hat offensichtlich für Aufregung gesorgt: Zehntausende von Kryptowährungen sind entstanden, und einige Projekte haben das Konzept von Bitcoin tatsächlich verbessert, indem sie die Blockchain für andere Nutzen als den Werttransfer genutzt haben, wie im Fall von Ethereum. Bitcoin ist so offen, dass jeder den Code kopieren und eine neue Version dieses Systems erstellen kann. Viele haben es 2017–2018 ausprobiert, zum Beispiel: Bitcoin Cash, Bitcoin Gold, Bitcoin Diamond usw.

Aber Bitcoin ist zumindest bisher unschlagbar. Hier sind die Hauptgründe:

- Es ist das sicherste Netzwerk, da es seit 2009 ohne technische Probleme funktioniert und eine phänomenale Rechenleistung darin investiert wird.
- Es ist die am stärksten dezentralisierte Währung, da es ohne eine Entität oder einen Schöpfer, der es verkörpert, unmöglich zu manipulieren ist: Die Geldschöpfung ist vorbestimmt und auf 21 Millionen Einheiten begrenzt.
- Es ist die bekannteste Kryptowährung.

Absolute Bitcoin-Fans halten alle anderen Kryptowährungen für nutzlose Klone. Bitcoin hat allerdings vier Lücken, die Gründe für das Aufkommen anderer Kryptowährungen gegeben haben: Es kann nur eine sehr begrenzte Anzahl von Transaktionen pro Sekunde auf der Hauptkette verwalten (höchstens sieben!), es verursacht einen phänomenalen Stromverbrauch, es garantiert keine vollständige Anonymität, weil Transaktionen über öffentliche Adressen verfolgt werden können, und seine Blockchain wird nur zur Verwaltung von Transaktionen verwendet. Die drei Merkmale des Blockchain-Trilemmas sind zur Erinnerung Sicherheit, Dezentralisierung und Skalierbarkeit. Viele Kryptowährungen, die ein skalierbareres System anbieten wollten, das in der Lage ist, mehr Transaktionen zu verwalten, haben Zugeständnisse bei einem der beiden anderen Aspekte gemacht, in der Regel bei der Dezentralisierung. Um den Energieaufwand deutlich zu senken, sind alternative Konsensalgorithmen zum Proof of Work, insbesondere Proof of Stake, aufgetaucht und entwickeln sich derzeit rasant. Auch Kryptowährungen, die ihren Nutzern echte Anonymität bieten, sind 2014 insbesondere mit Monero und ZCash entstanden. Was Ethereum betrifft, so führte es mit seinen Smart Contracts das grundlegende und bahnbrechende Konzept einer programmierbaren Blockchain ein, wie wir im entsprechenden Teil sehen werden, wodurch das Anwendungsgebiet dieser Technologie erheblich erweitert wurde.

Bitcoin ist so effizient, offen und replizierbar, dass es eine Lücke geöffnet hat: Jeder kann seine eigene Währung erstellen, sodass Tausende von Kryptowährungen mit oft betrügerischen oder redundanten Projekten aufgetaucht sind und die Geldschöpfung außer Kontrolle geraten ist. Während Einzelpersonen nicht immer erfolgreich sind, weiß der Markt tragfähige Projekte zu erkennen und unterstützt solche, die entweder innovativ sind, oft aus technischer Sicht, oder von einer Gemeinschaft oder wichtigen Persönlichkeiten getragen werden (am besten beides). Das 2015 aufgetretene ICO-Phänomen, d. h. das Fundraising in Kryptowährungen, die aus dem Nichts geschaffen und gegen Bitcoins oder Ether zur Finanzierung eines Projekts eingetauscht wurden, verursachte 2017 eine Blase, die Anfang 2018 platzte. „Blockchain" ist zu einem Trendwort geworden, sowohl unter Start-ups, die Gelder sammeln möchten, als auch in Konzernen, auch wenn nicht jeder die Konturen dieser Technologie versteht und sie nicht immer geeignet ist. Leider assoziieren die meisten Leute Blockchain mit einem Energiemonster, aber Sie werden diesen Fehler nicht mehr machen, sobald Sie das Kapitel 6: Was ist mit der Umwelt? gelesen haben.

Blockchain hat mit Kryptowährungen richtig Fahrt aufgenommen; diese stellen die erste praktikable Massenanwendung dieser Technologie dar, die letztendlich dazu dient, digitale Werte zwischen Teilnehmern zu verwalten, die sich nicht vertrauen oder gar kennen müssen. Sobald es uns gelungen ist, autonom, dezentralisiert und ohne Zwischenhändler Geld zu verdienen und die Menschen ihr Geld wirklich besitzen, können wir dieses Konzept auf andere Wertsphären als Geld im engeren Sinne ausdehnen: Immobilien, Zeugnisse, Patente, Versicherungen, Identität, persönliche Daten usw. Das Potenzial für Anwendungen ist immens. Meta (früher Facebook genannt) hat den Wert unseres digitalen Lebens seit Langem verstanden sowie die Notwendigkeit, aber auch sein Interesse erkannt, jedem eine Währung zur Verfügung zu stellen, die er in dieser digitalen Welt nutzen kann, zu deren Aufbau der Konzern aktiv beiträgt.

1.9 Ein fantastischer Erfolg

Mit dem Wunsch, möglichst vielen Menschen eine solide, verlässliche und sichere Währung zur Verfügung zu stellen, hat Satoshi Nakamoto einerseits sein Ziel brillant erreicht und eine Philosophie ins Leben gerufen, eine Art der Zusammenarbeit, ein Entscheidungsfindungssystem und eine Technologie eingeführt für den Austausch von Geld und weitere Wertsphären auf globaler Ebene. Er hat jedoch die Büchse der Pandora der digitalen Währung geöffnet, die Scharlatane, Hacker, Staaten, die sich nicht um den Schutz der Privatsphäre oder Freiheit ihrer Bürger kümmern, und korrupte Unternehmen verschlungen hat. Der Kampf um digitale Währungen hat gerade erst begonnen: die zentralisierte vs. die dezentralisierte Welt.

Von einer Gemeinschaft einiger aktivistischer Computeringenieure zu Millionen von Teilnehmern, von der Währung von Delinquenten und Rebellen zu einer von souveränen Staaten offiziell akzeptierten Währung, von ein paar Cent bis zu mehr als 67.000 (!) Dollar, von einem systemgeheimen Computer zu einer Währung, in die Banken und Unternehmen offiziell investieren, hat Bitcoin eine erstaunliche Reise hinter sich, und wir stehen vielleicht erst am Anfang dieser Route. Allerdings versteht und verwendet nur ein kleiner Teil der Menschheit Bitcoin, da er beängstigend und teuer sein kann und einen erheblichen Energieaufwand verursacht. Während Investmentfonds, Tesla, El Salvador, die Stadt Miami usw. verkünden, dass sie in Bitcoin investiert haben und manchmal einen Gewinn erzielen, ist der Weg zur Massenakzeptanz und zu stratosphärischen Kursen offen.

2. Ethereum: das Labor der Zukunft

Ethereum war der breiten Öffentlichkeit bis Ende 2020 unbekannt. Die zweitbedeutendste Kryptowährung hat nämlich digitalen Währungen und Registern so viele zusätzliche Funktionen verliehen, dass allgemein angenommen wird, dass es die Ära von „Blockchain 2.0“ eingeläutet hat, wobei Blockchain 1.0 Bitcoin entspricht. Ethereum wurde Mitte der 2010er-Jahre im englischsprachigen Kanada von einer Gruppe erfahrener Entwickler gegründet und basiert auf der

Vision eines jungen Mannes, der dachte, dass die dezentralisierte Welt zwangsläufig wachsen und Infrastruktur benötigen würde und dass wir viel mehr als Geldtransfers durch die Blockchain verwalten könnten. Es ist diese fantastische Erfolgsgeschichte, die wir hier entdecken werden.

2.1 Was ist Ethereum?

Da Bitcoin im Laufe der Jahre immer beliebter wurde, insbesondere unter Entwicklern, haben einige von ihnen festgestellt, dass dieses neue Blockchain-Konzept so gut funktioniert, dass es schade wäre, wenn es nur für Transaktionen verwendet würde. Vitalik Buterin, ein junger, in Kanada lebender Entwickler russischer Herkunft, hatte die Idee, eine Blockchain zu schaffen, die von Entwicklern von Kryptoprojekten verwendet werden kann, damit sie keine eigene Infrastruktur erstellen müssen. Unmittelbar nach der Veröffentlichung des Ethereum-Whitepapers Ende 2013 erklärte der damals noch nicht zwanzigjährige Buterin seine Absicht, eine dezentrale Anwendungsplattform der neuen Generation zu schaffen, die auch das Entwickeln, Testen und Hosten von Smart Contracts ermöglicht, in seinen Worten „ein intelligenter Vertrag der nächsten Generation und eine dezentrale Anwendungsplattform“ (Quelle: *https://ethereum.org/en/whitepaper/*). Die kurze Definition von Satoshi Nakamoto von Bitcoin lautet: „Ein elektronisches Peer-to-Peer-Cash-System“. Blockchain 2.0, also die programmierbare Blockchain, wurde mit Ethereum geboren.

Vitalik Buterin beschreibt im Ethereum-Whitepaper die Defizite der Bitcoin-Blockchain und wie er diese mit Ethereum beseitigen will. Ethereum ist ein dezentralisiertes Open-Source-Projekt, aber im Gegensatz zu Bitcoin hat es einen identifizierten und relativ aktiven Schöpfer, und wird von einer identifizierten Organisation teilweise verwaltet, der Ethereum Foundation. Zusammenfassend kann man Ethereum als eine dezentrale Infrastruktur bezeichnen, die von jeglichen Projekten in der Kryptosphäre genutzt werden kann. Das Herzstück von Ethereum ist die Ethereum Virtual Machine (EVM): das dezentrale Netzwerk von Computern, die Transaktionen weiterleiten und verifizieren und als dezentrale Cloud für die Entwicklung, Speicherung und das Hosting aller Arten von dezentralen Anwendungen namens Dapps fungieren, in der die Blockchain, Smart Contracts und möglicherweise eine Kryptowährung gefordert werden: ETH, die Währung des Ethereum-Systems. ETH ist ein Utility Token, der es ermöglicht, Miner zu bezahlen, um mit dem EVM Transaktionen durchführen oder mit Smart Contracts interagieren zu können. Im Gegensatz zu Bitcoin soll die Anzahl der im Umlauf befindlichen ETH nicht begrenzt werden, aber ihre Produktionsrate nimmt stetig ab und es werden regelmäßig ETH vernichtet. Derzeit sind es etwa 120 Millionen. Die vom EVM generierten Gebühren, Gas genannt, werden in Gwei ausgedrückt, wobei 1 Gwei = 10^{-9} ETH.

Die Ethereum-Blockchain hat sich in diesem Jahr (2022) vom Proof of Work zum Proof of Stake entwickelt, was ein wichtiges Ereignis für dieses Ökosystem ist, das aus rund 25.000 Knoten besteht. Die Blockchain ist in Rust, C++ und Geth geschrieben, die Smart Contracts im Wesentlichen in „Solidity“, einer Javascript-ähnlichen Sprache von Buterin. Ethereum führt daher das Konzept der Smart Contracts ein, das sind Programme, die sowohl Daten als auch Codezeilen enthalten, die Aktionen unter bestimmten Bedingungen definieren und automatisieren: Sende ich beispielsweise 1 ETH an die Adresse 0x06cca612efed 3b67273ea294b0f1ecce5467d06a, erhalte ich dafür 126 FTX.

Obwohl Ethereum als Lösung oder Verbesserung von Bitcoin gedacht war, teilt es einige seiner Mängel:

- eine Skalierbarkeit, die Bitcoin zwar überlegen ist, aber immer noch relativ niedrig ist, mit theoretisch 16 Transaktionen pro Sekunde auf der Hauptkette (vs. 7 für Bitcoin)
- eine starke Dezentralisierung, sodass viel Zeit gebraucht wird, um Entscheidungen zu treffen und umzusetzen
- Gebühren, die tendenziell steigen und unerschwinglich werden, wodurch Wettbewerbs-Projekte wie Solana oder Polygon mit großem Erfolg auftauchen konnten

Ethereum ist neben Bitcoin die wohl spektakulärste Erfolgsgeschichte in der Kryptosphäre. Es ermöglichte vielen mittlerweile etablierten Projekten und Konzepten, das Licht der Welt zu erblicken, indem es als Infrastruktur diente, weil sie sich entwickeln konnten, ohne alles von Anfang an neu erstellen zu müssen. Es ist ein bisschen so, als würde man ein WordPress-artiges CMS verwenden, um eine Website zu erstellen, anstatt alles in HTML, CSS, Javascript usw. zu codieren. Ethereum hat einer ganzen Gemeinschaft von Entwicklern das richtige Tool zur richtigen Zeit zur Verfügung gestellt, die ihre Kryptowährungen ins Leben rufen konnten, ohne die zugrunde liegende Infrastruktur entwickeln zu müssen, sodass Tausende von digitalen Token, aber auch Finanzinstrumente, die von zentralisierten Unternehmen ausgegeben werden, die Ethereum-Blockchain als Register verwenden und sein Modell mehrmals nachgeahmt wurde, auch von Kryptowährungen, die zu den Top-20-Kapitalisierungen gehören.

Zur Erinnerung: In Kryptowährungen ist ein „Coin" (der englische Begriff wie hier verwendet) die native Währung einer Blockchain, wie Bitcoin, Ethereum oder Litecoin, die jeweils ihre eigene Blockchain haben, während ein Token eine digitale Geldeinheit ist, die keine eigene Blockchain hat, sondern eine andere nutzt, typischerweise Ethereum. Die meisten Kryptowährungen sind tatsächlich Token, da sie eine Blockchain verwenden, die ihre Schöpfer nicht erstellt haben. Es ist sehr praktisch, ein Projekt auf einer bereits bestehenden Blockchain zu starten, um Zeit zu sparen und den Ruf der Host-Blockchain sowie ihre Zuverlässigkeit zu nutzen. Viele Krypto-Projekte haben in ihrer Roadmap das Konzept „Mainnet" bzw. den Wunsch, letztendlich eine eigene Blockchain aufzubauen, um alles selbst bestimmen zu können und möglicherweise wiederum als Host-Blockchain für andere Projekte zu dienen, wie zum Beispiel Algorand, Polygon, Binance Smart Chain oder Solana.

Da die Ethereum-Blockchain programmierbar ist, können darauf neuartige digitale Token entwickelt werden, die gewisse Besonderheiten aufweisen. Somit sind ERC20 fungible digitale Token, aber anpassbar, wie z. B. die Anzahl, der Wert des Tokens im Vergleich zu ETH, der Name des Tokens und andere technische Merkmale, diese können von den Schöpfern festgelegt werden. Die Tatsache, dass es vor allem dank Ethereum sehr einfach geworden ist, seine eigene Währung zu erstellen, hat die ICO-Blase von 2017–2018 hervorgebracht, da jeder seinen Token auf der Ethereum-Blockchain erstellen und Investoren anbieten konnte. In ähnlicher Weise sind NFTs nicht fungible ERC-721-Token (jeder Token unterscheidet sich von den anderen und ist nicht teilbar); wir werden darauf zurückkommen.

Unter den bekanntesten Anwendungen von Ethereum können wir erwähnen:

- fungible und anpassbare Token mit dem ERC20-Token
- NFTs mit dem ERC721-Token
- dezentrale Wallets und Anwendungen
- Tokenisierung, zum Beispiel von Immobilien
- die Ausgabe von Wertpapieren, zum Beispiel Anleihen
- DeFi (dezentrale Finanz)
- dezentralisierte Videospiele
- die dezentrale Cloud, die ursprüngliche Berufung von Ethereum
- Online-Rechtsverträge, zum Beispiel für Versicherungen

2.2 Die neuen Milliardäre

Es ist interessant, sich die Gruppe von Entwicklern anzusehen, die Ethereum in Kanada geschaffen haben, und ihre Auswirkungen auf die Kryptosphäre seit 2013 zu beobachten:

- Vitalik Buterin ist immer noch das „Aushängeschild" des Projekts, in das er all seine Energie und seine Kapazitäten investiert, um es von EIP zu EIP (Ethereum-Verbesserungsvorschläge) zu entwickeln.
- Mihai Alisie, ein Freund von Buterin vor der Gründung von Ethereum, gründete 2011 mit ihm das Bitcoin-Magazin.
- Anthony di Iorio interessierte sich früh für Kryptowährungen und gründete das Toronto Bitcoin Group Meetup, wodurch er Buterin traf.
- Amir Chetrit, der nach der Krise von 2008–2009 vom traditionellen Finanzwesen desillusioniert war, begann sich für den Aufstieg von Kryptowährungen zu interessieren.
- Charles Hoskinson, überzeugt vom Potenzial der Kryptowährungen sowohl aus technischer als auch aus finanzieller Sicht, gründete das Bitcoin Education Project, um das Wissen über diese neuen Tools über Konferenzen und kostenlose Online-Kurse zu verbreiten.

Sie traten 2014 dem Team bei:

- Gavin Wood, ein erfahrener Entwickler, der bereit war, sich an ehrgeizigen und disruptiven Projekten zu beteiligen, hat maßgeblich zur technischen und wissenschaftlichen Etablierung von Ethereum beigetragen, indem er beispielsweise sein „Yellow Paper" veröffentlicht und die Solidity-Sprache zusammen mit Buterin geschaffen hat;
- Jeffrey Wilcke hat auch zur technischen Entwicklung von Ethereum beigetragen;
- Joseph Lubin, ein langjähriger Unternehmer und etwas älter als der Rest des Teams, glaubte sofort an das Potenzial von Ethereum und engagierte sich persönlich für dessen kommerzielle Entwicklung.

Nachdem das Team Ethereum Anfang 2014 in Miami vorgestellt und großes Interesse bei den Konferenzteilnehmern geweckt hatte, sammelte es mehrere Millionen Dollar (in Bitcoins), die für die Gründung der Ethereum Foundation und die Finanzierung des Forschungsteams durch ein ICO erforderlich waren. Unter diesen acht Mitgliedern ist es interessant festzustellen, dass drei von ihnen, die das Schiff ganz am Anfang verlassen haben, insbesondere vor dem Hintergrund von Meinungsverschiedenheiten über die Art des Projekts, immer noch einen erheblichen Einfluss auf die Kryptosphäre üben:

- Charles Hoskinson gründete Cardano, einen der reifsten und erfolgreichsten Konkurrenten von Ethereum.
- Gavin Wood gründete Polkadot, ein Projekt, das kein direkter Konkurrent von Ethereum ist und darauf abzielt, eine Infrastruktur zu schaffen, die es Blockchains ermöglicht, miteinander zu kommunizieren und sich auszutauschen.
- Joseph Lubin gründete ConsenSys, ein Inkubator- und Beratungsunternehmen mit Fokus auf Ethereum, das mit den größten Unternehmen und Institutionen zusammenarbeitet, zum Beispiel mit der Europäischen Kommission.

2.3 Ethereum 2.0

Ethereum musste sich weiterentwickeln, um skalierbarer und damit billiger, sicherer und umweltfreundlicher zu werden. Dies ist eine wichtige Aktualisierung des Systems, deren Implementierung ca. 1,5 Jahre gedauert hat, wodurch zu sehen ist, wie schwierig die Entscheidungsfindung in einem dezentralisierten System ist. Ethereum 2.0 wurde am 1. Dezember 2020 offiziell neben Ethereum 1.0 eingeführt und soll im Sommer 2022 seinen Platz einnehmen. Die Entwicklung von Ethereum 2.0 erfolgte parallel zu Ethereum 1.0, da letzteres zunehmend überlastet war, was ETH nicht daran hinderte, seinen Bewertungsrekord im Jahr 2021 mit fast 5.000 $ zu schlagen. Ethereum 2.0 soll das System deutlich verbessern, sobald der Versionswechsel bestätigt ist.

Schauen wir uns die Vorteile von Ethereum 2.0 im Detail an:

- Skalierbarer: Durch Ethereum 2.0 wird versprochen, bis zu 100.000 Transaktionen pro Sekunde verwalten zu können, sodass die Kosten der Nutzung des

Systems sinken werden, da diese ausschließlich von Angebot und Nachfrage der Kapazität des Netzwerks abhängen.

- Sicherer: Der Widerstand von Ethereum 2.0 gegen 51 %-Angriffe wurde erhöht.
- Umweltbewusster: Durch den Wechsel vom Proof of Work zum Proof of Stake reduziert Ethereum den Stromverbrauch seines Netzwerks um mehr als 99 %, was Ether akzeptabler für viele Anleger machen könnte. Dies kann auch dazu beitragen, der breiten Öffentlichkeit verständlich zu machen, dass eine Kryptowährung nicht automatisch ein Umweltmonster ist.

Abbildung 13: Einige Informationen über das Ethereum-Netzwerk; 12,9 tps bedeutet 12,9 Transaktionen pro Sekunde

Quelle: Etherscan, 1. August 2022

Ethereum 2.0 wird durch dasselbe Logo wie Ethereum dargestellt, jedoch mit sechs Farben anstelle vom Schwarz und Grau des ursprünglichen Logos. Ethereum ist letztlich sehr konsequent in seiner Vision als Infrastruktur einer neuen dezentralen Computerwelt, für die Bitcoin den Grundstein gelegt hat. Ethereum könnte durchaus zum wichtigsten und wertvollsten Teilnehmer im dezentralen Internet werden, indem es als dessen Infrastruktur dient. Es sollte hier vielleicht daran erinnert werden, dass Ethereum eine gemeinnützige Stiftung ist, aber diejenigen, die ETH vor dem Preisanstieg erhalten oder gekauft haben, sind heute sehr wohlhabend, zum Beispiel Vitalik Buterin selbst. Ethereum musste seine Probleme der Skalierbarkeit und der sehr hohen Transaktionskosten angehen, wenn es weiterhin seine Rolle als Rückgrat des dezentralisierten Internets spielen wollte; aus diesem Grund wird das Protokoll regelmäßig aktualisiert und eine Version 2.0 war notwendig. Die Transaktionsgebühren auf Ethereum haben Ende 2021 tatsächlich 50 $ pro Transaktion erreicht, was zumindest kleine Transaktionen sinnlos macht. Es sind diese Nachteile, die dazu geführt haben, dass Wettbewerber entstanden und sich etabliert haben. Ethereum hat es dennoch geschafft, dank „Killer-Apps" („Flaggschiff-Anwendungen" auf Deutsch), die sehr erfolgreich waren und dazu führten, dass Ethereum nicht umgangen werden konnte, beginnend mit NFTs und der dezentralen Finanz, der Meister des Spiels zu bleiben.

3. Eine Alternative zu zentralisierten Modellen

Wir werden in den kommenden Jahren Zeuge eines echten Duells zwischen der zentralisierten und der dezentralisierten Welt werden. Das Aufkommen der dezentralisierten Welt ist aus mindestens zwei Gründen eine gute Sache: Sie bietet eine Alternative zur zentralisierten Welt und drängt diese, besser zu werden. Hier werden wir zwei Säulen der digitalen Sphäre diskutieren, die sich schnell entwickeln: das Web 3.0 und das Metaverse. Wir werden dann sehen, was DAOs und andere Dapps und Sidechains sind. Abschließend werden wir einen genaueren Blick auf die Flaggschiff-Anwendungen werfen, die weitgehend erklären, warum sich der Wert der ETH im Jahr 2021 vervierfacht hat: DeFi und NFTs.

3.1 Das Web 3.0

Das Internet kann als ein Netzwerk verbundener Computer beschrieben werden, die Informationen austauschen und es einem Computer ermöglichen, Dienste und/oder Informationen anzubieten, die auf einem anderen Computer enthalten sind, der Tausende von Kilometern entfernt sein kann. Computerinhalte nehmen sehr wenig Platz ein und reisen mit Lichtgeschwindigkeit. Das Internet hat es ermöglicht, die Kapazitäten aller in vielen Bereichen zu verzehnfachen, zum Beispiel beim Wissen.

Im Internet gibt es traditionell drei Epochen, die nach den grundlegenden Merkmalen dieses Netzes einfach als Web 1.0, Web 2.0 und Web 3.0 charakterisiert werden.

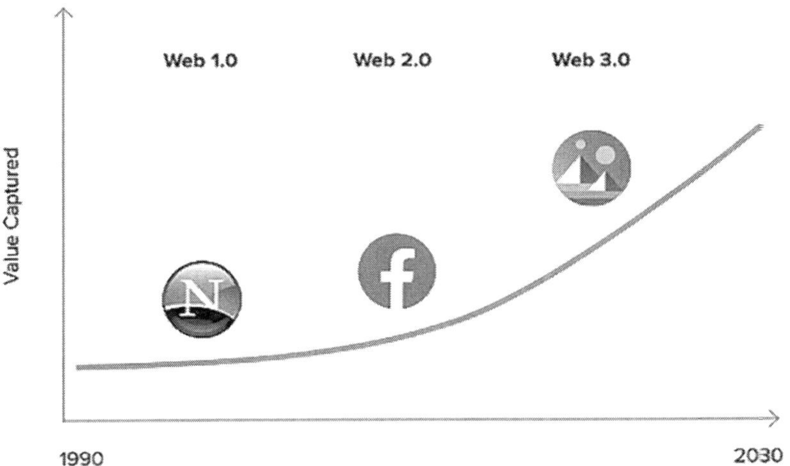

Abbildung 14: Vereinfachte grafische Darstellung der drei Internet-Epochen; das für Web 3.0 verwendete Logo ist das von Decentraland, einem der wichtigsten dezentralisierten Metaversen

Tabelle 2: Die Hauptmerkmale der drei Epochen des Internets

	Web 1.0	**Web 2.0**	**Web 3.0**
Interact	Read	Read-Write	Read-Write-Own
Medium	Satic Text	Interactive Content	Virtual Economies
Organization	Companies	Platforms	Networks
Infrastructure	Personal Computers	Cloud & Mobile	Blockhain Cloud
Control	Decentralized	Centralized	Decentralized

Quelle: Grayscale Metaverse Report, *https://grayscale.com/wp-content/uploads/2021/11/Grayscale_Metaverse_Report_Nov2021.pdf*, Abrufdatum: 19. Februar 2022

Viele sind sich einig, dass das Internet, das im Grunde ein dezentralisiertes System ist, sich enorm um GAFAMs herum zentralisiert hat. Diese Zentralisierung der Akkumulierung des im Internet generierten Wertes spiegelt sich in der Börsenbewertung dieser amerikanischen Unternehmen wider, da sie fast immer zu den Top 10 der weltweit am meisten bewerteten Vermögenswerte gehören, wobei Apple mit 2,73 Billionen US-Dollar Anfang 2022 die Bewertung des gesamten Krypto-Marktes überstiegen hat.

Web 1.0 war ein statisches Internet, in dem jeder Inhalte lesen, Produkte kaufen und E-Mails austauschen konnte, ohne mit den Inhalten der Websites zu interagieren. Das Aufkommen sozialer Netzwerke Mitte der 2000er-Jahre, insbesondere mit Facebook und LinkedIn sowie YouTube, gab jedem die Möglichkeit, die im Web vorhandenen Inhalte mit Texten, Fotos, Videos, persönlichen Daten usw. anzureichern. Dieses Web 2.0 ist das der Plattformen, die es allen ermöglichen, auf kreative Weise, aber auch wirtschaftlich mit dem Netzwerk zu interagieren. Der zweite Teil des Web 2.0 war durch das Aufkommen von Uber, AirBnB, Spotify usw. sowie die Weiterentwicklung der sozialen Netzwerke, vor allem Snapchat, Instagram und TikTok in den 2010er-Jahren gekennzeichnet. Dieses Web 2.0 hat zu einer erheblichen Zentralisierung von Inhalten, Macht und damit Einnahmen auf diesen Plattformen geführt, auf denen der Großteil der generierten Werbeeinnahmen erzielt wird. Das Businessmodell von Facebook/Meta und Google basiert im Wesentlichen auf der Monetarisierung durch gezielte Werbung für Inhalte, insbesondere die Privatsphäre und die Kreativität der Nutzer, die auf ihren Plattformen tätig sind. Diese bieten wertvolle Dienste und dienen als Foren für viele Einzelpersonen und Marken, erzielen jedoch einen erheblichen Teil, wenn nicht den gesamten generierten Umsatz. Wir mussten bis Ende der 2000er und 2010 warten, bis dezentrale (Bitcoin) und zentralisierte (Libra/Diem von Facebook/Meta) Initiativen jeweils das Monopol auf treuhänderisches Geld, das von Regierungen ausgegeben wird, zumindest in digitaler Form, infrage stellten.

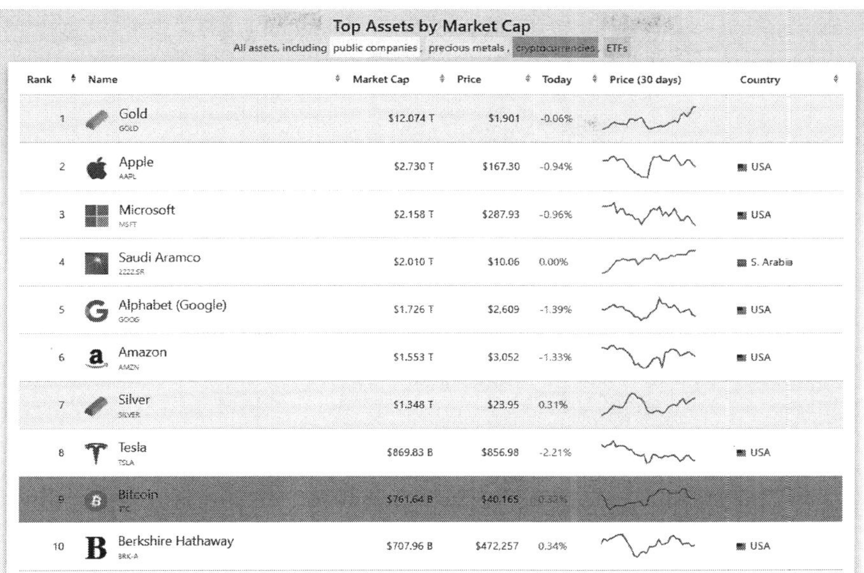

Top Assets by Market Cap

All assets, including public companies, precious metals, cryptocurrencies, ETFs

Rank	Name	Market Cap	Price	Today	Price (30 days)	Country
1	Gold GOLD	$12.074 T	$1,901	-0.06%		
2	Apple AAPL	$2.730 T	$167.30	-0.94%		USA
3	Microsoft MSFT	$2.158 T	$287.93	-0.96%		USA
4	Saudi Aramco 2222.SR	$2.010 T	$10.06	0.00%		S. Arabia
5	Alphabet (Google) GOOG	$1.726 T	$2,609	-1.39%		USA
6	Amazon AMZN	$1.553 T	$3,052	-1.33%		USA
7	Silver SILVER	$1.348 T	$23.95	0.31%		
8	Tesla TSLA	$869.83 B	$856.98	-2.21%		USA
9	Bitcoin BTC	$761.64 B	$40,165	0.32%		
10	Berkshire Hathaway BRK-A	$707.96 B	$472,257	0.34%		USA

Abbildung 15: Top 10 der wertvollsten Vermögenswerte der Welt, Stand 19. Februar 2022

Quelle: *https://companiesmarketcap.com/assets-by-market-cap/*

3.2 Das digitale Eigentum

Kryptowährungen und ihre Projekte sind dezentrale Alternativen zu bereits bestehenden zentralisierten Diensten, vom Geld bis hin zum Internet. Durch das Web 3.0 wollen einige versuchen, zu dem dezentralisierten Internet zurückzukehren, dessen Vision dies ganz am Anfang war. Um Web 3.0 in Betracht zu ziehen, müssen Sie zunächst verstehen, was es bedeutet, in der Computerwelt etwas zu besitzen. Besitzen Sie ein Foto, das sich nur auf Ihrem Computer befindet? Grundsätzlich ja. Besitzen Sie die Rechte? Sie können es in einer Datenbank wie Getty oder Shutterstock speichern lassen, wenn Ihnen das gelingt, oder Rechte von jemandem beanspruchen, der dieses Foto ohne Ihr Wissen bzw. Ihr Einverständnis verwendet. Also ja, aber mit relativ umständlichen Vor- oder Nachverfahren. Wenn Sie Ihr Foto im Internet verbreiten, entweder per E-Mail oder über ein soziales Netzwerk, kann jeder Ihr Foto endlos kopieren, sodass Sie es nicht mehr wirklich besitzen, es sei denn, Sie beweisen, dass Sie Urheber sind und Sie machen es irgendwie geltend. Hat Ihr Foto einen Wert? Ja, wenn Sie die oben beschriebenen Verfahren anwenden und damit erfolgreich sind. Aber das ist unwahrscheinlich, es sei denn, Ihr Foto ist wirklich etwas Besonderes und Sie geben sich all diese Mühe oder es wird durch eine der oben genannten Datenbanken verwaltet.

Warum und wie kam es also dazu, dass der obige Pixelbrei auf mehr als 760.000 $ (!) geschätzt wurde? Um diese Frage zu beantworten, schauen wir uns die Blockchain an. Zur Erinnerung: Eine Blockchain ist ein gemeinsam genutztes dezentralisiertes Verzeichnis digitaler Daten, das ständig aktualisiert wird. Ein Foto auf einem Computer stellt eine digitale Datei dar. Stellen wir uns vor, ich mache ein Foto und speichere es direkt auf einer Blockchain wie Polygon. Dieses Foto, das als lange Folge von Nullen und Einsen computerisiert ist, wird nun in einem gemeinsam genutzten Computerregister aufgezeichnet, und seine Aufzeichnung wurde mit einem Zeitstempel versehen. Mit anderen Worten, das Datum und die Uhrzeit, zu der ich mein Foto in der Polygon-Blockchain registriert habe, werden im Register aufgezeichnet. Wenn also jemand dasselbe Foto nach mir registriert, könnte ich ihn wegen eines Plagiats verklagen. Und wenn mir das Register erlaubt, diese Informationen in Form eines in einer Wallet aufbewahrten Tokens zu gruppieren, würde ich beweisen, dass ich der Eigentümer dieses Tokens bin, indem ich beweise, dass ich der Inhaber der Wallet bin, die ihren privaten Schlüssel verwaltet. Dadurch würde ich jedem beweisen, dass ich der Erste bin, der dieses Foto in der Blockchain aufgenommen hat und somit sein Eigentümer bin. Dieser Token fungiert also als digitales Echtheitszertifikat. Er ist nicht fungibel, da er nicht wie jeder andere Token ist, im Gegensatz zu einem Bitcoin oder einem 1-Dollar-Schein: Im Token A werden andere Informationen als im Token B gespeichert. Durch NFT kann man also sehen, inwiefern die Grenze zwischen Transaktion und Information durch digitale Währungen dünner wird.

3.3 Der NFT

Ein NFT ist ein digitales Echtheitszertifikat in Form eines Tokens, das eine bestimmte Stelle in einem bestimmten Register (einer Blockchain) bezeichnet, das zu einem bestimmten Zeitpunkt aufgezeichnet wurde und das eine bestimmte Datei beinhaltet. Mittels eines NFT wird bewertet, ob diese digitale Datei in den Augen der Öffentlichkeit einen Wert hat, da der NFT es ermöglicht, das Eigentum dieser Akte nachzuweisen. Die Blockchain hat durch ihre Funktion als Gegenmittel gegen digitale Doppelausgaben das Erscheinen und die Entwicklung digitaler Währungen, die nicht mehr kopiert werden können, beginnend mit Bitcoin, ermöglicht, da jede Einheit vom System einer einzigen und eindeutigen Adresse zugewiesen wird. Dies hat die Entstehung eines Marktes ermöglicht, der Mitte 2022 auf mehr als 1.100 Milliarden Dollar geschätzt wurde: der Krypto-Asset-Markt. NFTs verleihen digitalen Assets eine neue Dimension, indem sie es ihnen ermöglichen, sich voneinander zu unterscheiden, was den Weg für eine echte Digitalisierung der Wirtschaft ebnet.

Die Liste möglicher digitaler Dateien, deren Eigentum über NFTs nachgewiesen werden kann, macht es möglich, das Potenzial dieses sich schnell entwickelnden Tools zu messen:

- jede Kreation in digitaler Form: Foto, Video, Musik, Artikel usw.
- Gegenstände (Waffen, Zubehör usw.) in einem Videospiel oder das Videospiel selbst, das Sie daher weiterverkaufen könnten, auch wenn Sie es in dematerialisierter Form gekauft haben

- NFTs (Non-Fungible Tokens) represent the ownership of unique assets, such as physica objects
- They are also used for digital art

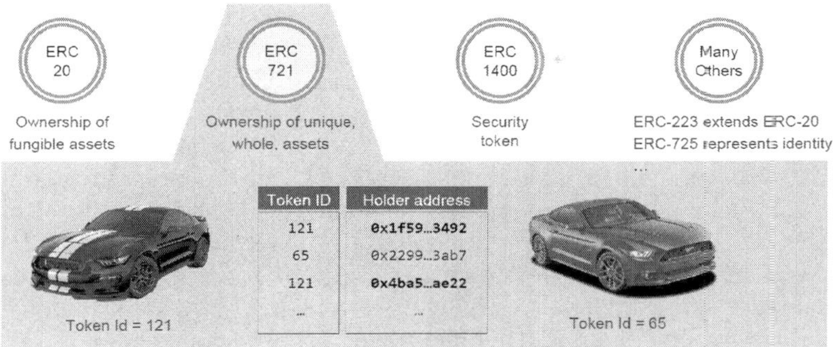

Abbildung 16: Darstellung von NFTs am Beispiel von zwei Autos

Quelle: Frankfurt School Blockchain Center

- Patente, wenn die Gesetzgebung ihrer digitalen Form Vorrang einräumt
- physische Gegenstände, vom Auto bis zum Paar Turnschuhe, deren Eigentum in digitaler Form dargestellt wird; wir werden darauf im Teil über das Metaversum zurückkommen
- notarielle Urkunden, wenn auch deren digitale Form Vorrang hat, wodurch mit NFTs Immobilienanträge gestellt werden können
- und Ihre Identität in digitaler Form.

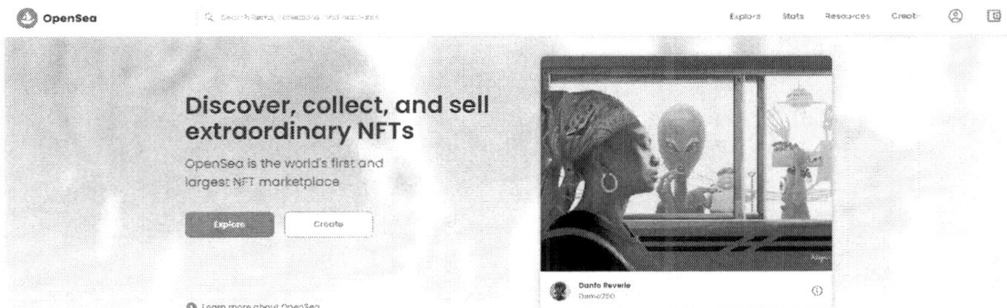

Abbildung 17: OpenSea ist derzeit die führende Plattform für die Erstellung und den Austausch von NFTs

Quelle: *https://opensea.io/*

3.4 Ein neues dezentrales Ökosystem ist gerade im Begriff, sich zu entwickeln

Bei Zugriff auf das Web 3.0 ist ein Internet das Gerät, von dem aus darauf zugegriffen wird, Daten aus mehreren zentralen oder dezentralen Registern ab, die ganz bestimmte Dienste wie die Bereitstellung von Inhalten oder die Verwaltung von Passwörtern gewährleisten. Diese Register werden miteinander kommunizieren und sich gemäß den Anforderungen ihres Browsers verbinden, der daher weiterhin seine wesentliche Rolle als Tor zum Internet und als Übersetzer von Inhalten aus einer Computersprache in verständliche Inhalte (Texte, Bilder usw.) spielt. Das Internet wird kostenlos bleiben, denn die Eigentümer der Computer werden, wie bereits heute, in der Coin oder dem Token der Blockchain bezahlt, für die sie ihre Maschinen zur Verfügung stellen. Viele sind sich einig, dass das Web 3.0 weitgehend dezentralisiert sein wird, sodass Inhalte nicht mehr auf den Servern von GAFAMs und einigen anderen zentralisierten Unternehmen gespeichert werden, sondern auf miteinander verbundenen Blockchains verbreitet werden, die selbst auf Tausenden von Computern gehostet werden, was das Netzwerk nahezu unangreifbar machen und jedem ermöglichen wird, seine digitalen Vermögenswerte, seine Rechenleistung und weitere Leistungen zu monetarisieren. Blockchains müssen jedoch noch viel skalierbarer und vernetzter werden als heute, um ein Web 3.0 zu schaffen, das wirklich mit Web 2.0 konkurrieren oder es sogar ersetzen kann.

Die meisten der größten Projekte in der Kryptosphäre bewegen sich eben in diese Richtung:

- Ethereum, Solana, Binance Smart Chain, Fantom, Polygon, Tezos, Cardano, Algorand usw. versuchen, die grundlegende Infrastruktur dieses neuen Internets bereitzustellen, indem sie eine breite Palette von dezentralisierten Diensten und Tools anbieten.
- Die Teams hinter Polkadot, Cosmos usw. arbeiten daran, dass Blockchains besser miteinander kommunizieren.
- Chainlink bietet dezentrale Orakel, die Informationen aus Computersystemen bzw. der realen Welt Smart Contracts bereitstellen, damit diese überhaupt funktionieren können.
- BAT stellt über seinen Brave-Browser, der derzeit auf Google Chrome basiert, einen Browser bereit, der die Privatsphäre der Benutzer streng respektiert und diejenigen vergütet, die dem Erhalt gezielter Werbung zustimmen.
- IOTA will die Referenzwährung des Internets der Dinge sein, indem es ein gebührenfreies Transaktionssystem anbietet, das die Durchführung von Mikrotransaktionen ermöglicht.
- Metahero ermöglicht es jedem, einen digitalen Avatar seines gesamten Körpers zu erstellen, wodurch er seine Präsenz in der digitalen Welt monetarisieren kann.
- Mit Civic, Renme, Sharering können Sie Ihre digitale Identität dezentral verwalten.
- Avalanche ermöglicht es jedem, seine eigene Blockchain zu erstellen.

Der grundlegende Unterschied zwischen Web 2.0 und 3.0 besteht darin, dass wir unsere eigenen digitalen Daten über fungible und nicht fungible Token besitzen und sie monetarisieren können. Der Eigentümer eines Fotos in der virtuellen Welt kann automatisch Mikrozahlungen erhalten, wenn es verwendet wird, da diese Funktion im Foto selbst kodiert wird. Ähnlich wie bei der digitalen Identität kann sich jeder durch einen Avatar oder eine virtuelle Repräsentation in digitalen Registern und im Metaverse darstellen lassen, und erhält das Urheberrecht, wenn diese Repräsentation verwendet wird. Musikkünstler sind besonders glücklich über das Aufkommen von NFTs (oder sollten es sein): Wenn sie jedes Mal, wenn jemand ihre Songs herunterlädt oder anhört, Mikrozahlungen erhalten, müssen sie nicht mehr 85 % ihres Einkommens an „Majors" der Musikindustrie verschenken. Was für Künstler gilt, gilt für alle: Wenn ein Inhalt einen Wert hat, kann er ohne Zwischenhändler zu Geld gemacht werden.

3.5 Das Metaversum

Das Metaversum ist ein virtuelles Paralleluniversum, das die reale Welt einschließlich ihrer Interaktionen mehr oder weniger darstellt. Es ist nicht wirklich neu, wenn wir an Videospiele denken, aber dieses Konzept gewinnt so an Fahrt, dass Facebook Ende 2021 in „Meta" umbenannt wurde. Das Wort Metaversum ist die Kombination aus dem Präfix „meta", „jenseits" auf Altgriechisch, und „versum", die Abkürzung für Universum. Das Besondere am Metaversum ist, dass es nicht nur ein Spiel sein soll, sondern Elemente der realen Welt nachbildet und mit digitalen Möglichkeiten verstärkt, damit das, was dort passiert, auch Konsequenzen in der realen Welt hat. Das Metaversum soll letztendlich das Beste der zwei Welten (offline und online) in allen möglichen Bereichen bieten. Einen sehr überzeugenden Vorgeschmack darauf gibt Steven Spielberg im Film „Ready Player One" aus dem Jahr 2018. So sind Darstellungen von Häusern, Gebäuden, Geschäften, Produkten, Musik, Filmen, Spielen, Werbung und Abbildungen der realen Welt im Metaversum zu sehen, mit denen man interagieren kann.

Über ein Virtual-Reality-Headset oder einfach von Ihrem Computer oder Smartphone aus können Sie auf das Metaverse zugreifen. Sie können beliebige digitale Inhalte konsumieren, zum Beispiel einen Film ansehen oder Videospiele spielen. Sie können mit anderen anwesenden Personen interagieren, indem Sie beispielsweise ein Online-Meeting organisieren oder mit ihnen Tennis oder Skat spielen. In Kürze können dort Verwaltungsverfahren durchgeführt werden; Barbados hat bereits eine Botschaft im Metaverse von Meta eröffnet. Sie können in dieser parallelen Welt außerdem reale Waren, Dienstleistungen und Parzellen dieses Metaversums, mit anderen Worten Immobilien kaufen. Bei Decentraland sind bereits erste Transaktionen im Millionenbereich erfolgt.

Dem Verbraucher realer Produkte werden im Metaversum mehrere Möglichkeiten geboten:

- Lebensmittel, die in einem Supermarkt im Metaversum hergestellt werden, werden in die reale Welt an Ihre Haustür geliefert.
- Ihnen werden nummerierte Sneakers von namhafte Marken in Form von NFTs verkauft, mit denen Sie diese anschließend in der realen Welt sammeln können.

- 3D-druckbare Produkte wie Smartphone-Hüllen werden als Code verfügbar sein, den Sie dann am 3D-Druckpunkt um die Ecke verwenden können, um das Produkt in der realen Welt erstellen zu lassen.
- Grundstücke werden bereits seit einiger Zeit im dezentralen Metaversum zum Verkauf angeboten und ermöglichen es immer mehr Marken, präsent zu sein und Experimente in diesem neuen Universum durchzuführen.

Meta hat ein begründetes Interesse daran, so viel wie möglich von unserem Leben ins Virtuelle zu verlagern, da Meta dort alles monetarisieren und verfolgen kann; es ist die eigentliche Essenz ihrer Aktivität. Dezentralisierte Metaversen, insbesondere The Sandbox und Decentraland, haben nicht darauf gewartet, dass die zentralisierte Welt das Licht der Welt erblickt: Decentraland wurde 2017 gegründet. Unser Leben wird zunehmend digital, auch in unseren Interaktionen mit der Öffentlichkeit (Verwaltungsverfahren, Abstimmungen usw.), also ist es sinnvoll, sich eine Parallelwelt vorzustellen, die viele der Aktivitäten zusammenführt, die wir sowieso schon größtenteils online erledigen: konsumieren, spielen, arbeiten, sich treffen, Spaß haben, wählen usw. In diesem Bereich wie anderswo werden die zentralisierte und die dezentralisierte Welt manchmal koexistieren, oft kollidieren, und jede Sphäre hat ihre unbestreitbaren Vorteile. Ich empfehle Ihnen das Video von Mark Zuckerberg von Oktober 2021 über das Metaversum, wenn Sie mehr über diese aufkommende Welt erfahren wollen.

3.6 Smart Contracts und Orakel

3.6.1 Was ist ein Smart Contract?

Ein Smart Contract ist nichts anderes als ein in sich geschlossenes Programm, das auf einer Blockchain gespeichert ist und eine oder mehrere spezifische Aktionen ausführt, wenn eine andere bestimmte Aktion stattfindet. Stellen Sie sich zum Beispiel ein „Swap-Programm" oder automatisches Austauschprogramm zwischen ETH und MANA vor. Überweise ich beispielsweise 1 MANA an die Vertragsadresse, die 0x0F5D2fB29fb7d3CFeE444a200298f468908cC942 lautet, erhalte ich dafür 0,0008482 ETH. Die Möglichkeiten, die Smart Contracts bieten, sind nur begrenzt durch unsere Programmierkapazitäten, unsere Vorstellungskraft und bald auch die gesetzlichen Rahmenbedingungen.

Smart Contracts haben mehrere wichtige Funktionen:

- Sie sind im Allgemeinen Open Source, sodass sich jeder den Code ansehen und verstehen kann, wenn er weiß, wie man ihn entschlüsselt.
- Sie werden auf einer Blockchain gespeichert, also auf Tausenden von Computern, sodass sie nicht manipuliert oder verändert werden können.
- Sie müssen spezielle Programme, genannt Orakel, verwenden, um Informationen außerhalb der Blockchain, auf der sie gehostet werden, zu erhalten, beispielsweise den Preis eines Vermögenswerts in Echtzeit.
- Bei ihnen fallen Transaktionsgebühren an, die von der Blockchain abhängen, auf der sie gehostet werden

3.6.2 Was ist ein Orakel (in der Kryptowelt)?

Ein Vertrag, der einfach aus einigen Dutzend oder Hunderten von Codezeilen besteht, die in einer Blockchain aufgezeichnet sind, kann dank eines Orakels die Umrechnungsrate zwischen ETH und MANA kennen, die offensichtlich ständig variiert. Ein Orakel ist ein Programm, das eine Blockchain mit externen Daten versorgt, die sie benötigt, um zu funktionieren. Hier könnte das Orakel beispielsweise den Vertrag minütlich mit dem Wechselkurs zwischen ETH und MANA versorgen, damit er den korrekten Kurs anwenden kann, wenn jemand seine Dienste in Anspruch nimmt. Da das Orakel und der Vertrag für die Erbringung ihrer Dienste Gebühren erheben, findet ein Geldaustausch zwischen der Blockchain, auf der der Vertrag gehostet wird, und dem Orakel statt, und diese Gebühren werden an den Benutzer des Dienstes weitergegeben.

Es gibt fünf verschiedene Arten von Orakeln (siehe Artikel von BTC Echo *https://www.btc-echo.de/news/krypto-oekonomie-diese-rolle-spielen-oracles-132333/*, Abrufdatum: 19. Juli 2022):

1. Software-Orakel, die nichtfinanzielle Daten aus einem Computersystem holen, z. B. das Wetter oder die Flugpläne, Verspätungen und Annullierungen von Flügen, die an einem bestimmten Flughafen stattfinden.
2. Hardware-Orakel, die Daten aus der realen Welt ziehen, beispielsweise von Regen- oder Temperatursensoren oder von RFID-Chips in einer Lieferkette.
3. Inbound-Orakel, die auf die Kommunikation von Preisen für digitale Vermögenswerte spezialisiert sind, zum Beispiel den Preis von MANA gegenüber ETH in Echtzeit.
4. Outbound-Orakel, die es ermöglichen, Informationen aus einem Smart Contract in die reale Welt oder andere digitale Register zu übertragen.
5. Menschliche Orakel, die das Ergebnis eines realen Ereignisses ermitteln und an einen Smart Contract melden, zum Beispiel das Geburtsdatum eines Kindes oder welcher Kandidat eine Wahl gewonnen hat.

Die Orakel erhalten einen finanziellen Anreiz, die Wahrheit zu sagen, da ein Smart Contract in der Regel die Dienste mehrerer Orakel abonniert und die von der Mehrheit der Orakel bereitgestellten Informationen als Wahrheit anerkennt: Die anderen erhalten keine Vergütung. Chainlink geht sogar noch weiter, indem es Nodes, die die Rolle des Orakels spielen möchten, auffordert, eine bestimmte Anzahl von LINK-Token zu sperren („staken" auf Englisch), die von ihnen entfernt werden, wenn sie nicht die Wahrheit sagen. Auf der anderen Seite verdienen sie LINK-Token und behalten natürlich ihren ursprünglichen Einsatz, wenn sie die Wahrheit sagen. Hier finden wir das Prinzip des gegenseitigen Interesses wieder, das für das ordnungsgemäße Funktionieren von dezentralen Systemen, die mit einer Geldeinheit ausgestattet sind, wesentlich ist.

3.6.3 Anwendungsfälle der Smart Contracts

Das Potenzial für die Nutzung intelligenter Verträge ist nahezu unbegrenzt, von Versicherungen über Sportwetten bis hin zu Lotterien und mehr. Hier sind einige Beispiele:

- Eine entsprechend programmierte YouTube-Seite kann ihren Eigentümer vergüten, zum Beispiel, wenn ich am 3. Januar 2023 mindestens 120.000 Abonnenten habe, zahlt mir YouTube 1 ETH.
- Übersteigt die Luftfeuchtigkeit in einem Operationssaal für mindestens eine Minute 45 %, erhält der Patient 14.000 € vom Krankenhaus oder von seiner Versicherung.
- Wenn die Lufttemperatur einer Weizenparzelle drei Tage hintereinander 37 °C übersteigt, zahlt die Versicherung dem Eigentümer 46.000 €.
- Wenn eine Person 10 € für eine Crowdfunding-Kampagne spendet, erhält sie einige Wochen nach Ende der Kampagne ein Geschenk.
- Wenn der Puls einer Person über 92 Schläge pro Minute liegt, kann sie ihr Auto nicht starten.
- Wenn die Luftqualität beim Index 8 oder höher liegt, was ein schlechter Wert ist, dann verdoppelt sich die Innenstadtmaut im Bezirk.
- Wenn das nächste Kind der Königin von Dänemark am 12. Februar geboren wird, erhält der Wetter 1 Million Euro.

Ein Vertrag funktioniert also folgendermaßen: Wenn eine Bedingung erfüllt ist, dann passiert etwas (dies wird im Englischen manchmal mit „if, then" zusammengefasst). Ein Smart Contract benötigt fast immer ein Orakel, um zu funktionieren, sodass sich neben der Verallgemeinerung dieser Computertools neue Geschäftsmodelle entwickeln werden. Diese müssen wissen, wie die Temperatur oder die Luftqualität an einem bestimmten Ort ist, wann das Baby der Königin geboren wurde usw. Diese Informationen müssen außerhalb der Blockchain bezogen werden, in der sich der Smart Contract befindet. Diese Rolle stellt das Orakel dar: Es kann sich zum Beispiel um einen Menschen handeln, der Temperatur- und Niederschlagssensoren auf seinem Dach installiert hat, oder ein Computer, zum Beispiel ein Smartphone, mit dem seismische Aktivitäten oder die Luftqualität gemessen werden.

Smart Contracts, das Herzstück des Ethereum-Projekts und jetzt auch auf anderen konkurrierenden Blockchains verfügbar, haben eine glänzende Zukunft vor sich und könnten für Versicherungsunternehmen und Unternehmen wie William Hill oder Ladbrokes sowie alle Wettanbieter von besonderem Interesse sein. Diese Programme müssen mit verlässlichen und aktuellen Daten versorgt werden. Deshalb widmen sich ganze Projekte in der Kryptosphäre der Entwicklung von dezentralen Orakeln (Chainlink) und der Vernetzung von Blockchains (Polkadot). Die Entwicklung intelligenter Verträge ist auch relativ einfach. Der Bedarf in diesem Bereich wird steigen.

Tabelle 3: So könnte eine Maklerseite für Versicherungsverträge in ein paar Jahren aussehen. Simulation vom Autor. Die hier aufgeführten Unternehmen sind fiktiv.

Angebote für Verträge für den Fall, dass die Temperatur Ihres Grundstücks, das **26°12′ 16″ N 28°2′44″E liegt, 37° 3 Tage in Folge überschreitet**				
Anbieter	**Jahresprämie**	**Entschädigung**	**Rechtliches Dokument**	**Vertragsadresse**
Ve	125 €	44.235 €		CU9EuAqeZyTG8FLWfsY5JLmYiExJvdv25M
	145 €	43.868 €		CLqNidHUbEn52ZMYyR3izor32AnZJVzrTc
	122 €	43.877 €		CZybh3RMCHhemzUWHb3TVikRFmpLx6GzzQ
	113 €	43.887 €		CZFzNmBUTkdT7JGHR79AHQLJa1p4ExETze
	140 €	43.907 €		CTUyHpFGmLPxaVF9Xji4ZK1tD5QaCt69Y9
	136 €	43.913 €		CR4KRHJdZTubEghHGgouAAfb2dWaVCEdh7
	139 €	43.917 €		CWt8uBm4oFsyEq9CusrYoBqd7V8Rmp4UXW
	118 €	43.927 €		CLSf9ngjoNb2urWE85RhmQ73iFeGry8CG3
Der Vertrag kommt für ein Jahr zustande, sobald Sie die Prämie an die Vertragsadresse überweisen und den AGB zustimmen				

Quelle: Darstellung des Autors

3.7 DAO und Dapps

Lassen Sie uns tiefer in das Konzept des digitalen Eigentumes einsteigen und uns das von DAOs ansehen. DAO bedeutet auf Englisch „Decentralized Autonomous Organization". Das ist nicht ganz neu, und wir können davon ausgehen, dass Kryptowährungssysteme DAOs sind, solange das D beachtet wird, aber die Entwicklung von Kryptowährungen gibt diesem Konzept einen echten Schub. Eine DAO ist ein Unternehmen ohne Direktoren oder Mitarbeiter, das darauf ausgelegt ist, nach einem in einer Blockchain geschriebenen Protokoll zu operieren. Eine DAO ist mit einer bestimmten Anzahl von Coins oder Token verbunden, die einen bestimmten Wert haben und wie jeder Token gekauft, verkauft oder behalten werden können. Wie Aktien im traditionellen Finanzwesen stellen Token Anteile an der Gesellschaft dar und geben das Recht, Einfluss zu nehmen, wenn Entscheidungen getroffen werden müssen. Man kann also einen Token so programmieren, dass er ein Stimmrecht gibt, oder gar keines, oder 4000 Stimmen. Möglich ist alles, aber im Prinzip funktioniert eine DAO nach dem ersten Modell, wo alle Tokens den gleichen Einfluss auf die Stimmen haben. Die Teilnehmer sind Personen, die mindestens einen Token besitzen und sich auf das DAO-Protokoll einigen, das für alle zugänglich ist, sodass jeder es einsehen kann, bevor er die Entscheidung trifft, zu investieren oder nicht. Die Entwicklung von DAOs ist auch eng mit der des Internets der Dinge verknüpft, denn die Tatsache, dass eine Maschine Entscheidungen treffen kann, insbesondere zum Bezahlen, ermöglicht es ihr, sich auf dem Weg der Autonomie zu bewegen.

Stellen Sie sich vor, ein Getränkeautomat ist eine DAO. Er würde nur Zahlungen in digitaler Währung akzeptieren, um nicht mit Bargeld umgehen zu müssen. Er wäre so programmiert, dass er Artikel bestellt, sobald nur noch zwei von einer Sorte übrig sind. Er würde entweder von einer natürlichen Person oder von Drohnen beliefert. Er würde seine Stromrechnung und seine Getränkelieferanten selbstständig bezahlen. Jeder könnte Anteile an der DAO kaufen, wenn er vom Geschäftsmodell dieses Automaten überzeugt ist, und beispielsweise das Sortiment, die Lieferantenauswahl oder den Getränkepreis mitbestimmen. Aktionäre könnten beispielsweise entscheiden, dass die Maschine das Auffüllen eines Artikels auslöst, wenn nicht zwei, sondern drei übrig sind. Alles wäre im Code festgeschrieben und sichtbar. Jeder Token-Inhaber würde beispielsweise jeden Tag oder jeden Monat oder sogar bei jedem Kauf Dividenden erhalten, die der Berechnung des Gewinns entsprechen, der im Protokoll festgehalten würde, und dem Anteil der Token, die er oder sie hält, im Vergleich zur Gesamtzahl der DAO-Token. Echte Menschen wären immer noch nötig, um die Maschine zu reparieren oder die Präsentation der Produkte physisch zu ändern.

Dieses Modell entspricht ziemlich gut der Funktionsweise der meisten Kryptowährungen: Der Code ist für jeden zugänglich, jeder weiß, wie viele Tokens im Umlauf sind, wie die Entscheidungen für die Entwicklung des Protokolls getroffen werden, welcher Konsensalgorithmus für die Erstellung neuer Token verwendet wird, wie viel ein Token kostet und was der Zweck des Projekts ist. Ethereum funktioniert so: Jedes Mal, wenn eine Weiterentwicklung des Protokolls vorgeschlagen wird, sprechen sich ETH-Inhaber und Entscheidungen werden mehrheitlich getroffen. Aber Ethereum als Organisation ist offensichtlich nicht automatisiert; es gibt Leute, die die Ethereum Foundation leiten. In einer DAO sind keine CEOs, Meetings, Entscheidungsfindungsprozesse, also wenig oder gar kein menschliches Eingreifen und viel Transparenz und Automatisierung erforderlich. Die DAO entwickelt sich über die Vorschläge ihrer Inhaber im Verhältnis zu ihren Stimmrechten, daher wird ihre Beteiligung in der relativen Anzahl von Token ausgedrückt und diese ist allen bekannt. Die von einer DAO getroffenen Entscheidungen können weitreichend sein, wie zum Beispiel die Einstellung von Mitarbeitern, die Festsetzung von Preisen oder Gehältern, die Auswahl von Lieferanten usw. Dass der Code für alle sichtbar ist, hat auch seine Nachteile. Wenn dieser Fehler aufweist, kann ein betrügerischer Entwickler diese ausnutzen und Token oder kostenlose Produkte oder Dienstleistungen beanspruchen, wie es bei „The DAO" im Jahr 2016 der Fall war, was dazu führte, dass Millionen von Dollar an Token abgeschöpft und Ethereum in zwei Teile gespalten wurde: Ethereum und Ethereum Classic. Außerdem ist es schwierig, die Vertraulichkeit der Daten zu gewährleisten, wenn alles transparent ist. Dash und Maker sind heute die meistbekanntesten DAOs.

Bei DApps handelt es sich um dezentrale Anwendungen, die Schnittstellen sind, nicht zwischen einem Benutzer und einem zentralen Cloud-Server, wie es bei den Anwendungen auf unseren heutigen Smartphones der Fall ist, sondern zwischen einem Benutzer und der Blockchain, auf der sie gehostet werden.

3.8 Sidechains und Layer 2

Skalierbarkeit war schon immer ein Schwachpunkt der beliebtesten Blockchains, vor allem bei Ethereum und Bitcoin, daher wurden mehrere Lösungen eingeführt, um sie zu entlasten. Die am weitesten verbreitete dieser Lösungen heißt „Sidechain", zu Deutsch Sekundärkette. Das Prinzip besteht darin, eine zweite Blockchain zu erstellen, die nur mit der ersten, der Hauptkette, verbunden ist, an diese zweite Kette Operationen zu „delegieren", die sie schnell und effizient ausführen kann, da sie nicht wie die erste überlastet ist, und ihr ein Ergebnis oder Informationen in agglomerierter Form zu senden, sodass diese weniger Arbeit hat und daher weniger überlastet ist. Es ist ein bisschen so, als würden Sie, anstatt 25 Leute in 10 Autos auf einer Straße herumfahren zu lassen, den Fahrern sagen, sie sollen auf eine andere Straße fahren, ihre Autos dort lassen, alle in einen Bus steigen und mit diesem Bus auf die Hauptstraße zurückfahren, um diese zu entlasten. Eine Sidechain arbeitet weniger offen und dezentralisiert als die Mainchain (die 25 Personen im Bus können nicht in 10 verschiedene Richtungen fahren), benötigt eigene Nodes zur Abwicklung von Transaktionen, bringt aber der Mainchain erhebliche Vorteile. Die Sidechain kann sogar mit einem anderen Konsensalgorithmus arbeiten als die Mainchain.

Sie werden mehrere Begriffe oder Projekte sehen, die diese Sidechains bezeichnen, wie zum Beispiel Sharding in der Welt von Ethereum, das Lightning-Netzwerk bei Bitcoin oder Layer 2 im Allgemeinen. Layer (Schicht) 0 ist ein Protokoll wie Polkadot, das Blockchains miteinander verbindet (eine „Blockchain of Blockchains"), Layer 1 bezeichnet die Hauptblockchains, wie Ethereum oder Bitcoin, Layer 2 die Sidechains, wodurch bestimmte stark nachgefragte Blockchains ein wenig entlastet werden. Lassen Sie uns zum besseren Verständnis eine Analogie verwenden: Schicht-0-Protokolle wären das Universum, Schicht 1 sind Planeten und Schicht 2 sind Satelliten.

3.9 Die dezentrale Finanz (DeFi)

Die dezentrale Finanz, die unter dem Akronym DeFi für „Decentralised Finance" zu finden ist, steht für eine Reihe von Finanzdienstleistungen, die nicht von Menschen oder Entitäten wie Banken, sondern von IT-Protokollen angeboten werden. Die DeFI basiert immer noch weitgehend auf Ethereum und lässt sich ebenfalls von bereits erwähnten konkurrierenden Protokollen umsetzen, die weniger überlastet und vor allem günstiger sind. Das Prinzip bleibt jedoch das gleiche und basiert darauf, dass eine Person der eigentliche Eigentümer von generischen digitalen Vermögenswerten, also seiner Token, ist. Diese kann er in verschiedene neuartige Investitionsmodelle anlegen, die wir im Folgenden beschreiben werden, ohne eine Bank zu benötigen, sondern indem er einem Computersystem auf eigenes Risiko vertraut. Da Kryptowährungsprojekte keine traditionelle Werbung machen können, da sie sich in Bezug auf die Legalität in einer Grauzone bewegen, und da ihre Coins aus dem Nichts entstehen, können sie sie Menschen zuweisen, um sie zur Entwicklung und zur Verbreitung ihres Systems zu ermutigen. Um zu verstehen, was die DeFi ist, werden wir uns zunächst ansehen, welche Dienstleistungen am häufigsten angeboten werden, und uns einige Zahlen anschauen, um eine Vorstellung vom Ausmaß des Phänomens zu bekommen.

3.9.1 Lending and Borrowing

Das Verleihen oder Leihen von Geld ist die Anwendung, die die dezentrale Finanzierung, insbesondere mit Maker, ins Leben gerufen hat. So könnte ein dezentralisiertes Darlehen ablaufen:

1. Eine Person möchte 3.000 $ mit einem ETH zu 4.500 $ leihen.
2. Maker bietet ihr an, Geld mit 150 % Sicherheit in BTC, MKR oder ETH und 5 % Jahreszinsen zu leihen, sodass die Einzahlung von 4.500 $ ETH ihr effektiv erlaubt, 3.000 $ zu leihen.
3. Maker leiht ihr DAI, seine Stablecoin, die an den US-Dollar gekoppelt ist.
4. 150 % Sicherheit in BTC, MKR oder ETH bedeutet, dass die Person 150 % des Wertes dessen, was sie leihen und erhalten möchte, in einer stabilen digitalen Währung hinterlegen muss.
5. Ein Darlehen bei Maker hat keine zeitliche Begrenzung, solange die Zinsen gezahlt werden und die Sicherheit nicht durch den Smart Contract, der das Darlehen regelt, liquidiert wird.

Schauen wir uns genau an, zu welchen Konditionen der Kredit abgeschlossen werden kann:

- Entweder durch einfache Rückzahlung des Darlehens mittels Zahlung der 3.000 $ plus Zinsen an den Smart Contract in DAI, der dann die Sicherheit, 1 ETH, zurückgibt.
- Oder wenn der Wert der ETH 3.000 $ plus Zinsen erreicht hat, verkauft der Smart Contract automatisch die ETH für DAI, gibt die 3.000 $ plus Zinsen an den Kapitalgeber zurück und der Kreditnehmer behält seine DAI, erhält aber seine Sicherheiten nicht zurück: 1 ETH.

Jetzt stellen Sie sich vielleicht zwei Fragen:

- Warum muss der Kreditnehmer 150 % des Wertes dessen, was er leiht, hinterlegen? Der Wert der ETH schwankt ständig und es muss einen Puffer zwischen dem aktuellen Wert der Sicherheit und dem geliehenen Betrag geben, damit Maker kein Geld verliert, da diese Transaktion von keinem gesetzlichen Rahmen eingerahmt wird und Maker nicht einmal weiß, wer der Kreditnehmer ist. Maker hat also nur die Sicherheit (Collateral) als Sicherheit, deren Fiat-Wert sich ständig ändert.
- Warum nur zwei Drittel des Wertes von etwas leihen, das der Kreditnehmer bereits besitzt? Wenn der Wert der ETH in Fiat-Währung während der Laufzeit des Darlehens um mehr als den von Maker geforderten Zinssatz (hier 5 %)

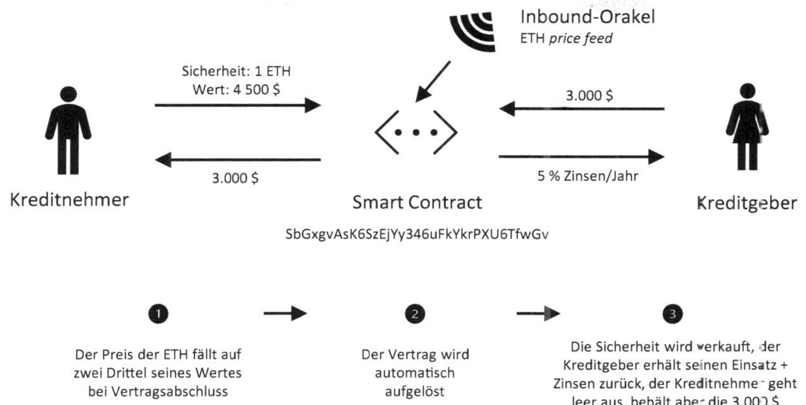

Abbildung 18: Darstellung eines Kreditvertrags in der dezentralen Finanz

Quelle: Darstellung des Autors

steigt, ermöglicht ein solches System dem Kreditnehmer, von dieser Wertsteigerung zu profitieren, während er einen Teil des Wertes dieser ETH anlegen kann, ohne den ETH auszugeben. In diesem Beispiel behält der Kreditnehmer seinen ETH, lässt dessen Kurs (hoffentlich) steigen und hat zusätzliche 3.000 $, die er investieren und (hoffentlich) vermehren kann, indem er in Kryptowährungen oder DeFi-Protokolle investiert. Er könnte mit dem Darlehen sogar ETH kaufen, um doppelt von der Wertsteigerung der ETH zu profitieren. Es wird schließlich notwendig sein, das Geld in Form von DAI in den Vertrag zurückzugeben und die Zinsen zu zahlen, um den ETH zurückzuerhalten. Er kann auch beschließen, das Geld nicht zurückzuzahlen, und wird dann aber seinen ETH nicht zurückbekommen.

Alle diese Operationen erfolgen ohne Identifizierungsverfahren, also anonym, und stehen allen offen. Eine bedeutende Anzahl von solchen Verträgen wurde automatisch abgeschafft, da der Preis der Sicherheiten in Fiat-Geld am 12. März 2020 aufgrund des Ausbruchs der Pandemie plötzlich stürzte, und Maker fast zusammenbrach. Andere dezentralisierte Kreditprotokolle umfassen Compound, Nexo, Salt, Aave und Celsius. Einige bieten sogenannte Flash-Darlehen an. Diese Kredite können astronomische Summen darstellen und sind innerhalb von 15 Sekunden rückzahlbar. Sie sind für Maschinen bestimmt und ermöglichen Arbitrage, d. h. Preisunterschiede zwischen zwei Liquiditätspools bzw. Marktplätzen auszunutzen.

3.9.2 Liquiditätsanbieter

Als Liquiditätsanbieter ist es möglich, die von Maker angebotenen Zinssätze zu nutzen. Diese nehmen eine kleine Provision auf, indem sie die Rolle des Kreditgebers in dem oben beschriebenen dezentralen Peer-to-Peer-Kreditmodell spielen. Es ist auch möglich, dezentrale Börsen (DEX) mit Liquidität zu versorgen, die in Silos (Pools) von Kryptowährungspaaren operieren und, in denen Investoren ständig die eine oder die andere Kryptowährung kaufen und verkaufen, um Gewinne zu erzielen. Nehmen Sie das Paar MATIC/ETH auf Uniswap. Dezentrale Handelsplattformen (DEX) besitzen keine Coins; sie verbinden einfach nur Käufer und Verkäufer. Sie brauchen Liquidität, um ihre Krypto-Paar-Silos zu füttern, Händlern den Verkauf und Kauf von Kryptos zu ermöglichen und dabei kleine, aber sehr regelmäßige Gebühren zu erheben. Stellen Sie diesen Börsen Ihre Kryptowährungen zur Verfügung, können Sie diese nicht mehr verwenden, aber einen Teil der von den DEXs generierten Gebühren zurückerhalten.

Nehmen wir ein Beispiel: Stellen wir uns vor, jemand stellt dem MATIC/ETH-Silo bei Uniswap 1.000 $ ETH und 1.000 $ MATIC zur Verfügung. Stellen wir uns vor, dass 100.000 $ inklusive diese 2.000 $ in diesem Silo gelagert sind, dass die Transaktionsgebühr 0,3 % beträgt und dass in einem bestimmten Monat 1.000.000 $ an Transaktionen (Kaufen/Verkaufen) getätigt werden. Die generierte Gebühr wäre 1.000.000 × 0,3/100 = 3.000 $. Da die Person 2.000 $ der 100.000 $ in dieses Silo eingezahlt hat, erhält sie 2 % eingeschlossen sind und jederzeit abgehoben werden können. Hüten Sie sich allerdings vor wenig bekannten DEXs, die Ihre Coins stehlen können. Auf Englisch spricht man von einem „Rug pull“ (Teppich wegziehen).

3.9.3 Staking

Staking, was mit „Aufs Spiel setzen“ oder „Einsatz“ übersetzt werden kann, besteht darin, Ihre Coins in Ihrer Wallet zu belassen und regelmäßig Belohnungen zu erhalten. Dieser Prozess gilt nur für Coins, die mit dem Proof-of-Stake-, delegierten Proof-of-Stake- und Masternode-Konsensalgorithmus funktionieren.

Wir nehmen hier das Beispiel Polkadot mit einem Ledger Nano S als Wallet (Hardware-Wallet). Polkadot bietet derzeit rund 14 % Jahresrendite (APY), wenn Sie das hier beschriebene Staking-Verfahren befolgen:

- Öffnen Sie Ledger Live, verbinden Sie Ihr Ledger und geben Sie das Passwort ein.
- Installieren Sie die Polkadot-Anwendung, erstellen Sie ein Konto mit einer Empfangsadresse und versorgen Sie Ihre Wallet mit mindestens ein paar DOTs, der Währung des Polkadot-Systems.
- Gehen Sie zu Ihrem Polkadot-Konto unter „Accounts“.
- Klicken Sie oben rechts auf „Verwalten“ und dann auf „Assets verwalten“.
- Klicken Sie auf „Bond“.
- Wählen Sie aus, ob Ihre Gewinne verfügbar oder gehortet, d. h. sofort automatisch reinvestiert werden sollen. (Sie können dies später nicht mehr ändern, also überlegen Sie es sich genau.)
- Geben Sie den Einsatzbetrag (Bond) an und denken Sie daran, einige DOT-Bruchteile zu hinterlassen, um die Gebühren zu bezahlen.
- Bestätigen Sie die Operation auf Ihrem Ledger.

- Warten Sie eine Minute und gehen Sie dann zurück zu „Verwalten" oben rechts und dann zu „Assets verwalten".
- Klicken Sie auf „Nominate".
- Wählen Sie zwischen 10 und 16 „Validatoren" aus, die die folgenden Kriterien erfüllen: Provision von weniger als 5 %, mit „Elected" in Grün unter ihrem Namen und nicht „Oversubscribed", was orange unter der Provision angezeigt wird, falls dies der Fall ist.
- Bestätigen Sie den Vorgang mit Ihrem Ledger (Sie müssen die Taste 34-mal drücken, da der Bildschirm des Geräts sehr klein ist und viel Text gezeigt wird).
- Warten Sie zwischen 24 und 48 Stunden, um Ihre ersten Prämien zu erhalten, die täglich ausgezahlt werden.

Polkadot gibt sich so großzügig, weil sie dadurch Token-Inhaber behalten kann. Diese werden davon abgehalten, ihre DOT zu verkaufen, was den Wert des Tokens erhöht, indem die Anzahl der Token reduziert wird, die Käufern zur Verfügung stehen. Die Mehrheit der DOTs ist effektiv im Staking gesperrt. Polkadot arbeitet mit dem Konsensalgorithmus DPoS: Delegated Proof of Stake. Stalking-Pools, die befugt sind, Blöcke zu genehmigen und Entscheidungen im Polkadot-Netzwerk basierend auf der Anzahl der Token zu treffen, die sie besitzen, werden vom System durch „Staking" mit den ihnen anvertrauten Token vergütet. Validatoren zahlen dann eine tägliche Belohnung aus, basierend auf der Anzahl der gegebenen DOTs abzüglich ihrer Provision, wenn man seine Token in ihrem Silo lagert. Vermeiden Sie Pools, die 100 % Provision verlangen, damit Sie alle Beträge behalten, ohne etwas zurückzuzahlen ...

Dank Ethereum 2.0 ist es ebenfalls möglich, Ihre ETH zu staken. Da es 32 ETH braucht, um einen Node zu erstellen, also zurzeit mehr als 60.000 €, ist es nicht für jedermann durchführbar, weshalb zentrale (zum Beispiel Kraken oder Binance) oder dezentrale Entitäten (zum Beispiel Rocket Pool oder Lido) anbieten, ETH ab 0,01 ETH zu staken. Sie geben den größten Teil der von Ethereum gewährten jährlichen Belohnung von 7 % zurück. Es gibt viele Coins, die Staking-Programme anbieten.

3.9.4 Yield Farming

Yield Farming ist ein Verfahren, das darin besteht, Ihre Coins bei DeFi-Programmen anzulegen, die die besten Renditen bieten, in dem Wissen, dass sich diese ständig weiterentwickeln. Es geht darum, den besten Kompromiss zwischen Sicherheit, Leistung und Aufwand zu finden, da jede Überweisung mehrere Operationen und die Zahlung von Gebühren erfordert, insbesondere sobald ETH dabei ist. Es ist daher notwendig, zu vermeiden, dass Coins zu oft überwiesen werden. Die Renditen aus den Pools der dezentralen Börsen ändern sich regelmäßig. Hier sind einige Akteure im Yield Farming: Compound, Curve Finance, Aave, Uniswap und Sushiswap.

Abbildung 19: Rocket Pool ist ein dezentralisiertes Shared-Staking-Protokoll auf Ethereum 2.0

Quelle: *https://rocketpool.net/*

3.9.5 Dezentralisierte Wallets

Wallets spielen in der digitalen Wirtschaft eine grundlegende Rolle, da sie zwei sehr wichtige Funktionen erfüllen: zahlen und sich identifizieren. Schauen wir uns das Beispiel von Metamask an. Metamask ist eine Browsererweiterung, die Browser (Chrome, Safari, Firefox, Edge usw.) mit Ethereum kompatibel macht: Sie fungiert als eine im Browser integrierte Wallet für ETH- und ERC20-Token. Um Metamask zu verwenden, müssen Sie sie als Erweiterung Ihres Browsers herunterladen und entweder einen privaten Schlüssel verwenden, den Sie anderswo erhalten haben, oder Metamask erlauben, sich einen privaten Schlüssel für Sie auszusuchen. All dies ist dezentralisiert und ermöglicht es Ihnen, online zu bezahlen und sich zu identifizieren, was zunehmend direkt über Ihren Browser und nicht über die Angabe Ihrer Kreditkartennummer oder über Klarna oder PayPal erfolgt, die bald auch Browsererweiterungen für die Online-Zahlung und die Identifikation anbieten werden.

3.9.6 Stablecoins

Ein Stablecoin ist eine digitale Währung, deren Wert an den eines anderen Vermögenswerts gekoppelt ist, meistens an den US-Dollar. Zwei Stablecoins gehören zu den Top-10-Kryptowährungen nach Kapitalisierung: Tether und Circle's USDC, beide an den US-Dollar gekoppelt. Stablecoins sind mit der Entwicklung der dezentralen Finanz aus einem einfachen Grund noch wichtiger geworden: Um dezentrale Börsen mit Liquidität zu versorgen, muss ein Gegenwert jeder Währung im zu liefernden Silopaar bereitgestellt werden. Zum Beispiel kann man für das MATIC/ETH-Silo jeweils 500 Dollar oder jede andere Summe bereitstellen, solange sie für beide gleich ist. Infolgedessen unterliegen Benutzer Schwankungen beider Währungen: Es ist möglich, dass der Wert der einen Währung im Laufe der Zeit um 15 % steigt und der der anderen um 25 % fällt, was zu einem Verlust von 10 % führt. Aber wenn eine dieser Währungen ein Stablecoin ist, dann gibt es keine Variationen mehr für eine der beiden Währungen, da der Stablecoin so programmiert ist, dass er immer das Gleiche wert ist, zumindest in Fiat-Währung. Silos mit Stablecoin bieten geringere Renditen, weil das Risiko halbiert ist: Wenn ich zum Beispiel 1000 $ in ETH und 1000 $ in USDC in einen Silo gebe, unterliege ich nur Preisschwankungen der ETH, weil der USDC immer 1 $ wert ist. Wenn ich 1000 $ in ETH und 1000 $ in DOT zur Verfügung stelle, unterliege ich den Schwankungen von ETH und DOT, aber die Rendite des Silos ist größer.

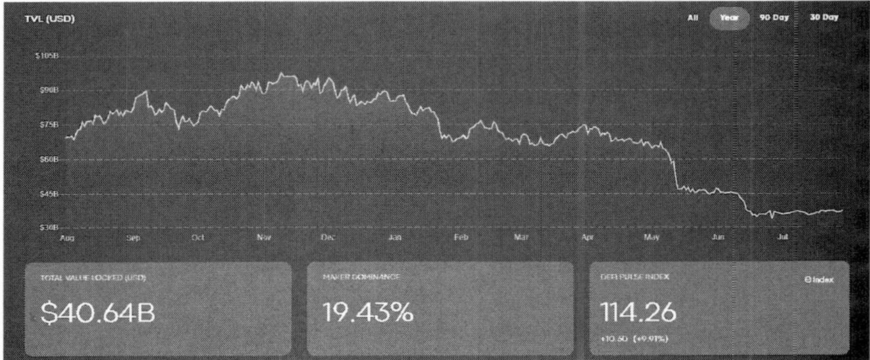

Abbildung 20: Maker ist immer noch der Hauptakteur in der dezentralen Finanz

Quelle: Defi Pulse, abgerufen am 29. Juli 2022, *https://www.defipulse.com/*

3.10 Eine neue Dimension der Partizipation im digitalen Raum

Das digitale Eigentum verändert alles, denn statt einfach nur zu konsumieren, mischt man sich – auch finanziell – in digitale Interaktionen ein, wofür die dezentrale Finanz eines der ersten Beispiele ist. Kurz gesagt ermöglichen NFTs die Monetarisierung des bestimmten digitalen Eigentumes, während die dezentrale Finanz die Monetarisierung des generischen digitalen Eigentumes, nämlich Kryptowährungen, ermöglicht, weil Sie Ihre generischen digitalen Assets diesem oder jenem Protokoll zur Verfügung stellen und Zinsen erhalten können, ohne dass eine Bank oder eine andere finanzielle Institution benötigt wird. In beiden Fällen sind Sie der eigentliche Eigentümer digitaler Daten, die bestimmt oder generisch sein können, und können diese ohne Zwischenhändler im Rahmen eines dezentralen Systems monetarisieren. Diese fantastische Entwicklung wurde durch die Blockchain ermöglicht, führt zum Web 3.0 und wird sich noch viel weiterverbreiten, wie wir es in den nächsten Kapiteln sehen werden.

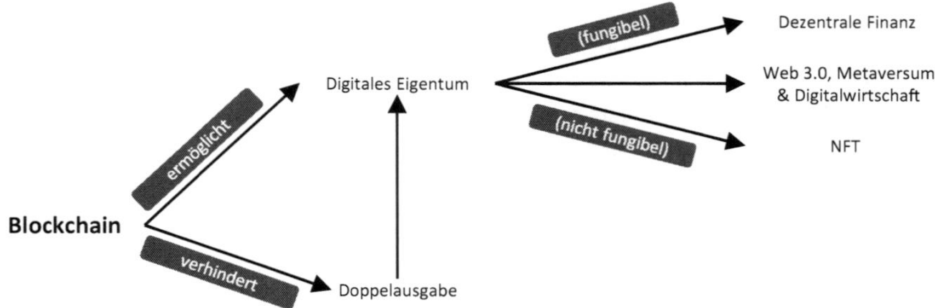

Abbildung 21: Die Blockchain macht das digitale Eigentum und die Digitalisierung der Wirtschaft möglich

Quelle: Darstellung des Autors

IV. Fortschritte auf der zentralisierten Seite

Schauen wir uns nun an, was mit den zentralisierten Einrichtungen passiert, das heißt jenen, mit denen wir täglich zu tun haben. Sie lassen sich in vier Gruppen einteilen:

- Staaten und Zentralbanken, einschließlich Behörden
- Finanzsektor: Geschäftsbanken, Zahlungsanbieter, Kreditkartenbetreiber, internationale Geldtransferunternehmen, Online-Zahlungsdienste usw.
- die GAFAMs: Google, Apple, Facebook, Amazon, Microsoft
- andere Unternehmen, unabhängig von ihrer Größe, ihrem Standort oder ihrer Branche

Wir beginnen dieses Kapitel mit einem Blick auf das Währungssystem, das wir seit 50 Jahren verwenden, also seitdem die Industrieländer den Goldstandard aufgegeben haben. Wir werden anschließend eine Bestandsaufnahme des digitalen Euros und eine erste Einschätzung zur Einführung von Bitcoin als offizielles Zahlungsmittel für einen Staat, El Salvador, ziehen, bevor wir uns die aktuellen Projekte Chinas, der Meta-Gruppe und der Marshallinseln anschauen.

1. Was sind Fiat-Währungen heute wert?

Fiat-Währungen sind heute für jeden Teil des Alltages. Sie haben vielleicht noch die D-Mark verwendet, aber welcher Generation Sie auch angehören, Sie haben wahrscheinlich nie daran gedacht, unser Geldsystem infrage zu stellen, das auf Regierungen und Zentralbanken basiert und Geld wie bei Kryptowährungen aus dem Nichts schafft. Sie haben Vertrauen in diese beiden untrennbaren Akteure unserer heutigen Geldsysteme. Genau dieses Vertrauen und dieses System fordern Kryptowährungen, insbesondere Bitcoin, heraus. Wir werden hier sehen, ob es einen Grund gibt, die Lebensfähigkeit, Nachhaltigkeit und Legitimität unseres derzeitigen Geldsystems, als Fiat bekannt, infrage zu stellen.

1.1 Zurück zu den Grundlagen

Lassen Sie uns noch einmal über das Buch *The Bitcoin Standard* von Saifedean Ammous sprechen, das brillant erklärt, wie wichtig Geld in unserer Wirtschaft und in unserer Gesellschaft ist, und das hilft, den Auswuchs des aktuellen Geldsystems (Fiat-Währungen) zu verstehen.

Eine gute Währung, zu Deutsch gesundes Geld, ist eine Währung, die ihre drei grundlegenden Funktionen langfristig gut erfüllt:

- Wertaufbewahrungsmittel: Es lohnt sich, Geld in einer Währung zu sparen, weil wir wissen, dass sie im Laufe der Zeit nicht an Wert verlieren wird.
- Rechnungseinheit: Eine Währung ermöglicht es, den Wert von vielen Waren und Dienstleistungen im Laufe der Zeit genau und konsistent zu bestimmen.
- Austauschmittel: Eine Währung wird von einer großen Zahl von Wirtschaftsakteuren gegen eine große Zahl von Waren und Dienstleistungen akzeptiert.

Die Geldmenge ist gekennzeichnet durch statistische Aggregate, die unterschiedlichen Arten des Geldes in absteigender Reihenfolge der Liquidität entsprechen, von M0 für den Münz- und Banknotenumlauf plus von Geschäftsbanken, bei der Zentralbank gehaltene Geldanlagen bis zu M4, das M0 plus alle von Geschäftsbanken Privatpersonen und Unternehmen angebotenen Einlagen, vom Tagesgeldkonto bis hin zu langfristigen Einlagen (mehr als zwei Jahre). Saifedean Ammous behauptet, dass eine Wirtschaft keine höhere Geldmenge benötigt, um richtig zu funktionieren, wenn sie bereits „gutes Geld“ hat:

> *„The simple reality, demonstrated throughout history, is that any person who finds a way to create the monetary medium will try to do it. The temptation to engage in this is too strong, but the creation of the monetary medium is not an activity that is productive to society, as any supply of money is sufficient for any economy of any size. The more that a monetary medium restrains this drive for its creation, the better it is as a medium of exchange and stable store of value. Unlike all other goods, money's functions as a medium of exchange, store of value and unit of account are completely orthogonal to its quantity. What matters in money is its purchasing power, not its quantity, and as such, any quantity of money is enough to fulfil the monetary functions, as long as it is divisible and groupable enough to satisfy holder's transaction and storage needs. Any quantity of economic transactions could be supported by a money supply of any size as long as the units are divisible enough.“ (Saifedean Ammous, The Bitcoin Standard, Seite 81)*

Er weist auch darauf hin, dass alle Länder, mit Ausnahme einiger Widerstandsnester, seit mindestens dem Ende des 20. Jahrhunderts die Marktwirtschaft als wirtschaftliches Modell adoptiert haben, aber dass die Ausstellung des Geldes immer noch in den Händen von Regierungen und Zentralbanken liegt, die nach eigenem Ermessen über ihre Entwicklung Entscheidungen in diesem Bereich treffen. Der Waren- und Dienstleistungsmarkt und der Kapitalmarkt sind die beiden Grundbausteine unserer Wirtschaft: Der erste ist weitgehend liberalisiert, der zweite überhaupt nicht, und darum geht es hier. Der Zinssatz ist der Preis des Geldes. Da wir die Zinssätze von Zentralbanken bestimmen lassen, lassen wir grundsätzlich den Preis des Geldes von zentralen Stellen bestimmen. Und da sie es seit Jahrzehnten trotz der Entwicklung der Wirtschaftswissenschaft weitermachen, haben wir uns daran gewöhnt und kaum jemand stellt das in Frage. Es wäre völlig inakzeptabel, dass eine staatliche Institution den Preis von Waren und Dienstleistungen bestimmt: Warum dürfte es für den Preis des Geldes in Ordnung sein?

> *„While most of the world's countries today do not have a central planning board responsible for the direct allocation of capital goods, it is nonetheless the case in every country in the world that there is a central planning board for the most*

important market of all, the market for capital. A free market is understood as one in which the buyers and sellers are free to transact on terms determined by them solely, and where entry and exit into the market are free: no third parties restrict sellers or buyers from entering the market, and no third parties stand to subsidize buyers and sellers who cannot transact in the market. No country in the world has a capital market that has these characteristics today." (Saifedean Ammous, The Bitcoin Standard, Seite 111–112)

Kryptowährungen stellen die Zentralisierung der Geldausgabe und das Monopol der Zentralbanken darauf infrage. In einem liberalisierten Markt bestimmt das Gesetz von Angebot und Nachfrage ein grundlegendes Merkmal: den Preis. Der Preis von Waren und Dienstleistungen, aber auch der von Geld, muss grundsätzlich vom Markt bestimmt werden, also durch Angebot und Nachfrage.

1.2 Die Geldausgabe ist nicht liberalisiert

Der monetäre Teil einer Volkswirtschaft ist durch das gesparte Geld und den Zinssatz gekennzeichnet, der an die Sparer gezahlt und den Kreditnehmern in Rechnung gestellt wird, wobei die Differenz in die Taschen der Geschäftsbanken fließt. Sie sind es, die die Schaffung von nicht-physischem Geld durch die Vergabe von Krediten anstoßen, weil sie das Geld der Sparer theoretisch verfügbar halten, während sie das, was ihm entspricht, an Kreditnehmer verleihen. Die Schaffung von physischem Geld (Münzen und Banknoten) wird von der Zentralbank sichergestellt, stellt jedoch einen winzigen Teil der Geldmenge dar und könnte am Ende aussterben, insbesondere in Ländern, die seit Langem vom elektronischen Zahlungsverkehr erobert wurden, wie Frankreich oder Schweden. Wenn kein neues Geld ausgegeben würde, würde der Markt einen Zinssatz auf der Grundlage des für die Kreditvergabe verfügbaren Geldes festlegen, d. h. des Geldes, das von Sparern beiseitegelegt wird, die sich bereit erklären, den sofortigen Konsum zurückzustellen, um für ihr Alter vorzusorgen oder später konsumieren zu können. Dieser Zinssatz stellt somit den Preis des Geldes dar, d. h. das, was Sparer verlangen, um ihren Konsum hinauszuzögern und Anleger mit dem grundlegenden Treibstoff für ihre verschiedenen Unternehmungen zu versorgen. Je mehr Geld gespart wird, desto mehr Geld steht zur Ausleihe zur Verfügung und desto niedriger ist der Zinssatz. Umgekehrt gilt: Je mehr Unternehmer Geld zur Finanzierung ihrer Investitionen aufnehmen, desto mehr werden die Zinsen voraussichtlich steigen. Wenn die Geldschöpfung liberalisiert wäre, dann wäre es der Markt, der diesen Preis von Tag zu Tag entsprechend dem Angebot und der Nachfrage nach Kapital festlegen würde, aber das ist nicht der Fall.

Die Zentralbanken versuchen, der Wirtschaft das Beste aus beiden Welten zu bieten, indem sie den Anlegern regelmäßig große Mengen an Geld zur Verfügung stellen und gleichzeitig die Zinssätze sehr niedrig halten, sogar null oder negativ, um die Banken und ihre Kunden zu ermutigen, kein Geld auf Girokonten herumliegen zu lassen, das der Wirtschaft nicht viel bringt. Sie kaufen auch die Schulden ihres Staats oder ihrer Staaten in Milliardenhöhe auf, damit sie sich keine allzu großen Sorgen um ihre Verschuldung machen müssen: Die globale Verschuldung der Staaten, Haushalte und Unternehmen liegt derzeit bei 250.000 Milliarden Dollar (Quelle: IWF). Da die Staaten dieses Geld über ihre Zentralbanken ausstellen, beißt sich das System selbst in den Schwanz, und wir können das derzeitige Währungssystem wirklich als eine gigantische Flucht nach vorne beschreiben, die durch leichtes Geld und Schulden angeheizt wird. Es ist ein bisschen so, als würde man die Schüler ihre Arbeiten korrigieren lassen: Es ist bequem, aber so werden sie nicht vorankommen, es sei denn, sie sind sehr diszipliniert. Wir leben in einem System, in dem sich ein Bauträger das Geld leiht, das zum Bau von Häusern benötigt wird, und Einzelpersonen das Geld, um sie zu kaufen: Schulden sind überall. Dadurch bieten Zentralbanken den Volkswirtschaften beträchtlichen Trost, indem sie als unendlicher Geldhahn fungieren, und dies kann schwerwiegende Folgen haben. Welchen Wert hat eine Währung, die beliebig gedruckt werden kann? Warum Steuern zahlen, wenn die Zentralbank diese Währung jeden Monat in zweistelliger Milliardenhöhe ausgibt, während viele damit kämpfen, ihren Steuerverpflichtungen nachzukommen?

Ohne eine Zentralbank stünde eine feste Geldmenge zur Verfügung, die sich auch nach bestimmten Mechanismen oder einem im Voraus festgelegten Rhythmus vermehren könnte, was beispielsweise vom Wachstum der Bevölkerung oder der Wirtschaft abhängen könnte, wie dies bei der SOV (von Sovereign, Name der zukünftigen nationalen digitalen Währung der Marshallinseln) der Fall ist, oder auch die Entwicklung unserer CO_2-Emissionen. Dieses Geld würde den Anlegern von den Sparern zur Verfügung gestellt, die ihnen einen Zinssatz zahlen würden, den sie für ihre Investitionen verwenden würden. Wenn der Zinssatz beispielsweise 2 % betragen würde, müssten sie Investitionen tätigen, die einen Nettogewinn von mehr als 2 % generieren, damit es sich lohnt, dieses Geld zu leihen. Es ist der Markt, der diesen Zinssatz sehr dynamisch entsprechend dem für Kredite verfügbaren Geld und dem Interesse der Anleger dafür bestimmen würde. Kapitaleigner würden also mehr oder weniger finanziell zum Sparen animiert, um ihre überschüssige Liquidität heute verleihen oder einfach verbrauchen zu können. Schulden machen es möglich, dieses System zu verzehnfachen, indem sie den Anlegern deutlich mehr zur Verfügung stellen als das Geld der Sparer, aber wie alle guten Dinge hat zu viel davon Konsequenzen.

1.3 Die grundlegende Rolle des Geldes in der Gesellschaft

Es ist aus mehreren Gründen von grundlegender Bedeutung, dass eine Volkswirtschaft über eine gute Währung verfügt:

- Indem sie ihre Rolle als Wertaufbewahrungsmittel erfüllt, werden eine beträchtliche Anzahl von Menschen, die vom langfristigen Wert dieser Währung überzeugt sind, ermutigt, dieses Geld zu sparen und somit für Kredite verfügbar zu machen.
- Indem sie ihre Rolle als Rechnungseinheit erfüllt, kann eine komplexe Wirtschaft das Licht der Welt erblicken und sich auf Dauer etablieren. In einer solchen Wirtschaft werden zahlreiche Güter und Dienstleistungen angeboten,

denen der Markt einen Wert zusprechen kann, der eng von Angebot und Nachfrage abhängt.

- Indem sie ihre Rolle als Tauschmittel erfüllt, werden eine große Anzahl von Menschen dazu ermutigt, zu investieren, innovativ zu sein und sich zu engagieren, weil sie wissen, dass ihre Waren und Dienstleistungen von einer großen Anzahl potenzieller Kunden erworben werden können.

Es braucht Zeit, um großartige Sachen zu bauen, zu entwickeln, zu erstellen, herzustellen usw. und eine attraktive Währung, um Menschen zu ermutigen, ihre Zeit und Energie langfristig zu investieren, um neue Sachen zu schaffen, sei es im wirtschaftlichen, im wissenschaftlichen oder im künstlerischen Bereich, anstatt sofort ihr Geld auszugeben. Eine Währung mit hohen Inflationsraten bleibt nicht verschont, auch wenn wir den Sparern hohe Zinsen zahlen, denn das Vertrauen in diese Währung wäre gering und hohe Zinsen könnten wahrscheinlich keine Abhilfe schaffen. Es ist ganz natürlich, heute von der Kaufkraft profitieren zu wollen, die uns das Geld gibt. Es bedarf also guter Gründe, um auf den unmittelbaren Konsum zu verzichten, und durch die Erfüllung ihrer drei grundlegenden Funktionen liefert eine Währung die Motivation, die für das Aufkommen einer komplexen Wirtschaft und das Erreichen großartiger Leistungen erforderlich ist. So wurden großartige Unternehmen geboren: Genügend Menschen stellten ihr Kapital anderen Menschen zur Verfügung, die bereit waren, ihre Zeit, Fähigkeiten und Energie für eine lange Zeit einzusetzen, um solche Errungenschaften zu verwirklichen. Amazon ist ein gutes Beispiel: Jeff Bezos hat es geschafft, seine Aktionäre zwanzig Jahre lang davon zu überzeugen, sich mit null oder minimalen Renditen zufrieden zu geben, um den Großteil der erzielten Gewinne ständig zu reinvestieren und neue Märkte zu erobern und damit den fantastischen Goldesel zu schaffen, der dieses Unternehmen heute geworden ist.

Die Natur war großzügig und versorgte uns mit einer hervorragenden Währung, die auch heute noch das wertvollste Gut der Erde ist: Gold. Saifedean Ammous macht in seinem Buch einen äußerst interessanten Rückblick zwischen der Qualität einer Währung und den technologischen Fortschritten, dem künstlerischen Schaffen und der wirtschaftlichen Entwicklung mehrerer historischer Perioden, beginnend mit der Renaissance und Michelangelo, immer mit Gold als guter Referenzwährung. Er macht die Beobachtung, dass sich die Maler der Renaissance oder die deutschsprachigen Komponisten des 18. Jahrhunderts vielleicht nicht so viel Mühe gegeben hätten, wenn die Währung von geringerer Qualität gewesen wäre, ebenso wie die technologischen Innovationen des ausgehenden 19. Jahrhunderts und des frühen 20. Jahrhunderts ohne diese Grundmotivation vielleicht nie das Licht der Welt erblickt hätten:

> *„The impact of sound money on time preference and future orientation can be seen in more than just the level of savings, but also in the type of projects in which a society invests. Under a sound money regime, similar to what the world had in the late nineteenth century, individuals are far more likely to engage in long term investments and to have large amounts of capital available to finance the sort of*

projects that will require a long time to pay off. As a result, some of the most important innovations in human history were born in the golden era at the end of the nineteenth century." (Saifedean Ammous, The Bitcoin Standard, Seite 96)

Der Wert einer Währung ist untrennbar mit dem Vertrauen verbunden, das Benutzer und Investoren in sie haben: Wenn dieses Vertrauen bröckelt, weil die Währung schlecht verwaltet und/oder endlos ausgegeben wird, werden deren Nutzer weniger sparen, und wenn es weniger Ersparnisse gibt, verfügen Investoren über weniger Mittel, um große Projekte durchzuführen, die Zeit brauchen und beträchtliche Geldsummen erfordern, von Kathedralen bis hin zu großen technologischen Fortschritten. Einzelpersonen haben auch weniger Anreiz, große Anstrengungen zu unternehmen, um in irgendeinem Bereich großartige Leistungen zu erzielen, wenn das Geld von schlechter Qualität ist, sodass die Gesellschaft möglicherweise in allen Bereichen langsamer vorankommt.

1.4 Unechte Leistungen

Wenn wir uns den Wert einer Unze Gold in den wichtigsten Fiat-Währungen ansehen, können wir sehen, dass er seit dem Ende des Goldstandards im Jahr 1971 stark gestiegen ist. Oder ist eher der Wert der Fiat-Währungen stark gefallen, als diese großzügig von den Zentralbanken gedruckt wurden, um insbesondere die Schulden und die Ausgaben der Staaten zu finanzieren und als Wirtschaftswaffe zu dienen? Die gleiche Frage kann sich auch beim Ersetzen von Gold durch Bitcoin stellen. Die Wirtschaftsgeschichte ist reich an Perioden, in denen Staaten die Druckerpresse missbrauchten und ihre Währungen, die sich sehr gut an Gold messen lassen, abgewertet wurden, wie hier in Deutschland kurz nach dem Ersten Weltkrieg.

Die Bewertung des französischen CAC 40 (Hauptindex der französischen Börse, der den Wert der 40 größten französischen Konzerne abbildet) ist im Jahr 2021 um 28 % gestiegen und hat Rekordniveaus erreicht: Liegt es denn am ungeheuren Wachstum der französischen Wirtschaft oder an den Hunderten von Milliarden Euro, die von der EZB ausgegeben wurden und die die Anleger investieren müssen? Gibt es ein CAC 40-Unternehmen, das 2021 inmitten einer Pandemie ein Umsatzwachstum von 28 % erzielt hat? Ist es nicht paradox zu sehen, dass die Aktienmärkte von Rekord zu Rekord rasen, obwohl unsere Volkswirtschaften theoretisch in der Pandemiekrise oder in irgendeiner anderen Krise stecken, dass es Krankenhäusern und Bildungseinrichtungen in vielen Ländern an Personal und Ressourcen mangelt, dass wir nicht mehr wie bisher konsumieren können, dass Staaten Schulden, Umsatzeinbußen der Händler, Teilarbeitslosigkeit, Tests und Impfstoffe usw. endlos finanzieren?

Solche Fragen stellen sich ebenfalls an den Krypto-Märkten: Ist die 20-Milliarden-Dollar-Bewertung von Dogecoin gerechtfertigt? Diese übertraf im März 2022 die Marktkapitalisierung des russischen Rubels: eine virtuelle Währung ohne Nutzen vs. ein Land mit 145 Millionen Einwohnern und der größten Fläche der Welt. Die Marktkapitalisierung von Bitcoin war einige Tage höher als diejenige von Tesla, einem Unternehmen mit Produkten, Fabriken, Mitarbei-

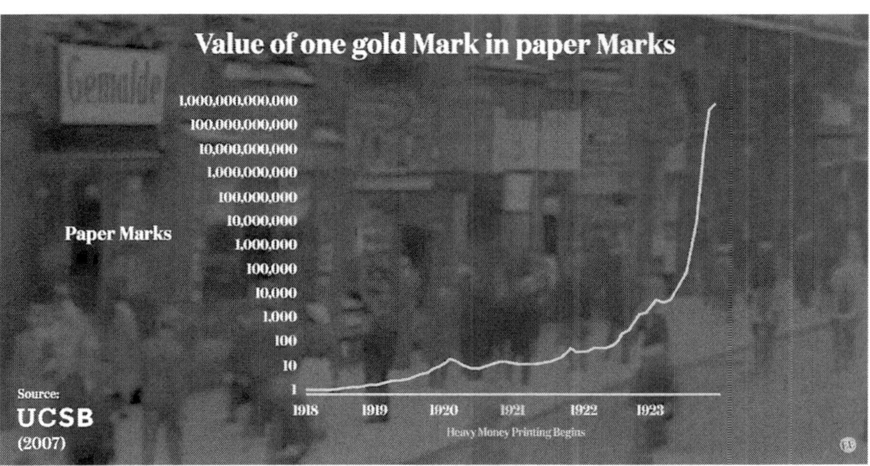

Abbildung 22: Wert einer Unze Gold in „Papiermark" von 1918 bis 1924 bei voller Hyperinflation

Quelle: Economics explained (YouTube): *https://www.youtube.com/c/EconomicsExplained*

tern, Patenten und Kunden: Ist das legitim? Bis zum Anfang des Jahres 2022 wurden ca. zehn Jahre lang in allen großen Volkswirtschaften erhebliche Geldbeträge gedruckt, ohne dass dies durch ein entsprechendes Bevölkerungs- oder Wirtschaftswachstum gerechtfertigt wäre. Natürlich können wir sagen, dass Staaten u.a. wegen der Finanzkrise 2008-2009 und viel später der Pandemie keine Wahl hatten, als sie die Banken und anschließend die gesamte Wirtschaft retteten: Entweder das oder das Chaos. In seinem Buch „The Bitcoin Standard" zeigt Saifedean Ammous über mehrere Beispiele und Zahlen, welche wichtige Rolle Geld in jeder Krise des 20. Jahrhunderts gespielt hat und welche dramatischen Konsequenzen „schlechtes Geld" haben kann. Er zitiert dazu den österreichischen Ökonomen und Sozialphilosophen Friedrich August von Hayek: „I don't believe we shall ever have a good money again before we take the thing out of the hands of government, that is, we can't take it violently out of the hands of government, all we can do is by some sly roundabout way introduce something that they can't stop" (Friederich Hayek, video interview with James U. Blanchard at the University of Freiburg im Breisgau, 1984). Zu Deutsch: Ich glaube nicht, dass wir jemals wieder gutes Geld haben werden, wenn wir es nicht aus den Händen der Regierung nehmen, das heißt, wir können es nicht gewaltsam aus den Händen der Regierung nehmen, wir können nur durch irgendeinen schlauen Trick etwas einführen, das sie nicht aufhalten können. Zusammengefasst: Liberalisieren wir den primären Kapitalmarkt, so wie es der Markt für Waren und Dienstleistungen seit Jahrzehnten bereits ist, da das Einmischen der Regierungen in die Ausstellung des Geldes durch Zentralbanken durch die sogenannte Zinspolitik bedeutende Auswirkungen auf die Wirtschaft hat und immer wieder zu unerfreulichen Situationen führt, wie wir es gerade erneut erleben.

1.5 Das System wird überhitzt

Bitcoin fordert das Geldsystem, das jeder von uns kennt, grundlegend heraus: Staaten delegieren an offiziell unabhängige Zentralbanken die Geldschöpfung in elektronischer und physischer Form, sowie eine Hauptaufgabe, die im Allgemeinen darin besteht, die Inflation niedrig zu halten. Zentralbanken und Regierungen stellen den Wert dieser Währung sicher, indem sie ihr Akronym oder ihre Unterschrift darauf anbringen und sie als legales Zahlungsmittel in einem bestimmten Gebiet bezeichnen, was de facto in der Bevölkerung dieses Territoriums Vertrauen schafft. Die Zentralbankgeldschöpfung begann mit der Krise von 2008-2009 zu überhitzen und ist seit der Covid-Krise völlig außer Kontrolle geraten, wie aus dieser Grafik der Geldmenge in USD seit 1960 ersichtlich ist.

Vergleichen wir nun die Entwicklung der Geldmenge des USD und des Bitcoin-Preises seit der Krise von 2008-2009.

1.6 Wie weit wollen wir uns verschulden?

Was ist der Wert einer Währung, die unbegrenzt von einer einzigen zentralisierten Einheit pro Gebiet in vollständigster Undurchsichtigkeit geschaffen werden kann? Was nützt es, mit dieser Währung Steuern zu zahlen, wenn der Staat über Nacht erhebliche Mengen davon schaffen kann? Diese unverhältnismäßige Geldschöpfung wurde vom zentralisierten System mit der Notwendigkeit gerechtfertigt, Geschäftsbanken während der Krise von 2008-2009 zu retten, auf der unser derzeitiges Wirtschaftssystem weitgehend basiert, und dann Unternehmen und Einzelpersonen zu helfen bzw. diese zu retten, die seit 2020 von der Pandemie schwer getroffen wurden. Staaten spielen damit ihre Rolle als letzter Ausweg im Krisenfall für Bürger und Unternehmen gleichermaßen, indem sie die Augen vor dem Defizit verschließen und damit die Zentralbanken immer mehr Geld drucken lassen. Selbst als wir versuchten, die staatlichen Defizite zu begrenzen, hielten wir in Europa an der Regel von 3 % des BIP fest,

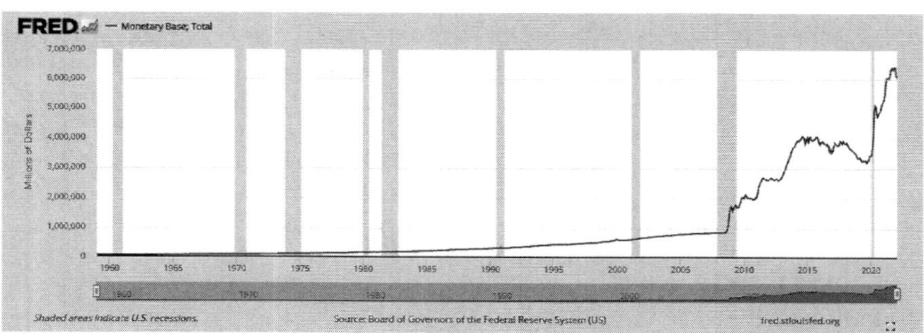

Abbildung 23: Entwicklung der Geldmenge M3 des USD von 1960 bis Ende 2021. Die grauen vertikalen Bänder stellen die Krisen dar, die die Finanzmärkte getroffen haben, einschließlich Covid.

Quelle: Board of Governors of the Federal Reserve System of the United States, monetäre Basis, Daten entnommen aus FRED, Federal Reserve Bank of St. Louis, *https://fred.stlouisfed.org/series/BOGMBASE*, Abrufdatum: 2. April 2022

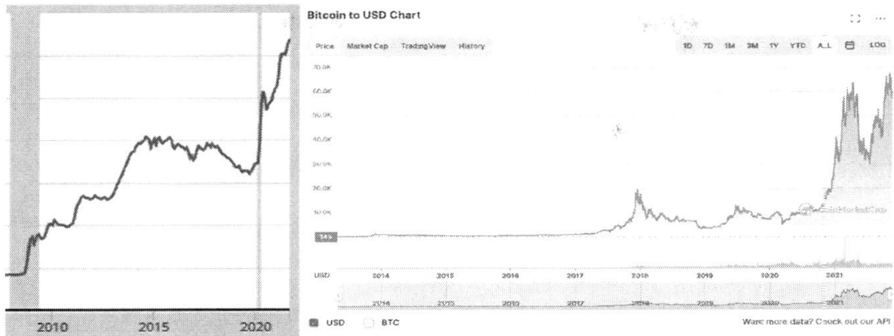

Abbildung 24: Entwicklungen der Geldmenge des US-Dollars und des Bitcoin-Preises seit 2009

Quellen: Fred economic data (USD) und Coin Market Cap (BTC)

was zwischen 15 und 20 % des Staatshaushalts ausmacht. Daher war es schon vor der Pandemie selbstverständlich, jedes Jahr etwas mehr Kredite aufzunehmen, nur um die Staatsschulden zu tilgen. Der Ausgabenposten Nummer eins für die meisten Staaten ist heute – die Rückzahlung ihrer Schulden. Vor Verteidigung, Bildung, Straßenerhaltung, Beamtenbesoldung etc. So sehr, dass Staaten sich immer mehr verschulden, um ... ihre Schulden zurückzuzahlen. Ist das nicht ein Signal, dass etwas nicht stimmt?

Warum aufhören, da wir jetzt weniger zurückzahlen, als wir leihen? Die Zinsen auf Anleihen bestimmter Staaten wie Frankreich oder Deutschland sind in bestimmten Fällen tatsächlich negativ. Damit sich die Staaten ad vitam aeternam verschulden können, haben sich Zentralbanken zudem darauf verständigt, den Zinssatz für die Kreditaufnahme auf null zu senken und Negativzinsen einzuführen, wenn Banken und Staaten ihnen Schulden anvertrauen.

Diese Politik des leichten Geldes, die von 2013 bis 2021 durch die meisten Industrieländern geführt wurde hat drei unglückliche Konsequenzen:

- Sie ermutigt die Staaten in keiner Weise, ihre Schulden zu reduzieren.
- Sie mindert den Wert von Fiat-Geld.
- Sie verstärkt den Überkonsum, der den Planeten zerstört, da dieses Geld letztendlich den Kauf von Waren und Dienstleistungen ermöglicht, die den Einsatz natürlicher Rohstoffe und Energie erfordern.

Wenn wir uns einig sind, dass der vom Ende des Bretton-Woods-Systems geerbte Kapitalismus am Ende seiner Kräfte ist, dann können wir uns nur über das Aufkommen eines alternativen Vorschlags freuen, der das Monopol der Zentralbanken teilweise untergraben könnte, und der es dem Markt ermöglicht, wieder seine Rolle bei der Aufwertung und Verteilung von Kapital zu spielen. Sind Kryptowährungen bereit, Euro, Dollar, Pfund, Yen und Yuan zu ersetzen?

1.7 Können Kryptowährungen Fiat-Währungen ersetzen?

Die gleiche Logik findet sich mehr oder weniger in allen Kryptowährungen: Jede unterliegt einem Protokoll, wird für ein mehr oder weniger genaues und solides Projekt verwendet und der Wert des Coins/Tokens wird ausschließlich vom Markt bestimmt. Einerseits sind Kryptowährungen gefährlich, weil sie die Geldschöpfung deregulieren, also jedem erlauben, Geld zu schaffen, was potenziell eine Gefahr für unsere Volkswirtschaften darstellt, weswegen sie an den Rand gedrängt werden. Wenn es jedem möglich ist, über Nacht 100 Millionen XYZ-Token auszustellen, welchen Wert wird diese „Währung" dann haben? Was ist darüber hinaus die Legitimität eines jeden Bürgers, Geld zu prägen? Andererseits stellen alle Kryptowährungen Versuche dar, ohne permanentes und willkürliches Eingreifen und mit klaren und „natürlichen" Spielregeln (Angebot und Nachfrage) zu dem zurückzukehren, was gutes Geld sein sollte. Infolgedessen kann man sich berechtigterweise fragen, ob Kryptowährungen gute Währungen sind. In diesem Bereich sollte Bitcoin von anderen Kryptowährungen unterschieden werden, die unter dem Akronym „Altcoin" (alternative Coins oder „alternative [Krypto-]Währungen") zusammengefasst werden.

Ist Bitcoin:

- ein gutes Wertaufbewahrungsmittel? Angesichts der Preisschwankungen mag man zunächst nein denken, aber wenn wir es langfristig betrachten, ist klar, dass Bitcoin wahrscheinlich das beste Wertaufbewahrungsmittel ist, das jemals geschaffen wurde, nachdem es in dreizehn Jahren von ein paar Cent auf mehr als 60.000 $ gestiegen ist.
- eine gute Rechnungseinheit? Bei solchen Schwankungen sicherlich nicht, und noch weniger, wenn wir Transaktionsgebühren berücksichtigen, die zu den Kosten für den Erwerb einer Ware oder Dienstleistung in Bruchteilen von Bitcoin hinzukommen müssten, was ein auf Bitcoin lautendes Preissystem komplexer machen würde. Aber El Salvador versucht uns gerade das Gegenteil zu beweisen!
- ein gutes Tauschmittel? A priori nein, weil es nur in wenigen Ländern eine offizielle Währung ist, weil es nicht einfach ist, mit solchen Transaktionskosten und einem so immensen Wert zu tauschen, und weil man mit Bitcoins noch nicht viel direkt kaufen kann, aber das könnte sich ändern. Außerdem ist Bitcoin im Wesentlichen international, ist nur auf die Durchführung von Transaktionen ausgelegt und ist auf 100 Millionstel teilbar, was hier für ihn spricht.

Bitcoin wird daher heute im Wesentlichen für seine Rolle als Wertaufbewahrungsmittel gesucht und für Spekulationen oder als Tauschmittel zwischen zwei Währungen verwendet. Er könnte sich außerdem als Tauschmittel weit verbreiten, insbesondere in Lateinamerika und Afrika, da Länder ihn als Reaktion auf die Ineffizienz ihrer derzeitigen Geldsysteme als offizielles Zahlungsmittel akzeptieren. Wir werden bald in El Salvador sehen, ob es ihm gelingt, die Rolle der Währung zu spielen, auch in kleinem Maßstab.

Sind Altcoins:

- gute Wertaufbewahrungsmittel? Meistens nicht, denn ihr Preis bleibt niedrig oder bricht nach der Euphorie der ersten Tage ein, abgesehen von den ersten 10 oder 20 bedeutendsten Währungen.
- gute Rechnungseinheiten? Die Antwort ist Nein für alle Altcoins außer Stablecoins, aus den gleichen Gründen wie bei Bitcoin, außer dass die Transaktionsgebühren bei den meisten sehr klein sind.
- gute Tauschmittel? Sicherlich nicht, denn fast niemand akzeptiert sie in der realen Welt, mit ein paar seltenen Ausnahmen auf der Seite von Ethereum und Stablecoins. Aber sie sind wie Bitcoin auf Transaktionen ausgelegt und auf mindestens Millionstel teilbar.

Auch hier ist es die Rolle eines Wertaufbewahrungsmittels, das es bestimmten Altcoins ermöglicht, sich bei bestimmten Anlegern als Vermögenswert zu etablieren. Die anderen beiden Attribute sind für die überwiegende Mehrheit von ihnen irrelevant.

Die zentralisierte Welt ist nicht bereit, zuzulassen, dass sich Kryptowährungen als offizielle Zahlungsmittel etablieren, und das aus gutem Grund. Aber ihr Aufkommen ist eine perfekte Gelegenheit für Staaten und Zentralbanken, zu guten Währungen zurückzukehren oder Geld noch stärker als Mittel zur Kontrolle der Wirtschaft und sogar der Gesellschaft einzusetzen, wie wir es in China sehen werden. Kryptowährungen stellen Konkurrenz dar, oder zumindest ein alternatives Modell zu Geld, wie wir es seit dem Ende der Bretton-Woods-Abkommen kennen, und üben Druck auf Staaten und Zentral- und Geschäftsbanken aus, bessere Dienstleistungen anzubieten, ebenso wie die endlose Ausgabe einer Währung, mit der immer mehr Menschen zu kämpfen haben zu verdienen bzw. zu sparen, könnte als eine Form der Plünderung angesehen werden, die zur Rückkehr der Inflation führt. Kryptowährungen sind letztlich eine bedeutende Quelle für neue Ideen und neue monetäre Prozesse, auf die zentralisierte private und öffentliche Entitäten immer mehr zurückgreifen, wenn das aktuelle Geldsystem Krisen durchläuft, seine Schwächen zeigt oder bestimmte Teilnehmer ausschließt.

2. Der digitale Euro: Sachstand und Perspektiven

Der Euro wird digital. Nicht morgen, sondern übermorgen. Wir werden sehen, dass die EZB die Entscheidung getroffen hat und daran arbeitet. Die Digitalisierung der zweiten Weltwährung ist keine Selbstverständlichkeit, da sie in 19 Ländern genutzt wird, von Zypern und Malta bis Finnland, Frankreich und Deutschland, die sehr unterschiedliche Profile im wirtschaftlichen Bereich aufweisen. Die Betrachtung des Geldes, der zentralen Säule jeder Volkswirtschaft, ist eine sehr interessante Übung, die die Frage aufwirft, welche Funktionen es innerhalb seines Gebiets, aber auch darüber hinaus erfüllen muss. Das werden wir in diesem Kapitel erfahren.

2.1 Wie weit ist die EZB?

Der physische Euro, der gerade sein 20-jähriges Bestehen feierte, hat sich als zweite Referenzwährung hinter dem US-Dollar fest etabliert, was angesichts der Größe der Wirtschaft der Eurozone durchaus logisch ist. Die neunzehn Länder der Eurozone sind, zur Erinnerung, Deutschland, Österreich, Belgien, Zypern, Spanien, Estland, Finnland, Frankreich, Griechenland, Irland, Italien, Lettland, Litauen, Luxemburg, Malta, die Niederlande, Portugal, die Slowakei und Slowenien. Während China und Schweden bereits seit 2014 bzw. 2017 konkret an einer CBDC (Central Bank Digital Currency) arbeiten, hat sich die EZB erst nach der Veröffentlichung von Forschungsarbeiten im Jahr 2019 und ihrem Digital-Euro-Bericht im Jahr 2020 erstmals öffentlich zu einem potenziellen digitalen Euro geäußert. Im Juli 2021 kündigte die EZB schließlich den Start eines digitalen Euro-Projekts an.

Im Rahmen einer zweijährigen Untersuchungsphase, die daher noch andauert, werden in einem ersten Schritt Analysen zu den grundsätzlichen Aspekten des digitalen Euros durchgeführt. Allerdings hat die EZB bereits beschlossen, den digitalen Euro einzuführen. Der Fokus in der Voruntersuchungsphase liegt auf der Identifizierung von Anwendungsfällen für den digitalen Euro. Weitere Tests werden durchgeführt, um die zu verwendende technologische Basis zu bestimmen, in diesem Fall ein dezentralisiertes oder ein zentralisiertes digitales Register, wahrscheinlich ein System, das beides kombiniert. Darüber hinaus wird auch die Rolle der Geschäftsbanken in einem solchen System untersucht; das ist eine wichtige Frage.

Der digitale Euro wird frühestens 2026 verfügbar sein, so die persönliche Einschätzung von EZB-Präsidentin Christine Lagarde und Äußerungen der EZB zu Beginn des Projekts (Siedenbiedel, 2021; EZB, 2021b). Dieser Zeithorizont ist vergleichbar mit anderen ähnlichen Projekten weltweit. China hat 2014 mit der Arbeit an seinem digitalen Yuan begonnen und diesen im April 2020 in vier Teststädten eingeführt. Es ist jedoch zwingend erforderlich, die europäische Wirtschaft mit einer oder mehreren digitalen Währungen auszustatten, damit sich die im folgenden Kapitel beschriebene Digitalisierung der Wirtschaft entwickeln kann. Genau das passiert seit zwei Jahren in China, ohne dass viel Medienberichterstattung stattfindet. Damit ist China im monetären Bereich allen anderen Ländern einen Schritt voraus. Es ist, als würden wir immer noch mit Schecks und Bargeld zahlen, während China bereits Bankkarten benutzt. Nicht nach einer digitalen Währung oder, besser, nach digitalen Währungen zu streben wäre sowohl für Staaten als auch Banken und Unternehmen wie in der Mitte der 1990er-Jahre das Internet zu ignorieren: Unsinn. Wir werden das in den nächsten Kapiteln weiter erläutern.

Im Bereich der Zahlungsmittel besteht die Aufgabe der EZB darin, den 345 Millionen Einwohnern der Eurozone die richtigen Instrumente zur Verfügung zu stellen, deren Sicherheit zu gewährleisten und sich den Veränderungen in Sitten, Technologie und Wirtschaft anzupassen. Die EZB beobachtet diese drei Variablen daher genau und ist sich natürlich der Entwicklung der Kryptowährungen, der Einführung von Bitcoin durch El Salvador und die Zentralafrikanische Republik, der Fortschritte in China usw. bewusst.

Es ist wichtig zu verstehen, dass ein programmierbarer Euro – ein auf Euro lautendes Zahlungsmittel, das programmierbare Zahlungen ermöglicht – keine neue Währung darstellt: Es handelt sich immer noch um den Euro, den wir bereits heute kennen und verwenden. Neu ist, dass dieser Euro in einem digitalen Register verwaltet wird, auf dem andere Operationen stattfinden, wodurch die Digitalisierung der Wirtschaft entstehen kann. Wenn ein dezentrales digitales Register verwendet wird, wird der programmierbare Euro nicht, wie derzeit üblich, in einer zentralen Datenbank registriert, sondern basierte auf einer Blockchain, die über private Schlüssel zugänglich wäre, die in Wallets von Organisationen, Maschinen und natürlich Personen verwaltet würden. Damit hebt sich ein programmierbarer Euro von Kryptowährungen ab, die von vornherein als eigenständige und disruptive Zahlungsinstrumente am Rande des Systems konzipiert wurden. Der Energieverbrauch eines Blockchain-basierten Euros wäre deutlich geringer als bei Bitcoin, weil entweder ein zentralisiertes digitales oder ein teilweise dezentrales Register verwendet würde, das darauf ausgelegt ist, keinen besonders hohen Stromaufwand zu verursachen, da der PoW nur Sinn in völlig dezentralisierten Systemen hat. Nur bestimmte gut identifizierte Teilnehmer werden die Transaktionen validieren können, sodass sie nicht mit Megawatt konkurrieren müssen, um dieses Recht zu erhalten.

Lassen Sie uns nun die Website der EZB zitieren, um etwas mehr über ihre Fortschritte zu erfahren: „Angesichts der zunehmenden Nutzung digitaler und mobiler Technologien befindet sich derzeit auch der Zahlungsverkehr im Alltag in einem tiefgreifenden Wandel. Weil die Menschen zunehmend auf digitale Zahlungsmethoden umstellen, muss der Zugang zu Zentralbankgeld auf jeden Fall sichergestellt bleiben. Denn das Zentralbankgeld ist der Grundpfeiler unserer gemeinsamen Währung, des Euro. Dies ist von zentraler Bedeutung für die Stärkung der strategischen Autonomie des Euroraums, und es ist wichtig für die Effizienz des Zahlungsverkehrs. Zentralbankgeld steht der Öffentlichkeit gegenwärtig nur in Form von Bargeld zur Verfügung. In einer digitalen Welt könnte es daher als Zahlungsmittel verdrängt werden. Ein digitaler Euro wäre ein von der Zentralbank ausgegebenes elektronisches Zahlungsmittel, das allen Menschen im Euroraum zugänglich wäre. Er würde das Bargeld ergänzen, aber nicht ersetzen.

Dadurch würde die stabilisierende Wirkung des Zentralbankgeldes im Zahlungsverkehr erhalten bleiben." (Quelle: *https://www.ecb.europa.eu/pub/pdf/other/key_objectives_digital_euro~f11592d6fb.de.pdf?c8e830557da716fd7a77dd7c52111d30*)

„Auch ein digitaler Euro wäre ein Euro – genauso wie Banknoten, nur eben digital. Er würde als Geld in elektronischer Form vom Eurosystem (der EZB und den nationalen Zentralbanken des Euroraums) ausgegeben und könnte gleichermaßen von Privatpersonen und Unternehmen verwendet werden. Er würde das Bargeld nicht ersetzen, sondern ergänzen. Mit einem digitalen Euro stünde eine weitere Bezahlmöglichkeit zur Auswahl. Er würde das Bezahlen einfacher machen und so zur Zugänglichkeit und Inklusion beitragen. Mit einem digitalen Euro könnten alltägliche Zahlungen schnell, einfach und sicher erledigt werden. Zu den Hauptzielen eines vom Eurosystem ausgegebenen digitalen Euro zählt, im digitalen Zeitalter einen monetären Anker und somit ein öffentliches Gut bereitzustellen. Er könnte Finanzinnovationen fördern und die Effizienz des Zahlungsverkehrs insgesamt verbessern. Der Erfolg des digitalen Euro wird davon abhängen, ob die Menschen in Europa ihn im Alltag nutzen. Entscheidend wird daher sein, wie er gestaltet sein wird. Er muss gegenüber bestehenden Lösungen einen Mehrwert bieten. Fachleute des Eurosystems haben einige grundlegende Anforderungen für einen digitalen Euro festgelegt. So sollte er etwa leicht zugänglich, robust, sicher und effizient sein, der Datenschutz sollte gewahrt und geltendes Recht eingehalten werden. An diesen Eckpfeilern werden wir uns bei der Gestaltung des digitalen Euro orientieren. Seit vielen Jahren stellen die Zentralbanken die monetäre Basis (z. B. Bargeld) bereit, und der private Sektor bietet den Kunden Zahlungslösungen (z. B. Kreditkarten) an. Da ein digitaler Euro letztendlich von der EZB abgesichert würde, könnte dieses kombinierte Modell bestehen bleiben. Die Bürgerinnen und Bürger könnten jederzeit privates Geld (also Geschäftsbankengeld) in öffentliches Geld (also Zentralbankgeld) umtauschen und mit Zentralbankgeld bezahlen." (Quelle: *https://www.ecb.europa.eu/paym/digital_euro/html/index.de.html*)

Auf der Website der EZB steht folgendes zu lesen: „Derzeit finden im Rahmen der Untersuchungsphase Gespräche darüber statt, wie ein digitaler Euro aussehen könnte. Diese Untersuchungsphase hat im Oktober 2021 begonnen. Sie wird rund zwei Jahre dauern und demnach im Oktober 2023 abgeschlossen sein. Wir prüfen, wie ein digitaler Euro aussehen und dem Handel sowie Privatpersonen zugänglich gemacht werden könnte. Zudem untersuchen wir, welche Auswirkungen er auf den Markt hätte und inwiefern europäische Rechtsvorschriften gegebenenfalls geändert werden müssen. Sobald die Untersuchungsphase abgeschlossen ist, werden wir entscheiden, ob wir mit der Entwicklung eines digitalen Euro beginnen." (Quelle: *https://www.ecb.europa.eu/paym/digital_euro/html/index.de.html* abgerufen am 1. August 2022)

Der Schluss der Rede vom 15. Juni 2022 in Brüssel von Fabio Panetta, Mitglied des EZB-Direktoriums und Leiter des Digital-Euro-Projekts, lässt und verstehen, wie die EZB den digitalen Euro gestalten möchte: „Wir konzipieren einen digitalen Euro, der es ermöglicht, Zentralbankgeld für digitale Zahlungen einzusetzen. Wir geben den Menschen in Europa ein digitales Zahlungsmittel an die Hand, mit dem sie überall im Euroraum ihre Alltagseinkäufe erledigen können, und unterstützen so die gesellschaftlichen Ziele Europas. Von der Zentralbank ausgegebenes digitales Geld, das allen zur Verfügung steht, wäre ein Stabilitätsanker für den Zahlungsmarkt. Zentralbankgeld und privates Geld würden in bewährter Weise weiterhin nebeneinander existieren. Bei der Bereitstellung des digitalen Euro werden Finanzintermediäre eine Schlüsselrolle spielen. Wir arbeiten daran, frühzeitig allen etwaigen unerwünschten Folgen entgegenzuwirken, die die Ausgabe eines digitalen Euro auf die Geldpolitik, die Finanzstabilität und die Allokation von Krediten an die Realwirtschaft haben könnte. Als Gesetzgeber werden Sie eine wichtige Rolle spielen, wenn es darum geht, dass im digitalen Zeitalter der notwendige regulatorische Rahmen sowohl für öffentliche als auch private Formen von Geld vorhanden ist. Ich werde Sie meinerseits in regelmäßigen Abständen über die Fortschritte bei unserer Untersuchungsphase auf dem Laufenden halten." (Quelle: *https://www.ecb.europa.eu/press/key/date/2022/html/ecb.sp220615~0b859eb8bc.de.html*)

Zusammenfassend will die EZB mit dem digitalen Euro eine Währung schaffen, die drei grundlegende Vorteile vereint: den Schutz der Privatsphäre und die universelle Verfügbarkeit von Bargeld, die Sicherheit einer Zentralbankwährung und die vielfältigen Neuerungen, die eine rein digitale Währung bietet. Es ist davon auszugehen, dass es lange dauern wird, bis Bargeld vollständig verschwindet, wenn überhaupt, aber dass der digitale Euro so viele Vorteile bringen wird, dass ein wachsender Teil der Bevölkerung ihn freiwillig annehmen wird.

2.2 Die zukünftige Rolle der Geschäftsbanken

Die EZB hat bisher in ihren Veröffentlichungen darauf hingewiesen, dass Intermediäre, zum Beispiel Geschäftsbanken, beim kommenden digitalen Euro eine Schlüsselrolle spielen müssen. Erstens wird es für Online-Banking-Dienste und -Anwendungen möglich sein, diesen digitalen Euro zu nutzen. Banken können auch die Verteilung des digitalen Euro übernehmen, Einzelpersonen und Unternehmen beibringen, wie er funktioniert, Geldwäsche bekämpfen und Identitätsprüfungen durchführen. Geschäftsbanken nehmen diese Aufgaben bereits seit vielen Jahren wahr und verfügen über umfangreiches Fachwissen und Daten, auf die die EZB gerne zugreifen möchte. Sie könnten auch ihren eigenen digitalen Euro herausgeben, der mit dem digitalen Euro der EZB gleichwertig und natürlich mit ihm kompatibel wäre, mit dem Risiko, dass sich die Verbraucher davon abwenden und das Original bevorzugen könnten, oder dass es zu „digitalen Bankpaniken" kommt, wenn Geschäftsbanken scheitern. Die Vorteile, Geschäftsbanken ihren digitalen Euro ausgeben zu lassen, der an Sicherheiten gebunden sein wird, bestehen darin, dass das Netzwerk der EZB entlastet würde, insbesondere wenn es zentralisiert wäre, dass die gefürchtete Disintermediation von Geschäftsbanken vermieden würde und dass es eine Form des digitalen Euro vor der Zeit geben könnte, die die Digitalisierung der Wirtschaft so dringend braucht, da Geschäftsbanken vor der EZB einen „inoffiziellen" digitalen Euro ausstellen könnten.

Tabelle 4: Verschiedene öffentliche und private Finanzinstitute werden Organisationen einen digitalen Euro anbieten können; es handelt sich hier um fiktive Angebote

Angebot an digitalen Euro für Ihre Verkaufsstelle				
Emittent	**Ticker**	**Jahresverzinsung**	**Name**	**Vertragsadresse**
	EUR	0 %	Euro	SVgN5rvNY1KuHxuYSqcaVChUv7rs4Bdgrs
	EUREIR	0,41 %	Euro Éire	SYwLv4XStNdDydwP5nxvUj6jTHycKh8mBK
	EURHYP	0,25 %	Euro HYPO	Sk5AbEuXfGcmGUCmTPQ3vW6xb9dZiTRz 6E
≈diem	EURDIE	0,47 %	Diem Euro	SXiNjXxLZYxT7EkKqVPEPuxGJufjD31Ugm
	EURPBC	0,62 %	Euro PBOC	SabfDb8PJ5avYoH5oHjTPrNrbrBR1KS3Tj
	EURBCS	0,31 %	Euro BCS	ScyMEs7ooUWfAEzbM8hPgyL2Z9v9fUT6y4
	EURCBK	0,26 %	Euro CBK	SfLBMikAwxLH8PuCVvBH7h6ENsuc8EytBk
	EURFED	0,53 %	Euro FED	SWyz8GcvAbwPikPmp48SWnArE9yJqy7g2j
Jeder Euro ist dem EZB-Euro absolut gleichwertig				

Quelle: Darstellung des Autors

Die Bürger und Organisationen der Eurozone werden daher wahrscheinlich die Wahl zwischen dem sicheren und offiziellen Euro der EZB und dem von Geschäftsbanken und weiteren Finanzinstituten haben, die vom digitalen Euro unterstützt werden. Um deren Euro gegenüber dem offiziellen Euro der EZB attraktiver zu machen, ist es durchaus denkbar, dass Geschäftsbanken diesen mit einer kleinen Verzinsung zugunsten der Halter ausstatten, wie es in Tabelle 4 zu sehen ist.

2.3 Die potenziellen Vorteile eines digitalen Euro für die EZB und die europäische Wirtschaft

Der digitale Euro könnte ausfolgenden Gründen geschaffen werden:

1. zur Förderung der Digitalisierung der europäischen Wirtschaft und der strategischen Unabhängigkeit der EU
2. als Reaktion auf einen starken Rückgang der Bargeldverwendung
3. um die weit verbreitete Nutzung digitaler Währungen ausländischer Zentralbanken oder privater digitaler Zahlungsdienste im Euro-Währungsgebiet zu vermeiden
4. als neuer Übertragungskanal für die Geldpolitik
5. um Risiken für die normale Erbringung von Zahlungsdiensten zu mindern
6. um die internationale Rolle des Euro zu stärken
7. zur Senkung der Gesamtkosten und des ökologischen Fußabdrucks von Geld- und Zahlungssystemen

Gehen wir diese Punkte im Detail durch.

2.3.1 Förderung der Digitalisierung der europäischen Wirtschaft und der strategischen Unabhängigkeit der EU

Dieser Punkt ist offensichtlich grundlegend, wie wir im Teil über digitale Identitäten sehen werden. Was die strategische Unabhängigkeit betrifft, so ist es für uns Europäer wichtig, weniger abhängig von PayPal, Apple und Google Pay, Visa, Mastercard und American Express zu werden, da es sich ausschließlich um amerikanische Unternehmen handelt.

2.3.2 Der starke Rückgang der Verwendung von Bargeld

Einer der Gründe, warum die EZB die Einführung einer digitalen Zentralbankwährung erwägt, ist die abnehmende Bedeutung von Bargeld als Zahlungsmittel in der Eurozone und der damit einhergehende abnehmende Einfluss der EZB auf den Zahlungsverkehr, da sie die Münzen und Banknoten herstellt und diese Unternehmen und Geschäftsbanken bereitstellt. Der Anteil der Bargeldtransaktionen ist sowohl in der EU (74 % 2017, 60 % 2020; Pietrowiak et al., 2021) als auch in Deutschland (79 % 2016, 73 % 2019; EZB, 2020c.) rückläufig. Es ist wichtig, Deutschland zu erwähnen, wenn es um Barzahlungen geht, nicht nur, weil es die größte europäische Volkswirtschaft ist, sondern auch, weil die Deutschen immer noch überproportional an Bargeld gebunden sind. Die Pandemie hat jedoch den Abwärtstrend bei Barzahlungen beschleunigt, da der Online-Handel nach der Schließung eines erheblichen Teils der physischen Geschäfte an Bedeutung gewonnen hat und Bargeld auch als potenzieller Vektor des Virus gemieden wurde. Die Verwendung von Bargeld geht also insgesamt zurück und diese Tendenz wird manchmal von Unternehmen und/oder Staaten in Europa und anderen Gebieten gefördert.

2.3.3 Die monetäre Souveränität

Die Nutzung von Bezahlmöglichkeiten des privaten Sektors wie Handy- und Kreditkartenzahlungen hat stark zugenommen, und dabei handelt es sich oft um außereuropäische Dienste. So stieg der Anteil der Kreditkartentransaktionen in Deutschland zwischen 2018 und 2019 um 14 %, eine Revolution in dem bis dahin sehr bargeldgebundenen Land (Statista, 2021). Die Etablierung einer digitalen Zentralbankwährung sollte daher vor allem als Ergänzung zum Bargeld dienen und die Rolle der EZB gegenüber dem privaten Sektor stärken, da Stablecoins, der Bitcoin, der Dollar, der Yen, der Yuan, das Pfund oder sogar die Schwedische Krone den verspäteten digitalen Euro nicht ersetzen dürfen.

2.3.4 Der neue Übertragungskanal der Geldpolitik

Die Geldpolitik der EZB könnte durch den digitalen Euro laufen, sobald dieser mehrheitlich und offiziell ist. Technisch gesehen könnte sie im digitalen Euro programmiert werden. Dies könnte eine Gelegenheit sein, die Zentralisierung der europäischen Geldpolitik infrage zu stellen und sich von neuen Modellen inspirieren zu lassen, wie wir beim SOV der Marshallinseln sehen werden.

2.3.5 Minderung der Risiken für die normale Bereitstellung von Zahlungsdiensten

Bargeld kann imitiert und Zahlungsdienste gehackt werden, was vermieden werden könnte, wenn wir den zukünftigen digitalen Euro gut gestalten und etwas dezentralisieren. Ganz allgemein muss digitales Geld offensichtlich nicht transportiert, manuell gezählt, gesichert usw. werden, wodurch viele Kosten und Schritte entfallen, bei denen Fehler auftreten können.

2.3.6 Stärkung der internationalen Rolle des Euro

Was wäre, wenn der zukünftige digitale Euro als Zahlungsinfrastruktur für den Geldaustausch außerhalb der Eurozone dienen würde? Er wird in der Tat so konzipiert, dass er kostengünstig, effizient und praktisch in der Anwendung ist. Anstatt Tugrik (die Währung der Mongolei) in Rubel oder Baht in Ringgit (die jeweiligen Währungen von Thailand und Malaysia) umzutauschen, könnten Unternehmen, NGOs oder sogar Staaten den zukünftigen digitalen Euro nutzen, um Werte zwischen zwei unterschiedlichen Währungsgruppen zu übertragen. Das bieten einige Kryptowährungen wie Terra oder Ripple, also warum nicht die EZB? Damit würde der Euro zu einem Werkzeug internationaler Währungsmacht. Wenn die EZB dies nicht tut, könnte es sein, dass die US-Bundesbank oder die chinesische Zentralbank ihre Währung als Stablecoin für Zahlungen außerhalb ihres Territoriums zur Verfügung stellen. Wir könnten dann Zeuge eines Zusammenstoßes von CBDCs werden, die als Zahlungsmittel außerhalb ihres „normalen Gebiets" und damit als Instrument der Einflussnahme für die Ausgabeländer dienen.

2.3.7 Die Gesamtkosten und den ökologischen Fußabdruck von Geld- und Zahlungssystemen [zu] reduzieren

Ein digitaler Euro wäre weniger ressourcenintensiv als die Erstellung von Münzen und Banknoten und würde es ermöglichen, ein Computersystem mit aktuellen Technologien zu schaffen, das hinsichtlich des Energieverbrauchs optimiert wäre. Es wäre ein zentralisiertes oder teilweise dezentrales, sehr skalierbares und sicheres System, das offensichtlich nicht auf Proof-of-Work basieren würde, wie wir es bereits gesehen haben.

Auch der Umweltaspekt, die Skalierbarkeit und die unzureichende Leistungsfähigkeit der Blockchain in diesem Bereich werden von der EZB genannt: „Ungedeckte Krypto-Assets können beispielsweise nicht dieselben Funktionen wie Geld bieten, denn sie sind weder stabil noch skalierbar. Transaktionen sind langsam und teuer. Und in mancher Form stellen sie eine Gefahr für die Umwelt und für andere gesellschaftliche Ziele dar. Stablecoins sind indessen anfällig für Anstürme, wie wir kürzlich bei den algorithmischen Stablecoins gesehen haben. In diesem Zusammenhang ist es äußerst wichtig, noch vorhandene regulatorische Lücken im Bereich der Krypto-Assets zu schließen." (Quelle: *https://www.ecb.europa.eu/press/key/date/2022/html/ecb.sp220615~0b859eb8bc.de.html*, Abrufdatum: 1. August 2022)

Bedeutende Akteure der Wirtschaftswelt wie Wirtschaftsprüfungsgesellschaften bereiten sich sowie ihre Kunden auf die Einführung eines digitalen Euro, und versuchen herauszufinden, welche Vorteile diese ihren Kunden bringen könnte, wie es in dieser Darstellung von Ernst and Young Deutschland zu sehen ist.

2.4 Was wird aus Bargeld im Eurogebiet?

Bargeld ist ein grundlegendes Instrument zur Demokratisierung der zentralen Säule unserer Volkswirtschaften. Dabei ist zu bedenken, dass viele Menschen, auch in entwickelten Ländern, sonst keinen Zugriff auf ihr Geld haben, weil sie kein Bankkonto oder ein Bankkonto mit sehr eingeschränkten Funktionen haben.

Bargeld weist Vorteile auf, die es sehr wertvoll und schwer zu ersetzen machen, in absteigender Reihenfolge ihrer Wichtigkeit:

- Finanzielle Inklusion: Bargeld kann per Definition von allen verwendet werden, ohne sich ausweisen zu müssen.
- Schutz der Privatsphäre: Bargeld ist offensichtlich die ultimative anonyme Geldform, nicht nur in Hollywood-Filmen.
- Stabilität: Wenn es eine Geldform gibt, die immer und überall existiert hat, dann ist es Bargeld.
- Sentimentale Bindung: Bargeld ist das einzige greifbare Geld, das alle oben genannten Eigenschaften aufweist, sodass es bei einem bedeutenden Teil der Bevölkerung immer noch eine sentimentale oder ideologische Bindung hervorruft.
- Die körperliche Inkarnation, die eine gewisse Sicherheit mit sich bringt.

Bargeld hat daher dank der ersten beiden Merkmale dieser Liste eine glänzende Zukunft vor sich: finanzielle Inklusion und Schutz der Privatsphäre. Lassen sich diese Eigenschaften in die digitale Welt übertragen? Dies ist eine der größten Herausforderungen bei der Umsetzung des digitalen Euro. Dieser wird natürlich für alle zugänglich sein, aber Benutzer müssen immer noch ein Smartphone besitzen und wissen, wie man das System benutzt. Natürlich wird der digitale Euro die Privatsphäre aller respektieren, obwohl dies nicht garantiert werden kann, da alles, was online passiert, per se nachverfolgt werden kann. Beachten Sie, dass die EZB von einem digitalen Euro spricht, der auch offline verwendet werden kann, wie es China mit seinem digitalen Yuan getan hat, und dass Inklusion, Sicherheit und Datenschutz im Mittelpunkt der Überlegungen und Arbeiten stehen, die derzeit von der EZB durchgeführt werden.

2.5 Wie könnte ein digitaler Euro vor demjenigen der EZB aussehen?

Wenn wir akzeptieren, dass der digitale Euro für die Entstehung der Digitalisierung der Wirtschaft unverzichtbar ist, und dass wir es uns nicht leisten können, zu lange zu warten, dann können wir uns ansehen, welche Lösungen bereits existieren oder bis 2026 kommen könnten. Schauen wir uns drei in chronologischer Reihenfolge der Verfügbarkeit an:

1. Stablecoins, also Kryptowährungen, sind bereits verfügbar. Die meisten sind an den Dollar gekoppelt, aber der Eurocoin (EUROC) von Circle und Silvergate Bank, zwei amerikanischen Firmen, wurde im Juli 2022 ins Leben gerufen und könnte der erste ernstzunehmende Stablecoin in Euro darstellen. Die Sorge bei Stablecoins ist, dass manchmal nicht bekannt ist, wer sie ausgibt und ob ein Betrag in Höhe ihrer Marktkapitalisierung irgendwo als Sicherheit hinterlegt ist. Zum Beispiel sind derzeit 124 Millionen Stasis-Euro im Umlauf, ein weiterer Euro-Stablecoin. Wir wissen nicht, ob sie durch gleichwertige Sicherheiten abgesichert sind, nicht einmal in Bitcoins. Es ist daher nicht zu erwarten, dass eine Zentralbank sie beim derzeitigen Stand der Dinge als legales Zahlungsmittel akzeptiert. Es wäre ein Verlust der Souveränität und eine rücksichtslose Risikobereitschaft. Mit anderen Worten, würde sie sich ins eigene Fleisch schneiden. Die EZB hat dazu eine klare Stellung genommen: „Ungedeckte Krypto-Assets können beispielsweise nicht dieselben Funktionen wie Geld bieten, denn sie sind weder stabil noch skalierbar. Transaktionen sind langsam und teuer. Und in mancher Form stellen sie eine Gefahr für die Umwelt und für andere gesellschaftliche Ziele dar. Stablecoins sind indessen anfällig für Anstürme, wie wir kürzlich bei den algorithmischen Stablecoins gesehen haben. In diesem Zusammenhang ist es äußerst wichtig, noch vorhandene regulatorische Lücken im Bereich der Krypto-Assets zu schließen." Fabio Panetta, Brüssel, 15. Juni 2022, *https://www.ecb.europa.eu/press/key/date/2022/html/ecb.sp220615~0b859eb8bc.de.html*
2. Die im folgenden Kapitel beschriebenen Systeme zur Digitalisierung der Wirtschaft könnten bereits auf digitalen Registern ohne digitale Währung entwickelt werden, aber müssten mit traditionellen Zahlungssystemen verknüpft werden, was den Vorteil hätte, dass Interaktionen zwischen autonomen und intelligenten Maschinen bereits stattfinden könnten. Der Nachteil wäre hingegen, dass die Zahlungen nicht in Echtzeit und im selben System erfolgen würden. Ein Token könnte eingeführt werden, der keinen direkten Geldwert hätte, sondern Schulden und Forderungen darstellen und Zahlungen über das SEPA-System auslösen würde.
3. Ein digitaler Euro, der von Unternehmen ausgegeben wird, die auf die Ausgabe digitaler Währungen spezialisiert und von der EZB akkreditiert sind: diejenigen, die heute Stablecoins verwalten, oder Geschäftsbanken. Dann müsste über die von diesen Unternehmen und Einrichtungen zu verlangende Deckung dieses digitalen Euros entschieden werden: ein Fiat-Euro für einen digitalen Euro oder weniger?

Wir können uns vorstellen, dass der digitale Euro in den ersten Jahren, neben dem uns bekannten Bar-Euro, auch in physischer Form, gleichzeitig vorhanden sein wird und dass die EZB und die Geschäftsbanken in der Lage sein werden, das Interesse der Bürger für den digitalen Euro zu wecken, indem sie ihren digitalen Euro mit einer Verzinsung ausstatten und dessen Vorteile hervorheben: unter anderem die Tatsache, dass er programmierbar ist, wodurch die Benutzer beispielsweise von automatischen Rückerstattungen oder Dividenden profitieren könnten. Welche Form der digitale Euro auch immer annehmen mag, seine verschiedenen Formen müssen miteinander kompatibel sein, die Regulierungsbehörden müssen ihn zu einem legalen Zahlungsinstrument machen, jeder digitale Euro, der nicht von der EZB ausgegeben wird, muss durch streng regulierte Sicherheiten unterlegt sein und die neue Rolle der Geschäftsbanken muss klargestellt werden. Wir alle müssen miteinander in Dialog treten, um die technischen und regulatorischen Grundlagen der Digitalisierung der Wirtschaft zu schaffen: Regierungen und Aufsichtsbehörden, Zentral- und Geschäftsbanken, Unternehmen und Verbraucherzentralen. Der digitale Euro ist eine große Herausforderung für die europäische Wirtschaft, damit sie an Effizienz, Unabhängigkeit und Wettbewerbsfähigkeit gewinnt und, wie wir sehen werden, damit sie gerechter, transparenter und nachhaltiger wird.

2.6 Interview mit Jonas Groß

Jonas Groß hat 2022 seine Promotion über CBDC an der Universität Bayreuth abgeschlossen und ist in diesem Bereich seit vier Jahren über mehrere Tätigkeiten und Initiativen aktiv. Ich habe mich mit ihm über den digitalen Euro unterhalten.

Kannst du uns ein paar Worte über die Digital Euro Association und deine weiteren Aktivitäten erzählen?

Ich bin der Vorsitzende der Digital Euro Association, die ich u. a. gemeinsam mit Prof. Philipp Sandner, Leiter des Frankfurt School Blockchain Center, Anfang 2021 gegründet habe. Die DEA ist ein e. V., der grundsätzlich ein Thinktank um den digitalen Euro ist und als zentrale Anlaufstelle für dieses Thema gilt. Unsere Tätigkeit konzentriert sich auf drei Hauptbereiche: das Thema einem breiten Publikum beibringen, zum Beispiel durch unseren Digital Euro Podcast, eine vielfältige Gemeinschaft aufbauen, in der Mitglieder Ideen austauschen und sich vernetzen können, und die Zusammenarbeit unter unseren Mitgliedern sowie mit weiteren Entitäten wie Zentralbanken fördern. Ich habe außerdem mehrere Artikel auf BTC-Echo geschrieben, mehrere Vorträge ums Thema CBDC gehalten, beim Frankfurt School Blockchain Center unterrichtet, und trage zum CBDC Tracker bei, einer Website, auf der die verschiedenen CBDC-Vorhaben weltweit aufgelistet werden.

Wie weit ist die EZB aus deiner Perspektive in Bezug auf einen digitalen Euro? Ist 2026 ein realistisches Datum zu dessen Einführung?

Wir sind immer noch in der Investigationsphase, die letztes Jahr angefangen hat. Die EZB hat also immer noch nicht entschieden, ob sie einen digitalen Euro einführen wird. Erst im Oktober 2023 werden wir es erfahren, aber es sieht so aus, dass der digitale Euro kommen wird. 2026 sieht wie eine realistische Frist aus. In dieser Hinsicht hinken wir hinter vielen Ländern her, wie zum Beispiel Bahamas, China, Kasachstan, einigen afrikanischen Ländern wie Nigeria usw. Großbritannien, die USA und sogar Schweden liegen hingegen nicht vorne.

Warum braucht die Wirtschaft der Eurozone überhaupt einen digitalen Euro?

Zuerst wollen wir eine Zahlungsinfrastruktur schaffen, die unabhängig von anderen Ländern ist. Es geht hier also um die monetäre Souveränität. Die EZB stellt außerdem Geldmünzen und -scheine der Bürger und Unternehmen der Eurozone zur Verfügung: Sie verliert zusammen mit dem Bargeld ziemlich schnell an Bedeutung und muss daher einen Weg finden, um das Bargeld zu ersetzen. Aus der Sicht der Industrie gibt es keine einheitliche Meinung: Es kommt auf die Form des zukünftigen digitalen Euro sowie die Industrie an. Der digitale Euro braucht auf jeden Fall Alleinstellungsmerkmale, um sich durchsetzen zu können, wie zum Beispiel die Programmierbarkeit, wodurch neue Geschäftsmodelle entstehen und derzeitige Geschäftsmodelle an Effizienz gewinnen werden.

Alles, was digital ist kann per se getrackt werden: Ist der Schutz der Privatsphäre das größte Hindernis zur Einführung des digitalen Euro?

In der Zusammenstellung des digitalen Euro sollte die EZB genauso wie die meisten weiteren Zentralbanken die Privatsphäre fördern. CBDC sollen im Prinzip dieselben Kerneigenschaften wie das Bargeld aufweisen, aber ... in digitaler Form, vor allem die Anonymität und die Einbeziehung der gesamten Bevölkerung sind wichtig. Das ist technisch möglich, wie wir gezeigt haben: Nur der Hash (digitaler Beweis in Form einer Zeichenreihe, die durch ein kryptographisches Verfahren erzeugt wird und nichts bedeutet) wird gespeichert, nicht der Inhalt der Transaktion, und das System kann durch eine kostenlose Wallet allen zur Verfügung gestellt werden. Allerdings gilt letztendlich das, was die Menschen denken, deswegen werden die EZB sowie Regierungen sie davon überzeugen müssen, dass der digitale Euro ihre Privatsphäre beachtet.

Wie würde der „ideale“ digitale Euro deiner Meinung nach aussehen, in den Bereichen Zentralisierung, Privatsphäre, Transparenz, Energieverbrauch usw.?

Die Anonymität der Zahlungen ist meiner Meinung nach besonders wichtig, zumindest bis zu einem bestimmten Betrag, zum Beispiel 10.000 €. Die Sicherheit des Systems ist ebenfalls natürlich sehr wichtig: Es hat deutlich schwerwiegendere Auswirkungen, wenn hohe Beträge in digitaler Währung als kleinere Beiträge in Geldscheinen gestohlen werden. Außerdem muss die Rolle der Geschäftsbanken klar definiert werden. Die EZB sucht gemeinsam mit Geschäftsbanken eine Lösung, eine Disintermediation des Finanzsektors zu verhindern (also einen substanziellen Bedeutungsverlust des Finanzsektors). All diese Aspekte erklären, warum wir keinen digitalen Euro von der EZB vor 2026 sehen werden. China hat auch sechs Jahre gebraucht, um die erste Version seines digitalen Yuan zusammenzustellen. Selbst wenn die EZB bereits am Thema Zentralisierung/Dezentralisierung arbeitet, sind wir noch zu früh, um zu wissen, wie der digitale Euro in dieser Hinsicht aussehen würde. Und im Bereich Energieverbrauch mache ich mir keine Sorgen: Das derzeitige Geldsystem verbraucht ebenfalls Energie und es gibt bei einem zentralisierten System keinen Grund, um den energiehungrigen PoW zu verwenden.

In meinem Buch spreche ich ebenfalls vom SOV der Marshallinseln: Was hältst du von dem bahnbrechenden Konzept, die Geldpolitik im Code umzusetzen?

Die Marshallinseln haben sowieso keine Zentralbank, sodass sie keine eigene Geldpolitik führen können! Bislang nutzen die Marshall Islands den US-Dollar als offizielles Zahlungsmittel. Allerdings könnte es sein, dass der SOV nicht live gehen kann. Die Idee, die Geldpolitik im Code umzusetzen, finde ich allerdings spannend. Ich mag diese Idee, da man genau weiß, wie es mit der Geldmenge weitergeht, wie z. B. mit Bitcoin.

3. Bitcoin in El Salvador: erster Rückblick

El Salvador ist ein kleines Land mit 6,8 Millionen Einwohnern, das zwischen Honduras, Guatemala und dem Pazifischen Ozean eingebettet ist und mit einer Größe von 21.041 km² etwa mit der Größe Hessens vergleichbar ist. Das Land hat im Juni 2021 für Aufsehen gesorgt, weil es Bitcoin als offizielles Zahlungsmittel für seine Bevölkerung und alle seine Wirtschaftsakteure zum offiziellen Zahlungsmittel neben dem US-Dollar erklärt bzw. auferlegt hat, der seit zwanzig Jahren als einzige Währung gilt. El Salvador hatte also bereits keine eigene Währung, als der Präsident, der junge und extravagante Nayib Bukele, Bitcoin zum zweiten legalen Zahlungsmittel im Land machte. Bitcoin hat viele Vorteile, wie wir bereits gesehen haben. Es mag jedoch sehr überraschend erscheinen, ein Zahlungsmittel einzuführen, von dem eine einzelne Einheit so viel wert ist wie siebzehn Jahre des lokalen Durchschnittsgehalts. Aber Sie müssen sich an die Vorstellung gewöhnen, dass Bitcoin zunehmend in Satoshi gezählt wird, was eine viel zugänglichere Maßeinheit ist, da sie ein Hundertmillionstel von Bitcoin darstellt: 1.000 Satoshis bei einem Bitcoin von 25.000 USD entsprechen somit 0,25 USD. Beachten Sie auch, dass die Verwendung von Bitcoin ein mit dem Internet verbundenes Gerät erfordert, das nicht für alle Salvadorianer erreichbar ist. Von einem noch so kleinen Land offiziell und mit großem Tamtam angenommen zu werden, ist auf jeden Fall ein großer Sieg für Bitcoin: daher diese erste Bilanz ein Jahr nach der offiziellen Einführung von Bitcoin als Zahlungsmittel in El Salvador.

3.1 Die Entstehung des Projekts

Das Gesetz, das Bitcoin zu einem legalen Zahlungsmittel in El Salvador macht, wurde am 9. Juni 2021 vom Parlament verabschiedet und trat am 7. September 2021 in Kraft. El Salvador war bereits vor der Verabschiedung dieses Gesetzes ein Hotspot für Kryptowährungen in Mittelamerika. Mit der Einführung einer zweiten offiziellen Währung will sich El Salvador unter anderem von der amerikanischen Geldpolitik unabhängig machen. El Salvador kontrolliert offensichtlich weder den US-Dollar noch Bitcoin, aber im zweiten Fall sind die Regeln klar, allen bekannt und nachhaltig festgelegt. Finanzielle Inklusion ist auch ein wichtiges Thema in einem Land, in dem mehr als zwei Drittel der Bevölkerung über kein Bankkonto verfügt und in dem ca. 20 % des BIP (!) aus Überweisungen aus der Diaspora stammen. Da sie 7 % der Geldtransfers von und in die Diaspora entgegennahmen, haben internationale Geldtransferunternehmen allein das BIP von El Salvador um 1,4 % (20 % × 7 %) gesenkt: Das ist bedeutend genug für die politischen Entscheidungsträger, um das Problem zu erkennen und Risiken einzugehen, um dieses zu beseitigen. Im Fall von El Salvador hat der Präsident dieses Anliegen gleich nach seinem Amtsantritt angepackt.

Das Problem wäre jedoch nicht gelöst, wenn diese 7 % in die Taschen von Bitcoin-Minern fließen würden, weshalb die Architektur des Bitcoin-Zahlungssystems in El Salvador von einer Firma namens „Strike" entworfen wurde. Strike bietet eine Anwendung für die Verwendung des Bitcoin Lightning-Netzwerks an, eine Second-Layer-Lösung, die die Transaktionskosten erheblich senkt, indem Transaktionen gruppiert werden, und die gleichzeitig eine hohe Sicherheit und sofortige Transaktionen für ihre Benutzer gewährleistet. Die Transaktionsgebühren sind so niedrig, dass das Unternehmen entweder durch Werbung oder durch ein Abonnement bezahlt werden muss. Das System ist auf jeden Fall für die Bürger des Landes kostenlos zu erwerben und zu nutzen. Der Präsident von El Salvador bat einfach den Leiter von Strike, Jack Mallers, einen Gesetzvorschlag zu schreiben, der die Entwicklung hin zur Verwendung von Bitcoin im Land erlaubt, was dieser nach mehreren Monaten in El Salvador und vielen Diskussionen mit politischen und wirtschaftlichen Entscheidungsträgern vor Ort dann auch machte. Die Regierung entlohnt das Unternehmen dafür, dass es den Salvadorianerinnen und Salvadorianern eine Wallet namens Chivo zur Verfügung stellt, die Bruchteile von Bitcoins sofort und kostenlos senden und empfangen kann. Die Regierung hat sogar jede der 5 Millionen erstellten Wallets mit 30 Dollar in Bitcoins ausgestattet, was zu Ausgaben in Höhe von 150 Millionen Dollar führte, um die Nutzung des Systems zu fördern, eine große Summe für El Salvador. Anschließend kaufte der Staat ganz normal Bitcoins (zuerst 200) und baute eine Mining-Farm im Land auf. Es ist sehr wahrscheinlich, dass andere lateinamerikanische Länder El Salvador in den kommenden Monaten folgen werden; Kolumbien, Panama, Paraguay, Venezuela und Argentinien wären gute Kandidaten. Die Zentralafrikanische Republik hat Ende April 2022 ebenfalls diesen Schritt getan und ist somit der zweite Staat nach El Salvador, der eine solche Entscheidung trifft.

3.2 Die ersten Schritte

Die Phase zwischen der Verkündung des Gesetzes und seinem Inkrafttreten, vom 9. Juni bis zum 7. September 2021, war für Bitcoin in El Salvador nicht besonders positiv: Die Weltbank und der IWF kritisierten die Initiative, und die Geschäftsbanken des Landes machten es ihnen nach; Ratingagenturen stuften das Rating des Landes herab und internationale Geldtransferdienste zögerten, die neue Währung in ihre Systeme zu integrieren, die direkt mit ihnen konkurriert, die ihnen aber auch ermöglicht, neue Geldtransferdienste anzubieten. Sehr schnell kündigte der Präsident auch die Nutzung von Erdwärme aus Vulkanen an, um Bitcoin abzubauen und damit die Währung autonom mit der natürlich im Land erzeugten Energie zu „produzieren“: Dieser Prozess wurde „Volcanode“ genannt.

3.3 Inkrafttreten

Seit dem 7. September 2021 müssen alle Wirtschaftsakteure Zahlungen in Bitcoins akzeptieren. Wenn ein Wirtschaftsakteur Bitcoin aus technischen Gründen nicht behalten kann, bietet die Regierung einen sofortigen Umtauschservice in US-Dollar an. Da nur wenige Unternehmen über die für die Aufbewahrung von Bitcoins geeignete technische Infrastruktur verfügten, hortete der salvadorianische Staat Bitcoins gegen US-Dollar und setzte sich so der hohen Volatilität der Kryptowährung aus. Er hat Sanktionen gegen Unternehmen geplant, auch Kleinstunternehmen, die die neue Währung nicht akzeptieren, was im Gegensatz zu dem steht, was der Präsident einige Wochen zuvor gesagt hatte. Viele Menschen beklagten sich und gingen auf die Straße. Die App war in der Tat von den ersten Tagen an ein Opfer ihres Erfolgs, aber letztendlich konnten Millionen von Salvadorianern eine Chivo-Wallet herunterladen, registrieren und sich über die vom Staat verschenkten 30 US-Dollar in Bitcoin freuen, was für einige Salvadorianer eine beträchtliche Summe ist. Am 16. September 2021 fand in der Hauptstadt eine Demonstration statt, die sich hauptsächlich aus Rentnern, Veteranen und Angestellten des öffentlichen und privaten Sektors zusammensetzte, die aufgrund seiner hohen Volatilität und Komplexität gegen den Bitcoin waren. Einige Bitcoin-Geldmaschinen wurden verbrannt. Der Staat kaufte dennoch weiterhin Bitcoins auf dem Markt, bis 700 Einheiten erreicht waren.

3.4 Verallgemeinerung

El Salvador teilte drei Wochen nach Inkrafttreten des Gesetzes mit, dass bereits 30 % der Salvadorianer die Chivo-Wallet nutzen. Damit habe sie in kürzester Zeit mehr Nutzer als die größte Bank des Landes gewonnen, wobei sie auch durch ein recht wuchtiges Gesetz gefördert wurde. Der Präsident äußerte sich dann über die Anfänge der geothermischen Miningfarm, sprach über saubere, sichere, reichlich vorhandene und lokale Energie, die zu Beginn 95 MW Strom für das Bitcoin-System liefern könnte. Er gewährte denjenigen, die mit der Chivo-Wallet bezahlten, auch einen Rabatt auf die Benzinsteuern, bevor er Anfang Oktober 2021 verkündete, dass die Hälfte der Bevölkerung mittlerweile die Wallet verwende. Anschließend stellte er den Bitcoin-Trust von El Salvador vor, der Kryptowährung verwalten muss und dessen Gewinne für den Bau oder die Renovierung öffentlicher Gebäude verwendet werden, ähnlich wie in New York oder Miami. Nayib Bukele wird mit jedem seiner Tweets ein bisschen enthusiastischer über die Einführung von Bitcoin als Zahlungsmittel, trotz einiger Vorfälle des Veruntreuungsverdachts und der Schwierigkeit, einige Salvadorianer in Kryptowährungsnutzer zu verwandeln. Er gab bekannt, dass er die Gewinne aus Mining und dem Bitcoin-Handel verwendet habe, um eine staatlich betriebene Tierklinik zu bauen, deren Gebühren für die Kunden fast zu vernachlässigen wären.

3.5 Die Pros und Contras der Einführung von Bitcoin in El Salvador als offizielles Zahlungsmittel

3.5.1 Pros

- Bitcoin fördert eindeutig wirtschaftliche Innovationen in El Salvador: Das ganze Land muss seine Infrastrukturen und Prozesse mit dem Bitcoin auf den neuesten Stand bringen und sich an digitale Währungen und Register anpassen. Das Land baut sich damit einen Wettbewerbsvorteil auf und bereitet sich auf einen forcierten Vormarsch zum Schritt in die Digitalisierung der Wirtschaft vor.
- Bitcoin schützt El Salvador vor einer inflationären und willkürlichen Geldpolitik, die eintreten könnte, wenn das Land allein dem US-Dollar unterworfen wäre oder eine eigene Währung hätte. Es ist möglich, zu wissen, wie viele Bitcoins bis zum Ende aller Zeiten im Umlauf sein werden; nichts und niemand kann das System manipulieren. Es ist eine Revolution in der Geldpolitik, weil es das Ende derer Zentralisierung bedeutet.
- El Salvador kann potenziell reicher werden und die Bevölkerung ihre Kaufkraft erhöhen, wenn Bitcoin langfristig weiter aufwertet, wie es seit seiner Entstehung der Fall ist.
- Bitcoin fördert die finanzielle Inklusion, weil Intermediäre (insbesondere Banken) nicht mehr alleine über den Zugang zum Finanzsektor entscheiden. Dies ist ein wichtiger Aspekt in einem Land, in dem 70 % der Bevölkerung kein Bankkonto hat. Jedem zu ermöglichen, einfach am digitalen Finanzsystem teilzunehmen, kann erhebliche positive wirtschaftliche Auswirkungen haben, einschließlich der Möglichkeit, kostenlos Bruchteile von Bitcoin in die Diaspora zu verschicken und Zahlungen in der digitalen Welt zu senden und zu empfangen. Das ermöglicht beispielsweise die Verwendung oder sogar die Erstellung von Applikationen auf Smartphones.
- Durch die Einführung einer im Wesentlichen globalen Währung wird El Salvador attraktiver für internationale Investoren, die die Wahl zwischen zwei Währungen haben, um mit der salvadorianischen Wirtschaft zu interagieren, weil sie wissen, dass mehrere Länder den US-Dollar lieber meiden.
- Der Kryptowährungs- und Blockchain-Sektor dürfte von dieser Einführung von Bitcoin in El Salvador besonders angezogen werden, wodurch Unternehmen und Menschen mit hohem Einkommen angezogen werden könnten.

3.5.2 Contras

- Im Vergleich zu Fiat-Währungen ist Bitcoin noch sehr volatil und daher kaum für den alltäglichen Zahlungsverkehr geeignet.
- Bitcoin ist deflationär (im Laufe der Zeit werden immer weniger Einheiten geschaffen) und daher möglicherweise ungünstig für eine schuldenbasierte Wirtschaft: Es könnte in Bitcoins immer teurer werden, was das langfristige Wirtschaftswachstum ersticken könnte.

- Skalierbarkeit ist ein Anliegen des Bitcoin-Systems. Ohne die Integration einer Second-Layer-Lösung ist Bitcoin als Währung für den täglichen Zahlungsverkehr undenkbar. Die Kosten und die Dauer von Transaktionen sind in der Tat für eine Volkswirtschaft nicht tragbar. Aber solange das Lightning-Netzwerk und die Chivo-Wallet funktionieren, treten diese Probleme nicht zutage.
- Dieses neue System diskriminiert Menschen, denen die digitale Technologie unangenehm ist, die sie nicht nutzen können oder die Schwierigkeiten haben, auf das Internet zuzugreifen.
- Die direkte Integration von Bitcoin in bestehende Finanzinfrastrukturen ist in der Praxis schwierig und kostenintensiv, da zuvor neue Schnittstellen benötigt werden. Problematisch für die Finanzbranche ist zudem die Tatsache, dass Bitcoin-Transaktionen unwiderruflich sind.
- Das Argument für die Unabhängigkeit des Staats kann auch zum Nachteil werden, wenn der Staat in Notsituationen wie während der Corona-Pandemie dem System nicht schnell überschüssige Liquidität zur Verfügung stellen kann, damit es nicht zusammenbricht, was alle Länder während der Covid-19-Krise erlebt haben.

4. Der chinesische digitale Yuan

China hat im Bereich des Zahlungsverkehrs eine beachtliche Vorreiterrolle übernommen und mit seiner Staatswährung Yuan den Schritt in Richtung digitaler Währungen vollzogen, nachdem es zuvor darauf geachtet hatte, diese aus dem Weg zu räumen, d. h. Kryptowährungen in jeglicher Form aus seinem Territorium zu entfernen. Eine solche Umstellung in einem derart großen Land, in dem die Verwendung von Bargeld noch so weit verbreitet ist, ist nicht selbstverständlich, und es ist interessant, einen Blick auf den Nutzen zu werfen, den die chinesische Regierung aus ihrem digitalen Yuan ziehen will.

4.1 Fazit

Die Anfänge der Digitalisierung der chinesischen Währung, des Yuan, datieren aus dem Jahr 2014. China hat das Projekt namens DCEP, für Digital Currency Electronic Payment, deutlich beschleunigt, als Facebook im Juni 2019 den Start seiner Kryptowährung Libra ankündigte. China sah Libra als erhebliche Bedrohung der Währungssouveränität aller Nationen und des internationalen Währungssystems an. Mehrere chinesische Geschäftsbanken, Behörden und Telekommunikationsunternehmen haben sich an der Entwicklung des digitalen Yuan beteiligt. Erstere beschafften sich aus ihren Reserven digitale Yuan gegen Fiat-Yuan, letztere entwickelten SIM-Karten mit integrierter Wallet, um Smartphones das Lagern, Ausgeben und Empfangen des neuen Yuan zu ermöglichen. Eines der ersten Ziele der Zentralbank, die hinter dem Projekt steht, ist die Schaffung der digitalen Version von physischem Geld, die China zwischen 2026 und 2028 vollständig erreichen dürfte.

Wie bei Bargeld oder Bitcoin benötigen Benutzer des neuen Yuan kein Bankkonto, um auf das System zuzugreifen, sondern ein Smartphone, das mit einer Wallet ausgestattet und mit dem Internet verbunden ist, oder eine physische Wallet mit biometrischer Erkennung. Jeder digitale Yuan kann in Banknoten umgetauscht werden und umgekehrt. Mittlerweile gibt es in ganz China sogar Automaten, die diese Operation durchführen. Das DCEP ist jedoch ein zentralisiertes und intransparentes System, sodass der digitale Yuan als vollständig digitale Fiat-Währung betrachtet werden kann. Wie sein physisches Äquivalent ist der digitale Yuan natürlich ein legales Zahlungsmittel in China, das alle Wirtschaftsakteure akzeptieren müssen, sofern sie über die entsprechende technische Infrastruktur verfügen, die bis zum Ende des Jahrzehnts obligatorisch sein wird.

4.2 Das Verbot von Kryptowährungen

Einst ein Mining-Eldorado für Kryptowährungen mit unschlagbar niedrigen Stromkosten und hervorragender IT-Infrastruktur, vollzog China zwischen Mitte 2020 und Mitte 2021 eine 180°-Wende, indem es Krypto-Miner zur Persona non grata und Kryptowährungstransaktionen für illegal erklärte. Das Gesetz trat im September 2021 in Kraft; der Anteil des Landes am Bitcoin-Mining sank damit von etwa drei Viertel auf null (offiziell), was für viele andere Länder, insbesondere die Vereinigten Staaten, Kanada und Kasachstan, ein Segen war. China will nur eine einzige digitale Währung auf seinem Boden: den Yuan. Da Bitcoin es auch jedem ermöglicht, Finanztransaktionen durchzuführen, ohne sich auszuweisen oder ein Bankkonto zu haben, stellte es für die chinesische Macht eine Bedrohung für die Etablierung ihres digitalen Yuan dar, auf den sie nach Belieben eingreifen und den sie verfolgen kann.

4.3 Die ersten Schritte des digitalen Yuan

China startete den Test seines digitalen Yuan unter realen Bedingungen im April 2020, mitten im Pandemiegeschehen, in vier Städten, mit einer begrenzten Zielgruppe (immerhin 1,2 Millionen Menschen) und auf kleine Einzelhandelstransaktionen beschränkt. So hat China beispielsweise 47.500 Menschen in Shenzhen den Gegenwert von 1,5 Millionen US-Dollar angeboten, um an dem Test teilzunehmen, und Ende 2020 und Anfang 2021 Verlosungen in Peking und Suzhou veranstaltet, um die Aufmerksamkeit der Bürger auf den neuen Yuan zu lenken und an Tausende Menschen zu verteilen. Ziel war es, das ordnungsgemäße Funktionieren und die Sicherheit des Systems zu überprüfen und die erste Million Benutzer zu rekrutieren. China hatte die Olympischen Winterspiele im Februar 2022 im Visier, wo es den digitalen Yuan als funktionale, rein digitale, offizielle Währung einführen wollte, die für alle zugänglich sein sollte.

Sechs Monate nach dem Start der Testphase unter realen Bedingungen gab der Gouverneur der chinesischen Zentralbank einige Zahlen bekannt: 1,1 Milliarden Yuan (1 € = 7 Yuan im März 2022) wurden in sechs Monaten durch 3,1 Millionen Transaktionen ausgegeben, 113.300 Einzelpersonen und 8.859 Unterneh-

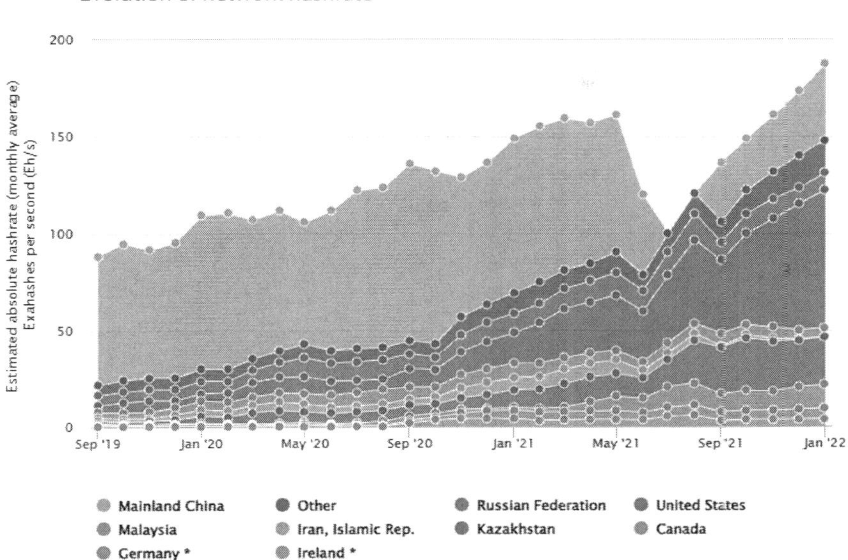

Abbildung 25: Entwicklung der Rechenleistung im Bitcoin-Mining pro Land: China kehrt zurück

Quelle: Cambridge Center for Alternative Finance, abgerufen am 1. August 2022, siehe *https://ccaf.io/cbeci/mining_map*

men hatten bis Ende August eine Wallet erstellt (Quelle: BTC-Echo). Im April 2021 führte die chinesische Zentralbank zusätzlich noch ein System ein, mit dem sie den Preis des digitalen Yuan gegenüber anderen Währungen festlegen kann, damit die chinesische Regierung ihre Währung weiterhin als Instrument der Wirtschaftsführung einsetzen kann.

4.4 Chinas Ziele

Neben der Abschaffung der physischen Währung verfolgt China mit der Etablierung seines digitalen Yuan vier Hauptziele:

- das Entstehen der chinesischen Digitalisierung der Wirtschaft zu fördern,
- seine monetäre Souveränität zu etablieren, auch außerhalb seiner Grenzen und insbesondere gegen den damaligen Diem von Meta, demgegenüber China sehr misstrauisch ist,
- seine Abhängigkeit vom Dollar zu reduzieren, auch in Bezug auf seine Reserven,
- die finanziellen Bewegungen seiner Bevölkerung zu verfolgen.

4.5 Der Stand der Dinge Anfang 2022

Die e-CNY-Applikation ist jetzt als Pilotprojekt für iOS und Android verfügbar, mit einer Wallet, die es Benutzern ermöglicht, ihre digitalen Yuan zu lagern und bestimmte Transaktionen durchzuführen. Das Herunterladen der Applikation ist derzeit nur in wenigen Städten möglich: Shenzhen, Suzhou, Xiong'an, Chengdu, Shanghai, Hainan, Changsha, Xi'an, Qingdao, Dalian und in den Städten, in denen die Olympischen Winterspiele stattfanden. Auch Ausländern steht die Nutzung der neuen Applikation offen, insbesondere im Rahmen der Olympischen Spiele. US-Senatoren hatten sich gegen die Nutzung der e-CNY-App durch die Athleten ihres Landes ausgesprochen, um nicht vom chinesischen Staat getrackt zu werden. Namhafte ausländische Unternehmen wie McDonald's, Starbucks oder Sephora akzeptieren den neuen Yuan. Dies ergänzt perfekt das bereits in China bestehende Sozialkreditsystem, in dem Bürgern je nach Aktivität Punkte gutgeschrieben oder entzogen werden. Es handelt sich um ein datengesteuertes numerisches Bewertungssystem, das Bürger, Unternehmen und Organisationen einstuft und bewertet. Schlechtes Verhalten wird bestraft, gutes Verhalten belohnt. Jeder Bürger hat eine bestimmte Anzahl von Punkten. Das Verfolgen der Ausgaben von Einzelpersonen ist offensichtlich eine sehr effektive Methode, um zu erfahren, wer sie sind, was sie tun oder denken. Natürlich bestimmt die chinesische Regierung, was gutes oder schlechtes Verhalten ist.

Mit dem e-CNY steht der chinesischen Regierung nun ein weiteres Instrument zur Verfügung, um Sanktionen gegen widerspenstige Bürger durchzusetzen. Da der e-CNY auf WeChat, dem chinesischen WhatsApp, nutzbar ist, ist der Weg zur Nutzung und Überwachung von Massenfinanzströmen frei, und das chinesische Volk hat keine andere Wahl, als ihn zu nutzen. Ob sich der digitale Yuan außerhalb der Grenzen Chinas durchsetzen wird, oder sogar in Hongkong und Macau, die andere Währungen als den Yuan verwenden, bleibt abzuwarten. Der digitale Yuan ist ein wichtiges Instrument der monetären Souveränität sowie der Überwachung der Bevölkerung, was den Einfluss der Kommunistischen Partei Chinas auf die in fünf Jahren größte Volkswirtschaft der Welt weiter stärkt. Wie die Anhäufung von Gold durch die chinesische Zentralbank bleibt ihr Fortschritt den Augen der westlichen Medien relativ verborgen. Die allgemeine Verbreitung des digitalen Yuan in der chinesischen Bevölkerung ist auf jeden Fall eine echte Leistung und sollte die Zentralbanken von Südkorea, Japan, Großbritannien, Schweden, die Europäische Zentralbank und die amerikanische Bundesbank dazu bringen, die Entwicklung ihrer jeweiligen eigenen digitalen Zentralbankwährung zu beschleunigen.

5. Vergängliche Währungen

5.1 Coins prägen

Eine vergängliche Währung (Englisch: impermanent currency) ist ein Stablecoin, deren Einheiten zerstört oder in etwas anderes als Geld umgewandelt werden, nachdem sie ausgegeben wurden, sodass ihre Rolle als Informationsvektor hervorgehoben wird. Der Begriff Stablecoin bezeichnet hier eine digitale Währung, deren Wert auf etwas Bestimmtem basiert, wie einem Vermögenswert (USD, EUR, Gold usw.) oder etwas, das in der realen Welt passiert ist (CO_2 wurde emittiert oder gespart, ein Produkt hat eine Grenze gekreuzt, 1 kWh wurde erzeugt usw.). Sie könnten zum Beispiel einen Stablecoin erstellen, der an den Euro gekoppelt ist, und diesen Pennycoin nennen. Sein Wert wäre also 1 €, aber er würde Pennycoin heißen. Die von Ihnen erstellten Einheiten müssen durch gleichwertige Vermögenswerte gedeckt, die von dem System angegeben werden, mit dem Sie Ihren Stablecoin erstellen, z. B. Diem, und für die Dauer der Verwendung der neuen Währung gesperrt sein: Dies ist das Konzept der Sicherheit (Englisch: collateral). Um alle oder einen Teil dieser Vermögenswerte zurückzugewinnen, müssen Sie alle oder den entsprechenden Teil der erstellten Coins vernichten (Englisch: burn).

Die grundlegenden Informationen Ihrer Coins könnten die folgenden sein:

- Name: Pennycoin
- Referenzwährung: Euro
- Sicherheit: Fiat Euro
- Anzahl der Dezimalstellen: 2
- Beschreibung: Der Pennycoin ist für Bildungszwecke gemeint
- Erstellungsdatum: 4. September 2022
- Symbol: [Logo hochladen]
- Person oder Entität: Person
- Name der Person bzw. Entität: Enée Bussac
- Ort der Person bzw. Entität: Deutschland
- Anfangsmenge: 1.000 Einheiten

Um meine 1.000 Pennycoins zu erstellen, muss ich die Sicherheit, zum Beispiel 1.000 €, per SEPA oder über mein Wallet überweisen. Ein Smart Contract sperrt dann die Sicherheit, erstellt 1.000 Pennycoins und überweist sie an meine Wallet.

5.2 Geld wird zur neuen Data

Stellen wir uns nun einen Benutzer vor, der für eine Supermarktkette arbeitet und seine Buchhaltung optimieren möchte, indem er ein neues System an acht Verkaufsstellen in München testet. Diesen Filialen sind bereits Codenummern zugeordnet, die ihren Postleitzahlen entsprechen:

- Pasing: 81241
- Obermenzing: 81245
- Laim: 80687
- Blumenau: 80689
- Theresienhöhe: 80339

- Schwabing-West: 80797
- Deutsch: 80637
- Steinhausen: 81675

Der Benutzer erstellt nun 8 verschiedene vergängliche Währungen, die alle an den Euro gekoppelt sind:

- EDK81241
- EDK81245
- EDK80687
- EDK80689
- EDK80339
- EDK80797
- EDK80637
- EDK81675

Dieser Supermarktbesitzer bietet seinen Kunden die Möglichkeit, ihre Einkäufe über ihre Wallet und den digitalen Euro zu bezahlen. Der Smart Contract des Supermarkt-Bezahlsystems rechnet die Euros der Kunden automatisch in die jeweiligen Währungen der Verkaufsstellen um: Gibt eine Person beispielsweise 50 € in München Blumenau aus, rechnet der Smart Contract die 50 € in 50 EDK80689 um. Wenn eine Person 40 € in Laim ausgibt, werden die 40 € in 40 EDK80687 umgewandelt. Somit stellen Kunden die erforderlichen Sicherheiten für die Erstellung der vergänglichen Währungen, die automatisch erstellt werden, wenn die Kunden damit in den Testverkaufsstellen bezahlen. Am Ende jedes Tages überprüft der Supermarktbesitzer, ob die Überweisungen der verschiedenen Währungen korrekt aufgezeichnet wurden, vernichtet sie und holt die Sicherheiten (Euro) aus dem Smart Contract zurück, der die vergänglichen Währungen verwaltet.

Wenn er am Ende des Tages seine Buchhaltung führt, sieht er die folgenden Transaktionen, die in seinem Buchhaltungssystem registriert wurden:

- 21236,51 EDK81241
- 27623,53 EDK81245
- 13255,88 EDK80687
- 22337,98 EDK80689
- 14369,15 EDK80339
- 5996,30 EDK80797
- 23458,14 EDK80637
- 14582,05 EDK81675

Anhand der Beträge und der Bezeichnung der Währungen, die alle an den Euro gekoppelt sind (sie sind also Stablecoins), weiß dieser Benutzer genau, von welcher Verkaufsstelle seine Geldzuflüsse stammen, was seine Buchhaltung erheblich vereinfacht.

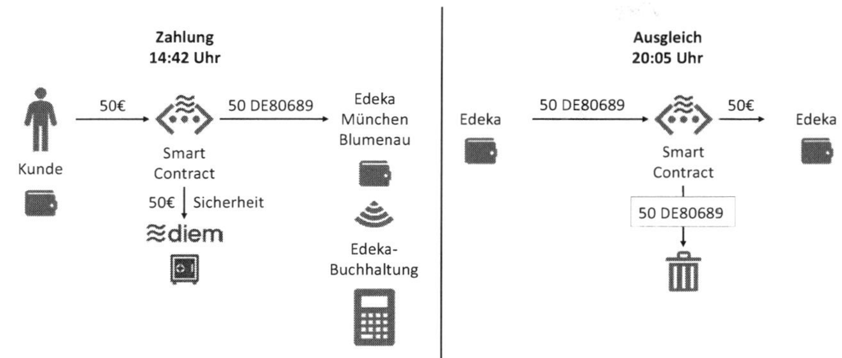

Abbildung 26: Vergängliche Währungen könnten von Unternehmen und Behörden als sehr effektive Informationsvektoren verwendet werden, die regelmäßige Zahlungsströme erhalten bzw. auszahlen, wie hier von einem Einzelhändler.

Quelle: Darstellung des Autors; Edeka bietet oder verwendet ein solches System derzeit nicht

In der obigen Grafik zahlt der Kunde um 14:42 Uhr 50 € an der Verkaufsstelle in Blumenau. Der Smart Contract, der die vergänglichen Währungen verwaltet, lagert die 50 € des Kunden (in digitalen Euro), erstellt 50 EDK80689 und überträgt sie in die Wallet des Supermarkts. Er registriert diese Überweisung in seine Buchhaltung in EDK80689. Dem Kunden sind diese Vorgänge nicht bekannt. Er weiß nur, dass er 50 € ausgegeben hat.

Um 20:06 Uhr ist der Supermarkt geschlossen und der letzte Kunde hat seine Einkäufe bezahlt. Alle Überweisungen des Tages in EDK80689 wurden gebucht. Es ist an der Zeit, die entsprechenden digitalen Euro einzusammeln: Der Supermarkt überweist alle EDK80689 zurück an den Smart Contract, der sie vernichtet und den entsprechenden Betrag in digitalen Euro an das Wallet des Supermarkts zurückgibt. Die EDK80689 haben ihre Rolle als vergängliche Währung gespielt, ohne Auswirkungen auf den Kunden, aber zum Vorteil des Supermarkts, der seine Buchhaltung viel effizienter als im aktuellen System und ohne zusätzliche Kosten erledigen kann.

6. Der SOV der Marshallinseln

Die Marshallinseln sind Ihnen vielleicht unbekannt, der SOV noch mehr, aber wer hätte gedacht, dass die Geldpolitik 2.0, ein bahnbrechendes Konzept, auf einem kleinen Archipel im Pazifik geboren würde? Diesmal ist es keine Gruppe junger Entwickler, die die Art und Weise infrage stellt, wie eine staatliche Währung ausgegeben wird, sondern tatsächlich ein Staat, der dabei von einer Organisation unterstützt wird, die eine Kryptowährung herausgibt. Durch das SOV der Marshallinseln wird gezeigt, wie die von der Kryptosphäre seit Jahren vorgebrachten und entwickelten Prinzipien der Transparenz und der Macht des Computercodes in einem zentralisierten und sogar staatlichen Rahmen verwendet werden können.

6.1 Neue Herausforderungen, neue Währung

Der SOV der Marshallinseln ist eines der wenigen CBDC-Projekte, das sich derzeit in einer fortgeschrittenen Vorbereitungsphase befindet, und stellt ein gutes Beispiel für eine Allianz zwischen der zentralisierten Welt und der dezentralisierten Welt dar. Die Marshallinseln sind ein Archipel aus ca. tausend Inseln im Pazifik, der sich östlich von Indonesien befindet, bis Mitte der 1980er-Jahre unter der Treuhänderschaft der Vereinigten Staaten stand und 1990 offiziell seine Unabhängigkeit erlangte. Das Land hat etwas mehr als 50.000 Einwohner auf 181 km^2: Es ist sehr klein. Die Marshallinseln verwenden wie El Salvador den US-Dollar als gesetzliches Zahlungsmittel, da sie keine eigene Währung haben. Wie im Fall von El Salvador wurde das SOV teilweise eingeführt, um Ineffizienzen und hohe Gebühren im Zahlungssystem des Landes zu beheben und es jedem zu ermöglichen, Zahlungen auszuführen und zu empfangen, ohne ein Bankkonto einrichten zu müssen. 20 % des BIP der Marshallinseln bestehen aus Entwicklungshilfe der Vereinigten Staaten, die diese 2023 einstellen werden. Der SOV wurde daher auch geschaffen, um diesen Zweck der amerikanischen Hilfe zu erfüllen und allgemein weniger abhängig von der US-Wirtschaft und deren Währung zu sein.

6.2 Geldpolitik 2.0

Der SOV basiert auf einer erlaubnisbasierten (auf Englisch: „permissioned") Blockchain, die von Algorand erstellt wurde und anfänglich zwanzig von der Regierung ausgewählte Validatoren (Prüfer) umfasst; diese Zahl wird voraussichtlich steigen. Von den 24 Millionen SOVs, die zu Beginn geschaffen werden, hat der Staat 12 reserviert, die er im Laufe der Zeit verkaufen wird. 9,6 von diesen 12 werden gekauft werden können und 2,4 werden dem „Marshall Islands Green Climate Fund" zur Verfügung gestellt, der dazu dienen soll, die Gefahren des Klimawandels einzudämmen. Das kleine Land ist in der Tat sehr besorgt, da es im Durchschnitt zwei Meter über dem Meeresspiegel liegt und häufig Überschwemmungen, Taifunen und Dürren ausgesetzt ist. Die große Innovation des SOV ist – und sie wird vielleicht zur Norm werden –, dass die Geldpolitik des Landes aus dem Blockchain-Protokoll des SOV besteht. Die Geldmenge des SOV soll jedes Jahr um 4 % wachsen. Diese 4 % werden den Inhabern des SOV zugeteilt, der daher auf die Ausgabe von Zinsen programmiert ist. Die Geldpolitik wird somit transparent und berechenbar: Der Staat kann die Währung nicht willkürlich ab- oder aufwerten und sie daher nicht als Instrument der Wirtschaftsführung einsetzen, wie es viele Staaten heute noch tun. Da die Marshallinseln jährlich nicht mehr oder weniger SOV als diese 4 % emittieren können, wird der Wert des SOV zwangsläufig je nach Angebot und Nachfrage variieren. Wenn für die Wirtschaft der Marshallinseln im Verhältnis zu ihrem Bedarf zu viele SOVs im Umlauf sind, wird sein Wert sinken. Wenn diese neue Form einer transparenten, digitalen und volumenstabilen Währung im Gegenteil Einzelpersonen und Unternehmen anspricht, die mehr davon verwenden möchten, wird sein Wert vermutlich steigen. Der SOV zeigt, dass CBDC-

Emittenten sich vielleicht zwischen dem Paar „stabiler Preis und variable Menge“ oder dem Paar „feste Menge und variabler Preis“ entscheiden müssen werden. Aus dem Protokoll einer digitalen Währung, das allen offensteht und unveränderlich ist, die Geldpolitik eines Landes zu machen, ist die wahre Revolution, die durch den SOV der Marshallinseln eingeführt wird, selbst wenn es zurzeit noch nicht klar ist, ob der SOV das Licht der Welt erblicken wird.

Abbildung 27: Das SOV-Symbol der Marshallinseln

Quelle: SOV Foundation

Wir können also feststellen, dass die zentralisierte Welt sich Ideen, Technologien, Konzepte und Vorschläge aus diesem Labor der Zukunft, die Kryptowährungen sind, weitgehend angeeignet hat, und dass diese immer ernster genommen werden, bis zu dem Punkt, an dem Staaten Bitcoin als gesetzliches Zahlungsmittel annehmen oder ihre offizielle digitale Währung (CBDC) auf einer Blockchain entwickeln, oder sogar so weit, dass Instagram seinen Nutzern anbietet, NFTs zu erstellen. Die Siegermodelle dieser Wirtschaft, die im vollen Aufkommen begriffen ist, werden eine clevere Mischung aus Zentralisierung und Dezentralisierung sein, wobei hinter dieser Schlüsselidee steckt, dass die Benutzer dieser neuartigen staatlichen, privaten bzw. dezentralisierten Systeme digitale Vermögenswerte besitzen, die nicht nur reines Geld sein können und die sie in den Modellen einsetzen, die ihnen gefallen, von der dezentralen Finanz bis hin zu Metaversen über DAOs. Transparenz und Dezentralisierung, wenn sie sinnvoll und in den richtigen Proportionen eingesetzt werden, werden die Hauptbestandteile des großen Fortschritts von morgen sowohl im monetären als auch in anderen Bereichen sein.

V. Das Aufkommen der Digitalisierung der Wirtschaft

1. Digitale Identität: eine wesentliche Voraussetzung

Wie im Metaversum ist die wesentliche Voraussetzung der Digitalisierung der Wirtschaft die Zuteilung einer Identität an jeden Teilnehmer. Es ist notwendig, die Teilnehmer dieser dematerialisierten, sogar dezentralisierten Welt zu identifizieren, um den Zugriff auf möglicherweise sensible Daten und Finanzströme zu ermöglichen und zu verwalten.

1.1 Die digitale Identität natürlicher Personen

Die Digitalisierung der Wirtschaft ist insbesondere durch das digitale Eigentum gekennzeichnet, was sich auf Vermögenswerte, aber auch auf die Identität der Teilnehmer bezieht. In dieser aufkommenden, neuartigen Wirtschaft verwalten die Teilnehmer ihre Identität und können sie in verschiedenen Registern, in denen Interaktionen stattfinden, monetarisieren. Die Identität ist das, was eine Person auszeichnet, was es ermöglicht, sie von anderen zu unterscheiden.

Wir können die Identitätsattribute nach den folgenden Bereichen gruppieren:

- Familienstand: Name, Vorname, Nationalität, Geburtsdatum, Postanschrift usw.
- Gesundheit: Gewicht, Größe, Impfungen, chronische Krankheiten, Allergien, Behinderung, Phänotyp, Genotyp, Vorgeschichte von Operationen, Vorgeschichte von Arztbesuchen, Zahngesundheit usw.
- Vermögen: Familienvermögen, Einkommen, persönliches Vermögen, etwaige Schulden ...
- Bildung: Zeugnisse, Fachbereich, Aussteller des Zeugnisses, Vergabedatum, erzielte Noten usw.
- beruflich: Berufserfahrung, Kompetenzen, Stellen, Gehälter usw.
- Recht: Streitigkeiten, eingeleitete Verfahren, strafrechtliche Verurteilungen usw.
- Umwelt: CO_2-Fußabdruck.

All diese Daten werden heutzutage in verschiedenen Registern und Dokumenten gespeichert und verwaltet, von Personalausweisen über Zeugnisse bis hin zum Impfpass. Sie wurden zeitweise auf der Grundlage tatsächlicher Begebenheiten oder Leistungen von akkreditierten Personen oder Inhabern einer vom Staat verliehenen Autorität aufgezeichnet: Standesbeamte, medizinisches Personal, Notare, Universitätspräsidenten, Richter usw.

Die Identität ist letztendlich eine Reihe von persönlichen und oft sensiblen Informationen, die in einem zentralen oder dezentralen digitalen Register gespeichert werden können. Verschiedene akkreditierte Personen und Einrichtungen können berechtigt sein, entweder einen Teil dieses Registers einzusehen oder Daten hinzuzufügen. Wichtig ist, dass, außer im Fall einer rechtlichen

Sanktion, die einzige Person, die eine dritte Person oder Organisation ermächtigen oder nicht ermächtigen kann, ihre digitale Identität einzusehen oder Änderungen an ihr vorzunehmen, die betreffende Person ist. Ein Augenarzt kann somit die Daten im dedizierten Teil speichern, wenn er die Berechtigung hat. Ein solches System könnte von Geburt an aktiviert werden.

Grundsätzlich gibt es zwei Möglichkeiten, ein solches System einzurichten:

- Zentralisiert über ein Register, das von einer Behörde verwaltet wird, die diese Daten sammelt und gegebenenfalls überprüft. Jeder Bürger hätte über eine Anwendung Zugang zu diesem Register und die Möglichkeit, bestimmte Informationen zu ändern oder ändern zu lassen (insbesondere nach geltendem Recht).
- Dezentral über ein Register, auf dem sich die digitale Identität in Form einer NFT der betreffenden Person befindet, die anderen Personen das Recht zum Lesen oder Schreiben einräumen könnte, in bestimmten Fällen möglicherweise gegen eine Gebühr.

In beiden Fällen wird das digitale Register zu einer einzigen Quelle der Wahrheit, SSOT auf Englisch für Single Source of Truth, eine Rolle, die es im Kontext der Digitalisierung der Wirtschaft generell spielen soll.

1.2 Der Schutz personenbezogener Daten

Der Schutz der Privatsphäre von Menschen ist ein Thema, das in der digitalen Welt umso wichtiger ist, weil dort per se alles nachverfolgt werden kann, so dass es verständlich ist, dass viele Menschen zögern, digitale Währungen zu verwenden oder ihre Identität in digitalen Registern zu erfassen.

An dieser Stelle sollen jedoch drei Punkte erwähnt werden:

- Asymmetrische Kryptografie ist eine Verschlüsselungstechnik, die so leistungsfähig ist, dass sie von allen Banken, Passwort-Manager-Systemen und vielen weiteren Organisationen täglich verwendet wird, um die Sicherheit ihrer Systeme zu gewährleisten. Bitcoin ist seit seiner Entstehung zu einem großen Teil dank dieser Technik einwandfrei gelaufen.
- Wie oben erwähnt, ist die betreffende Person immer diejenige, die entscheidet, welche Person oder Organisation ihre Daten sehen oder ändern kann, unabhängig davon, ob deren Identität in einem zentralen oder dezentralen Register gelagert wird.
- Jede Person wird ebenfalls in der Lage sein, den Grad des Zugangs zu den Informationen im Register zu kontrollieren. Beispielsweise kann eine Person nachweisen, dass sie volljährig ist, ohne ihr Alter preiszugeben. Anstelle der direkten Gewichtsangabe kann auch der Body-Mass-Index, BMI, verwendet werden. Dasselbe für das Studienniveau, das angegeben werden kann, ohne etwas über die Details der Zeugnisse zu verraten usw.

Eine digitale Identität wird es ermöglichen, Abstimmungen und Referenden viel effizienter und sicherer zu organisieren, auch online, und eine Patientenakte in einem digitalen Register zu erstellen, das von allen Ärzten und Patienten verwendet werden kann und möglicherweise nicht durch eine privatrechtliche Organisation wie Doctolib oder Apple verwaltet wird, sondern entweder durch ein dezentrales System oder eine Behörde. In Deutschland arbeitet die Gematik fleißig an dem Thema. Welches System auch immer eingerichtet wird, es wird zweifellos Vor- und Nachteile aufweisen, aber es wird seinen Teilnehmern ermöglichen, auf reichhaltige, effiziente und komplexe Weise mit der Digitalisierung der Wirtschaft zu interagieren, da ihr digitaler Vertreter in der Lage sein wird, an einer ganzen Reihe digitaler Register und am Metaversum teilzunehmen, Zahlungen zu erhalten oder zu tätigen, mit anderen Personen über ihre digitale Identität zu interagieren usw. Krypto-Projekte wie IOTA und Civic bieten bereits Lösungen in der dezentralen Welt an, und das staatliche eID-System ist in Deutschland bereits gut etabliert.

1.3 Die digitale Identität von Organisationen

Wichtig wird auch sein, juristische Personen, also öffentliche oder private Organisationen, mit einer digitalen Identität auszustatten, damit Verwaltungen, Vereine, Unternehmen, Verkaufsstellen, Fabriken, Kommunen, Kraftwerke usw. interagieren können, indem sie Waren, Dienstleistungen, Informationen verkaufen oder kaufen, Steuern erheben usw. Beispielsweise könnte ein Krankenhaus jeden seiner Operationssäle mit einem digitalen Register ausstatten, indem die Maschinen, das medizinische Personal, die Krankenkasse, der Patient usw. während der Operation mit Finanzströmen und Informationsaustausch in Echtzeit über ihre jeweiligen Wallets und digitale Identitäten interagieren würden. Der Arzt könnte den relevanten Teil der Patientenakte aus der digitalen Identität des Patienten einsehen (mit dessen Einwilligung) und würde Geräte verwenden, die in Echtzeit vom Krankenhaus bezahlt würden, das das digitale Register verwaltet und diesen Teilnehmern zur Verfügung stellt. Ein anderes Beispiel: Für eine Stadt könnte ein digitales Register ihrer Straßen erstellt werden, damit Fahrzeuge, Ampeln, Straßenlaternen, Parkuhren und die Stadt selbst interagieren können, um Informationen, Strom oder Rechenkapazitäten auszutauschen oder um Energie oder Parkplätze zu bezahlen.

In diesen beiden Fällen gilt: Es wird nicht mehr notwendig sein, nach Informationen aus verschiedenen Quellen zu suchen, die mehr oder weniger aktualisiert sind, x Tage, Wochen oder Monate auf die entsprechenden Zahlungen zu warten, oder viele Systeme mit unterschiedlichen Betriebsmodi zu koordinieren. Eine Leistung findet statt, Überweisungen in digitalen Währungen werden umgehend ausgelöst, alles läuft in Echtzeit auf demselben digitalen Register zwischen eindeutig identifizierten Teilnehmern unterschiedlicher Art ab, Maschinen führen bestimmte Aufgaben und bestimmte Zahlungen selbstständig aus, und die Historie des digitalen Registers hat Gesetzeskraft im Falle einer a-posteriori-Kontrolle (daher SSOT).

1.4 Die digitale Identität von Maschinen

Maschinen stellen die dritte Kategorie wesentlicher Teilnehmer der Digitalisierung der Wirtschaft dar. Wenn wir intelligente, autonome Maschinen haben wollen, die Zahlungen, Informationen und Leistungen austauschen können, müssen wir ihnen zunächst eine Identität geben, um ein Tor zur realen Welt zu schaffen. Hier geht es selbstverständlich um Fahrzeuge, aber auch alle Geräte, die bereits mit dem Internet verbunden sind, Haushaltsgeräte, medizinische Geräte, Leuchten, Küchengeräte usw. Wir hören oft vom Kühlschrank, der seine eigenen Einkäufe bestellt und sie von einem Fahrzeug oder einer Drohne liefern lässt, für die er bezahlt: Dies ist ein aussagekräftiges Beispiel, aber es gibt viele andere. Ein zuverlässiger Standard für die digitale Identität von Maschinen muss unbedingt entwickelt und verallgemeinert werden, damit sie sich mit den Registern der Digitalisierung der Wirtschaft verbinden und mit anderen Teilnehmern in Echtzeit interagieren können. CodeNekt, beispielsweise, ist ein französisches Unternehmen, das mit Fahrzeugen verbundene NFTs erstellt, in denen ihre gesamte Geschichte ab dem ersten Kilometer aufgezeichnet wird.

1.5 Die digitale Identität von Produkten

Wenn wir uns zu einer nachhaltigeren, transparenteren, faireren und effizienteren Wirtschaft entwickeln wollen, ist es unerlässlich, jedem Produkt/Lebensmittel eine digitale Identität zuzuweisen. Für jedes Produkt kann eine standardisierte Liste von Attributen entwickelt werden, zum Beispiel: Kategorie, Unterkategorie, Hersteller, Marke, Masse/Volumen, Einheit der Masse/des Volumens, Verkaufspreis, Zutaten/Inhaltsstoffe, Herkunft, ökologischer Fußabdruck, Verkaufsbeschränkungen usw. Die in der digitalen Identität eines Produkts enthaltenen Informationen werden zuverlässig sein, solange sie in einem gut konzipierten und verwalteten digitalen Register aufgezeichnet sind, sodass jeder sie vor oder nach dem Erwerb des Objekts einsehen kann. Denken wir nur an die Zutatenlisten und andere nützliche Informationen, die auf den Verpackungen von Konsumgütern erscheinen, die wir im Supermarkt finden. Alle werden irgendwann auf einem digitalen Register gespeichert werden und abrufbar sein. Ein Minderjähriger könnte beispielsweise keine Zigaretten kaufen, weil eine Verkaufsbeschränkung im digitalen Identifikationsblatt der Zigarettenpackung kodiert wäre, das Bezahlsystem bei jedem Kauf fragen würde: „Wer kauft was?", und feststellen würde, dass der Inhaber der Wallet, der das Produkt bezahlen möchte, minderjährig ist. Das System würde diese Transaktion dann ablehnen. Diese automatische und systematische Weitergabe von Informationen durch die Zahlungssysteme der Digitalisierung der Wirtschaft könnte sich auch auf den Preis im Allgemeinen oder sogar auf den Preis je nach Person auswirken, die das Produkt kauft.

Die Identitäten von Personen, Organisationen, Maschinen und Objekten werden über Smart Contracts auf digitalen Registern miteinander interagieren: Mit Person oder Organisation werden viele Maschinen digital verbunden. Wichtig in diesem Bereich ist, zunächst digitale Identitätsstandards zu entwickeln, die einen rechtlichen Rahmen haben, miteinander kompatibel und mit digitalen Registern verbindbar sind, auf denen viele Interaktionen stattfinden können, die Auswirkungen haben oder Ereignisse in der realen Welt darstellen. NFTs eignen sich besonders gut für diese Anwendung: So können wir uns zum Beispiel sehr gut vorstellen, die Historie eines ganz bestimmten Fahrzeugs von der Herstellung bis zur Wartung inklusive Kennzeichen und eventuellen Unfällen in digitaler Form in einem mit diesem Fahrzeug verknüpften NFT aufzuzeichnen, so wie CodeNekt es bereits in Frankreich tut. Alfa Romeo hat kürzlich angekündigt, den Käufern ihrer Autos systematisch eine NFT zur Verfügung zu stellen. Sobald wir es mit einer einmaligen Entität zu tun haben oder einer Entität, der wir etwas Einzigartiges zuordnen können, wie z. B. eine Seriennummer, können wir erwägen, dieser Entität eine NFT zuzuweisen. Das Eigentum dieser NFT entspricht dem Eigentum dieser Einheit. Da jede Person einzigartig ist, kann das Konzept durchaus auf unsere Identität angewendet werden: Die Identität einer Person kann als Ganzes in einer NFT enthalten sein, die das Eigentum dieser Person sein wird und die diese Person über ihre Wallet verwalten wird. Die Zukunftsaussichten der NFT sehen ausgesprochen gut aus.

1.6 Das neue Eldorado für Hacker?

Es wird manchmal behauptet, dass die Blockchain nicht manipuliert werden kann und dass sie einen sehr sicheren Weg darstellt, sensible Informationen zu verwalten. Der Übergang zu einer Digitalisierung der Wirtschaft bietet Hackern jedoch eine ganze Reihe neuer Möglichkeiten. Sich als Maschinen auszugeben oder die Kontrolle über Netzwerke zu übernehmen, könnte zum neuen Eldorado für Hacker werden. Durch Imitieren ist es möglich, Zahlungen oder Informationen zu erhalten, die für eine andere Maschine/Organisation/Person bestimmt sind, während man sich durch eine Übernahme der Kontrolle von Netzwerken Gegenstände der realen Welt aneignen und beispielsweise jemanden erpressen kann. Man könnte sich vorstellen, dass ein Hacker die Kontrolle über eine Maschine übernimmt, die einer Operation unterzogen wird, und Lösegeld fordert, um sie „zu befreien", oder die Kontrolle über das System übernimmt, das Ihre Türen und Fenster verwaltet, und Sie nicht in Ihr Hause lässt, bis Sie ihm einen bestimmten Betrag überweisen. Da die neuen digitalen Register miteinander verbunden sein und direkte Auswirkungen auf die reale Welt haben werden, könnte ein Hacking schwerwiegende Folgen haben. Die Einrichtung eines sicheren, gemeinsamen und rechtlich anerkannten Protokolls für die Ausstellung digitaler Identitäten ist daher von grundlegender Bedeutung für die Entwicklung digitaler Register, die die Grundlage der Digitalisierung der Wirtschaft bilden werden.

1.7 Die grundlegende Rolle der Wallet

Zur Erinnerung: Die Wallet, oder digitales Portemonnaie, ermöglicht es, in einem digitalen Netzwerk mittels asymmetrischer Kryptografie zwei wesentliche und teilweise gleichzeitige Operationen durchzuführen: sich identifizieren und zahlen. Jede Internet-of-Things-Maschine, jede Organisation, jede Person, die an der Digitalisierung der Wirtschaft teilnimmt, wird mit einer Wallet ausgestattet, mit der sie sich identifizieren und bezahlen kann. Daher ist die Wallet wahrscheinlich das wichtigste Element der Digitalisierung der Wirtschaft und daher Objekt der Begierde. Die Wallet wird voraussichtlich bei Fahrzeugen und bereits mit dem Internet verbundenen Gegenständen wie Smartphones, Computern und anderen Tablets ihren Anfang finden.

„Maschinen haben daher das Potenzial, zu eigenständigen Wirtschaftsakteuren zu werden, die als ‚Profitcenter' qualifiziert werden. In diesem Szenario sind die Automaten mit eigenen digitalen Wallets ausgestattet, die es ihnen ermöglichen, Geld zu senden und zu empfangen." (Quelle: *https://medium.com/@philippsandner/announcement-dlt-in-the-industry-use-cases-for-production-c38dad57b1ab*, Stand: 18. Juli 2020)

Zentralisierte Kryptowährungsbörsen haben daher in dieser neuen Wirtschaft einen Vorteil, da sie beträchtliche Erfahrung in der Bereitstellung und Verwaltung aktiver Wallets in so vielen Protokollen wie Kryptowährungen gesammelt haben, die sie ihren Kunden anbieten. Selbst Handelsplattformen mit wenigen Währungen wie Kraken oder Coinbase bieten mindestens vierzig verschiedene Kryptowährungen an. Ein Fahrzeug, ein Smartphone, Solarpanele, eine Waschmaschine usw. werden alle mit einer Wallet ausgestattet werden, damit sie verschiedene Dienstleistungen selbstständig bezahlen oder Zahlungen erhalten können, die letztendlich in die Tasche ihres Eigentümers fließen. Eines der ersten Dinge, die Sie beim Kauf eines Smartphones bzw. eines Computers tun werden, wird sein, es mit Ihrer digitalen Identität und Ihrer Wallet zu verbinden. Sie werden alle mit einer mit Ihnen verknüpften Wallet ausgestattet, die ihre Identität und ihre Zahlungen unter Ihrer Kontrolle verwaltet.

Nehmen wir das fiktive Beispiel eines Flugtickets von Porto nach München. Stellen Sie sich vor, Sie kaufen es für 173,30 € und erhalten diese Bestätigungsnachricht der nächsten Generation: „Wir bestätigen den Eingang Ihrer Zahlung in Höhe von 173,30 €. Die folgenden Währungen wurden auf Ihre Wallet überwiesen und müssen während Ihres Fluges vom Abflughafen (Porto) zum Ankunftsflughafen (München) verwendet werden." Die Auflistung in der Bestätigungs-E-Mail könnte wie in Tabelle 5 aussehen.

Tabelle 5: Verteilung der Umsätze eines fiktiven Flugzeugtickets über mehrere dedizierten digitalen Währungen

Etappe	Ort	Betrag	Währung
Gepäckaufgabe	Porto	9,58	OPOCI
Sicherheitskontrolle	Porto	16,43	OPOSC
10 € Rabatt im Duty-free-Shop, Mindestbestellwert 70 €	Porto	10,00	OPODF
Nutzung des Shuttles	Porto	3,68	OPOUB
Boarding	Porto	6,45	OPOON
Imbiss an Bord	Im Flugzeug	9,46	TAPMEA

Etappe	Ort	Betrag	Währung
Zugang zum Flughafen	München	3,78	MUCAR
Gepäckausgabe	München	7,59	MUCBC

Quelle: Darstellung des Autors

Jeder Betrag würde an jeden Betreiber in einer bestimmten Währung überwiesen; jede Geldüberweisung würde gleichzeitig mit der Identifizierung des Passagiers erfolgen. Beispielsweise erhält die Firma, die die Sicherheitskontrolle am Flughafen Porto ausführt 16,43 OPOSC, eine vergängliche Währung, die das Sicherheitskontrollunternehmen am Ende des Tages in Euro umwandelt. Somit wird jedes Glied der Kette gleichzeitig mit der Identifizierung des Passagiers bezahlt, dessen öffentliche Adresse zuvor von der Fluggesellschaft übermittelt wurde. Schluss mit Rechnungen, Zahlungsfristen, aufwändiger Buchhaltung. Zahlung und Identifizierung finden in jeder Phase gleichzeitig statt, dank vergänglicher Währungen.

1.8 Interview mit Sebastian Becker, Vertriebsleiter von Riddle & Code

Riddle & Code wurde Ende 2016 in Wien gegründet, aber profitierte auch von der bereits in den Jahren davor geleisteten Pionierarbeit seines Gründers, Prof. Thomas Fürstner. Das Unternehmen startete mit dem Ziel, im Bereich des IoTs Maschinen, inklusive Fahrzeuge, mit Krypto-Chips auszustatten, mit denen sie sich auf einer Blockchain eindeutig identifizieren können. Entsprechend folgten die ersten Jahre auch dem Firmenmotto „The Blockchain Interface Company" – und Riddle & Code war einer der wenigen Akteure weltweit, die spezifische Blockchain-Hardware-Module selbst konzipiert haben und produzieren ließen. Nach Jahren der Zusammenarbeit mit führenden Industrie-Unternehmen und innovativen Mittelständlern hat sich auch das Firmenmotto gewandelt: „Onboarding Industrial Machines to web3" lautet es heute, und die Firma wird in den nächsten Monaten umfassende Wege vorstellen, wie die Industrie von der Neuplanung ihrer Prozesse und Backends in der Digitalisierung durch den Einsatz von Blockchain-Technologie nicht nur wieder Boden gutmachen kann, sondern eine neue Hoheit über digitale Geschäftsmodelle, digitale Risikobewertung, digitale Währungsnetzwerke und neue, vernetzte Lösungen erlangen und auch von Daten als Rohstoff nachhaltig profitieren kann. Riddle & Code hat zu diesem Zweck seine eigenen Hardware- und Softwaretools entwickelt. Die Firma bietet Ihren Kunden IT- und Datensicherheit, die sowohl auf physischen Komponenten als auch auf dem Einsatz von Blockchain-Technologie-Tools basiert, um das Aufkommen des Internets der Dinge zu fördern. Riddle & Code verknüpft dabei die Sicherheit der etablierten Smartcard-Technologie, deren über ein halbes Jahrhundert entwickelte Sicherheitsmaßnahmen in die Welt der Blockchain und des Internets der Dinge integriert und mit fälschungssicheren Identitäten für Maschinen und Objekt zu einem neuen ‚Trust Web' werden.

So soll es möglich werden, die massiven Anforderungen an die Industrie leistbar zu machen – die Palette reicht hier von den durch die EU geplanten Digitalen Product Passports über die Net Zero-Ziele vieler Industrien bis hin zu der Verantwortung, dass Unternehmen für den CO_2-Fußabruck ihrer Produkte insgesamt geradezustehen haben – also nicht nur während der Produktion, sondern auch über die gesamte Dauer der Nutzung – etwa eines Autos.

Dazu kommen noch die aktuellen Verwerfungen in den Supply Chains und die Unsicherheit über Rohstoff- und Energie-Sicherheit. Entsprechend war die Idee, im Gespräch über das Dienstleistungsangebot von Riddle & Code zu verstehen, was die Hauptbausteine einer nachhaltigen Digitalisierung der Wirtschaft sein könnten, an deren Entwicklung und Umsetzung das Unternehmen, aber auch seine Kunden und Partner aktiv teilnehmen. Denn Blockchain ist logischerweise ein Teamsport – Dezentralisierung lässt sich alleine kaum erreichen. Sebastian Becker hat in diesem Austausch interessante Einblicke über die Projekte von Riddle & Code mit uns geteilt.

Ihr seid gerade dabei, Autos mit Wallets im Rahmen des von euch vorgestellten Programms „Drive & Stake" auszustatten: Was wird es für Autofahrer, Hersteller und Städte bringen?

Drive & Stake ist kein spezifischer, fest definierter Service – sondern ein technisches Konzept und ein Vorschlag an die Industrie und die Autobesitzer, wie Fahrzeug- und Mobilitätsdaten in Zukunft ihren Wert für alle Beteiligten entfalten können. Es besteht aus drei Teilen: ein Hardware-Wallet im Fahrzeug, die Signierung der im Auto erzeugten Daten durch die Wallet, die also quasi die digitale Identität des Fahrzeugs kreiert und die Ablage der Datei auf einer Blockchain, sodass sie auch für Dritte zugänglich und vertrauenswürdig notarisiert sind. Denn zwei Sachen müssen wir ständig in der Automobilbranche beachten, sobald wir ein neues System bzw. Produkt einführen möchten: Safety (körperliche Sicherheit) und Security (IT-Sicherheit) – sodass sowohl für Hardware-Komponenten als auch für die Prozesse drumherum hohe Zertifizierungshürden bestehen. Aber das Potenzial der Car-Wallet ist so eine Anstrengung wert: Denn mit ihr könnte man automatisiert Regeln setzen und sie im Zusammenspiel mit dem Backend eines Dienste-Anbieters zur Anwendung bringen, wie zum Beispiel wer ein Auto öffnen und benutzen kann, wieviel ein Autofahrer durch seine Car-Wallet zahlen muss, um durch das Stadtzentrum fahren zu dürfen, welche Autotypen überhaupt im Stadtzentrum fahren bzw. parken dürfen (z. B. nur Lieferanten), wie hoch Schadstoffemissionen von Fahrzeugtypen sein dürfen oder welche Geschwindigkeit erlaubt ist bzw. wie die Motoreinstellungen gesetzt werden müssen usw. Durch eine Car-Wallet könnten außerdem bestimmte Verhaltensweisen monetarisiert werden, als Belohnung für gewisses Fahrverhalten etwa oder als Gebühr und Maut: Ich könnte also eine Belohnung erhalten, wenn ich mein Auto an einem bestimmten Tag nicht bewege, weil zum Beispiel die Luftqualität bereits schlecht ist oder weil die Straßen besonders verstopft sind, oder wenn sich mehr als eine Person im Auto befinden. Auch die flexible Anpassung von Regeln wäre so möglich, sodass zum Beispiel die City-

Maut je nach den Schadstoffemissionen festgelegt wird. Eine Car-Wallet könnte außerdem Informationen aus externen Quellen erhalten und Entscheidungen gemäß diesen treffen. Elektrofahrzeuge könnten Strom zum besten Zeitpunkt laden und diesen speichern und ein paar Stunden später zu einem höheren Preis wieder verkaufen, wenn es regionale Nachfrage gibt, etwa von einem energieintensiven Produktionsbetrieb. Mobilitätsdaten werden ja von Fahrzeugen kontinuierlich generiert, und diese gehören der Auffassung vieler Juristen nach im Prinzip dem Fahrzeugbesitzer – doch diese haben ja kaum eine Möglichkeit, sie auszulesen oder irgendwie kommerziell zu verwerten. Und genau diese ‚Ohnmacht' liegt ja dem Web 2.0 zugrunde – einige große Player aggregieren Daten, nachdem sie die technischen Lösungen dafür geschaffen haben und werden von enormen Summen von Wachstumskapital finanziert. Das sogenannte Web 3.0 will jetzt dafür sorgen, dass auch die Dateninhaber an diesen Verwertungen teilhaben können und diese durch dezentrale Systeme statt durch einzelne Anbieter erfolgt. Wir nützen hier sichere und kryptographisch geschützte Enklaven – hier laufen die Daten verschlüsselt ein, und nur wenn sie einen vorher zum Beispiel durch einen Service-Anbieter definierten Schwellenwert erreichen, werden die realen Werte nach Zustimmung aller Parteien (also Fahrzeughersteller, Fahrzeughalter und Dienste-Anbieter) freigegeben. Somit kann ein Car-Wallet die Herkunft der Daten beweisen, diese durch sichere Computing-Prozesse in neue Wertschöpfungskreisläufe eingespeist werden und dadurch auch bessere Lösungen für alle Verkehrsteilnehmer, Stadtplaner und Produkt-Entwickler erreicht werden und die Erlöse einer Monetarisierung gerecht verteilt werden. Ein solches Verfahren ist auch deshalb dringend nötig, weil heute jeder der Auto-Hersteller seine Daten anders verschlüsselt und fast niemand offenen Zugang zu Schnittstellen und Daten bietet. Dies kann eigentlich nicht im Interesse der Öffentlichkeit sein, wenn jedes Jahr nach wie vor Tausende sterben, viel Energie verschwendet und der Verkehr noch nicht effizient gesteuert wird. Aber natürlich spielt auch der Datenschutz hier eine wichtige Rolle, und auch Betriebsgeheimnisse müssen gewahrt werden können. Am Ende lassen sich aber über solche Verfahren alle zufrieden stellen, hoffen wir – und es ermöglicht endlich den Nutzern der entsprechenden Fahrzeuge, sich die von ihnen generierten Dateien anzueignen und damit auch wirtschaftlich davon zu profitieren.

Wie läuft eure Zusammenarbeit mit Wien Energie? Wie funktioniert die Tokenisierung der grünen Energie?

Riddle & Code Energie Solutions ist ein Joint Venture mit Wien Energie. Hier wie bei Drive & Stake stehen wir nicht in direktem Kontakt zu den Endkunden, sondern entwickeln die Plattform und stellen diese unserem Partner zur Verfügung. Für 250 Euro konnten die Wien-Energie-Endkunden beim Launch des Tokenisierungsprojekts ein „Sonnenpaket" – ein Genussrecht an einem Solarpanel – erwerben. Wien Energie hat dabei Genussrechte in Form von Tokens an einem bereits existierenden Solarparks, dem größten Österreichs, verkauft, sodass ihnen die Leistung der gesamten Anlage bekannt war. Entsprechend – und auch durch bestimmte Regelungen auf europäischer Ebene über den Wegfall von verkauftNetznutzungsentgelten bei regionalen Energie-Gemeinschaften, konnte ein jährlicher Zins über 2,1 % für die Endkunden garantiert werden. Sie bekommen Tokens in Form von kWh auf ihrer Handy-App gutgeschrieben, entsprechend der Produktion ihres Solarpanels. Diese kWh-Token können sie dann etwa zur Minderung ihrer Stromrechnung von der Wien Energie einsetzen. Wenn sie zum Beispiel für 124 kWh zahlen müssen und ihr Solarpanel hat 31 kWh produziert, müssen sie nur noch für 93 kWh (124–31) zahlen. Dadurch werden die erzeugten kWh zu einer Art Verrechnungseinheit – man kann durch sein ‚Invest' grüne Formen der Energieproduktion unterstützen und kauft sich gleichzeitig noch Energie-Sicherheit ein – dass man grüne Energie gutgeschrieben hat und diese auch unabhängig vom Strompreis verwenden kann. Der Token steht dabei eben nicht für eine monetäre Einheit, mit der aktiv spekuliert werden kann, sondern für die echte Utility von einer kWh. In Zukunft kann man die Tokens dann auch für andere Services in der Stadt Wien einsetzen, etwa für das Laden von Elektro-Autos, wo ja dann auch wieder Strom eingekauft werden müsste und das Guthaben zum Einsatz kommen kann. Aber auch Fahrten mit dem öffentlichen Nahverkehr oder andere städtische Dienstleistungen sind eine Option, mit denen sich das Projektteam bei der Wien Energie beschäftigt hat. Da der Token auch regulatorisch kein Financial Asset ist, sondern quasi ein Gutschein, kann er ähnlich wie die Bonusmeilen der Airlines nicht frei konvertiert, sondern nur gegen bestimmte Dienste einer begrenzten Zahl von Partnern eingetauscht werden.

Inwieweit stellt die Aufnahme von Dateien aus der realen Welt eine Herausforderung bzw. ein Hindernis zur Entwicklung von Blockchain-basierten Systemen?

Die grundlegende IT-Sicherheit der Blockchain beruht auf kryptographischen Verfahren und der sicheren Handhabung von Schlüsseln: Blockchain-Netzwerke sind an sich durch den Einsatz von Kryptographie sehr sicher – aber Sicherheitslücken entstehen, sobald sie mit externen Systemen verbunden werden oder menschliche Eingriffe – zum Beispiel bei der händischen Dateneingabe – erforderlich sind. Somit stellt die Aufnahme von Dateien aus der realen Welt ein Nadelöhr dar, da die Ablage von Daten in der sicheren Umgebung leider nichts über die Korrektheit und Herkunft dieser Daten aussagt. Um die weitere Adaption der Blockchain in der Industrie weiter mit anzuschieben, wo es ja zwangsläufig um Daten aus einer Vielzahl von Prozessen und Datenquellen geht, versuchen wir in unseren Projekten, menschliche Eingriffe zu minimieren. Im Finanzbereich bedeutet das, bei der Aufbewahrung von Kryptowährung durch eine Börse oder ein Finanzinstitut das Wechseln zwischen Cold und Hot Wallets überflüssig zu machen, das dann nötig wird, wenn man die Schlüssel offline verwaltet, dann aber doch Assets in einem Konto poolen muss, um es über das Internet auf Kundenwallets transferieren zu können (Hot Wallets sind mit dem Internet verbunden, Cold Wallets sind es nicht). Hier entsteht ein Sicherheitsrisiko, sobald Werte von außen zugänglich sind, während es im industriellen Bereich eher um die Zuverlässigkeit externer Daten geht: gab es Eingabefehler? Übermittelt mir ein Kunde oder Partner absichtlich frisierte Daten, um mehr abrechnen zu können? In allem, das wir tun, müssen wir entsprechend sowohl auf die IT-Prozess-Sicherheit als auch auf Compliance achten, und dies umso mehr, als die Regulierung um Krypto-Vermögenswerte in Europa immer klarer wird (siehe die kürzlich verabschiedeten MiCA-Regelungen) und höhere Anforderungen stellt und Krypto-Projekte und auch industrielle Blockchain-Anwendungen in der Regel mehrere Blockchain-Netzwerke involvieren, sodass also auch die Interoperabilität zwischen diesen Chains und auch mit den Legacy-IT-Systemen nachhaltig bewerkstelligt werden muss.

Was hältst du von der Programmierbarkeit des digitalen Geldes?

Egal, ob der Digital Euro von der EZB oder vom privaten Sektor kommen wird: Wir werden bald digitales Geld verwenden, das – je nachdem, wer es ausgibt, umfassender oder eingeschränkt programmierbar ist und dadurch neue umfangreiche Möglichkeiten bietet. Ich denke, der digitale Euro der EZB würde nur begrenzt programmierbar und dezentralisiert sein. Tokens von regulierten und zur Ausgabe berechtigten privaten Entitäten werden allerdings mehr Möglichkeiten anbieten, wie es im vorherigen Beispiel im Energiebereich beschrieben wurde. Wir denken also, dass Unternehmen und auch private oder institutionelle Anleger es mit mehreren Tokenklassen zu tun haben werden, die bestimmte Funktionen erfüllen und die aufbewahrt und verwaltet werden müssen. Hierfür bieten wir verschiedene Tools, und wir sehen uns auch gut aufgestellt, um zum Beispiel die Verknüpfung von Tokens mit ihrem CO_2-Fußabdruck oder die Berechnung von Energie-Einsatz und Energie-Herkunft für industrielle Prozesse herzustellen. Nicht umsonst haben wir einen unserer Schwerpunkte im Energie-Sektor, um hier Bottom-up verbriefte Daten liefern zu können. Denn wir müssen in Zukunft das Greenwashing bei Angaben von Unternehmen zu ihrer Energie-Bilanz vermeiden und ihnen auch helfen durch Automatisierung energie-effizienter zu werden und durch bessere Regeln und deren Umsetzung in der realen Welt nachhaltiger zu werden. Wenn dann durch programmierbares Geld und/oder Tokens noch weitere Anreize geschaffen werden können, um die Energiewende und den Einsatz besserer Verfahren in der Industrie zu beschleunigen, dann hilft das uns allen.

Digitale Identitäten: In welchem Bereich werden sie zuerst auftreten? Ist es ein Thema in eurer Partnerschaft mit eurer Beteiligung S1Seven in der Rohstoff- und Metall-Produktion?

Meiner Meinung nach werden digitale Identitäten – jenseits der Verwendung zum Nachweis von Personenidentitäten, wo wir nicht aktiv sind – zunächst für Maschinen und kostspielige Produkte wie zum Beispiel Batterien von Elektrofahrzeugen oder „cleveren Stromzählern" relevant werden, hauptsächlich aus zwei Gründen: weil die Regulierung dies immer mehr fordert und weil wir diese Identitäten sowieso brauchen, um komplexe Systeme und Interaktionen zwischen Maschinen auf Blockchains aufbauend modellieren zu können. Durch eine Wallet vergeben wir einem physikalischen Objekt sowohl eine digitale

Identität als auch die Fähigkeiten, autonom und dennoch regelkonform im gesteckten Rahmen (durch Smart Contracts!) zu interagieren. Unser Fokus liegt eher auf der eindeutigen Identifikation und Befähigung der Maschinen durch die Blockchain-Technologie und Hardware-Wallets als Vertrauensanker. Ich denke, dass wir in ein paar Jahren auch kleinere Produkte durch eingebaute Mini-Chips oder andere ID-Verfahren identifizieren werden, die eine echte Entropie zur Schlüsselgenerierung liefern können: In einem Projekt diskutieren wir etwa, wie sich Zahnbürsten, die aus einem einzigen, recyclingfähigen Kunststoff bestehen, zum Zweck der Optimierung des Lifecycle-Managements, von der Produktion bis hin zur Verwertung eindeutig identifiziert werden können. Somit ließe sich die Sortenreinheit im Recycling garantieren, und das kann man z. B. durch Zugabe von Tracer-Materialien in der Produktion erreichen.

Momentan geht es bei vielen Blockchain-Projekten um die Nachbildung oder den Übertrag der Realität auf digitale Register, mittels sogenannter „Digital Twins", oder neudeutsch auch NFTs genannt, die aber den regulatorischen Anforderungen der physikalischen Welt unterliegen. In unserer Partnerschaft mit S1Seven in der produzierenden und Rohstoff-Industrie organisieren wir den Austausch von Prüf-Zertifikaten, um etwa in der Stahl- oder Kunststoff-Produktion die bereits heute erforderlichen Nachweise über eine Blockchain abzubilden. Maschinen, die in der Produktion zum Einsatz kommen, werden mit einer Wallet ausgestattet und dadurch können dann spezifische Informationen zum Produktionsprozess, etwa Standort, Zeitstempel oder Art und Umfang der verbrauchten Energie belegt werden, sowie Metadaten für verschiedene Zertifikate ausgelesen werden und diese dann entlang der Produktionskette maschinenlesbar erzeugt und weitergereicht werden. Überall dort, wo also die Regulierung Druck macht, bietet es sich an, mit Hardware-Wallets und digitalen Identitäten Maschinen ‚aufzurüsten' und fit für die Daten-Ökonomie zu machen. Hier kann die Blockchain sinnvoll als effiziente Backendtechnologien arbeiten und in mehreren Dimensionen ihre Wirkung entfalten: in der Finanzindustrie, im Energiebereich wegen einer zunehmend dezentralisierten Produktion (erneuerbare Energien) und Risikoanfälligkeit sowie der Liberalisierung der Branche; in anderen stark automatisierten Industrien wie der Metall- oder der Automobilindustrie, da diese sonst ihre Selbstverpflichtungen zur CO_2-Neutralität in den kommenden Jahren und Jahrzehnten kaum einhalten werden können. Wir konzentrieren uns dabei auch auf die nicht-finanziellen Interaktionen der Maschinen sowie auf die Vergabe von digitalen Identitäten. Egal wie gut ein System technisch aufgestellt ist, es könnte durch menschliche Intervention betrogen werden, indem jemand zum Beispiel eine falsche Information in einer Lieferkette einträgt oder manipulierte Software zum Einsatz bringt. Deswegen versuchen wir, klare Audit Trails zu schaffen – für die eingesetzten Maschinen, für die transportierten oder verwendeten Objekte, aber auch für Code – und auch zu dokumentieren, welche befugten Personen für welche Entscheidungen auf Basis welcher Regeln grünes Licht gegeben haben. Durch unsere Systeme werden also am Ende Daten aus Maschinen erzeugt, die vertrauensvoll sind und ggf. in Vermögenswerte wie Zertifikate oder Token umgewandelt werden können.

Wir tragen damit zu den vier Bausteinen des Internet der Dinge bei: „Monitor, control, optimize, automate". Die Blockchain-Technologie wird daher umso effizienter arbeiten können, je weniger menschliches Eingreifen es im Einzelfall entlang der Wertschöpfungsketten gibt, in anderen Worten je weniger sie auf von Maschinen erzeugten Daten angewiesen ist. Dennoch bleibt die ganze Datenhaltung menschlicher Kontrolle unterworfen, die wir durch unsere Wallets und Technologien identifiziert haben und miteinander interagieren lassen: Denn über allem steht die Frage nach der Governance – nach den Regeln, die dieses Uhrwerk dann am Laufen hält. Hier liegt die Chance Europas, nachhaltig arbeitende Systeme zu designen, die in ihren Regeln demokratische Werte, Transparenz, Effizienz und, wo nötig auch Resilienz als Grundlage haben.

2. Das Internet der Dinge kommt

Das Internet der Dinge (IoT) ist eine der wichtigsten Erscheinungsformen im Rahmen der Entstehung der Digitalisierung der Wirtschaft. Gemeint sind Netzwerke aus Maschinen, Sensoren und ganzen Systemen (Kraftwerke, Raffinerien, Stahlwerke usw.), die über das Internet autonom miteinander kommunizieren und interagieren können. Diese Geräte müssen, wie wir gesehen haben, mit einer digitalen Identität ausgestattet sein und können so ohne menschliches Zutun Transaktionen und Prozesse durchführen und Informationen austauschen. Beispielsweise könnte eine Maschine benötigte Ersatzteile bestellen und bezahlen, weil sie „weiß", dass eine ihrer Komponenten ausgetauscht werden muss. Gleichzeitig teilt sie diese Informationen seinem Eigentümer mit, der ihm zuvor über das Programm, das es verwaltet, diesen Spielraum gegeben hat. Die Vernetzung von Maschinen ermöglicht auch die automatische Erstellung detaillierter Prozessanalysen, die beispielsweise zu Verbesserungsvorschlägen oder „Predictive Maintenance" führen, wobei eine Maschine selbstständig den Wartungsbedarf ermittelt.

Nach Schätzungen von IoT Analytics (2020) werden bis 2025 weltweit mehr als 27 Milliarden Geräte mit dem Internet verbunden sein.

Die zunehmende Automatisierung und Digitalisierung durch das Internet der Dinge wird insbesondere durch die kommende Automatisierungs- und Effizienzsteigerung vieler bereits bestehender Prozesse sowie die Entstehung ebenso vieler neuer Geschäftsmodelle zu erheblichen Veränderungen in der Wirtschaft führen. Unternehmen können ihre Effizienz steigern, wenn die Vernetzung von Produktionsmaschinen und bisher voneinander isolierten Lieferketten die Kommunikation entlang der Lieferkette (Supply Chain) ermöglicht. Die vollständige Automatisierung von Beschaffungsprozessen könnte Engpässe durch Materialknappheit beseitigen, da Maschinen kommunizieren können, eine effizientere Nutzung von Personal- und Energieressourcen ermöglichen und Kosten senken.

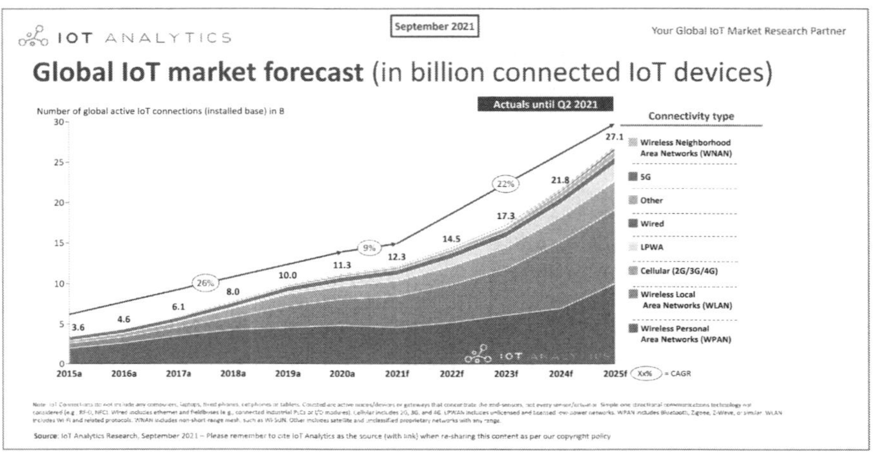

Abbildung 28: Die neue Digitalisierung der Wirtschaft wird auf drei wesentlichen Säulen basieren: Künstliche Intelligenz, das Internet der Dinge und die Blockchain

Quelle: *https://iot-analytics.com/wp/wp-content/uploads/2021/09/Global-IoT-market-forecast-in-billion-connected-iot-devices-min.png abgerufen am 12.* August 2022

3. Das neue Geld

Die Tatsache, dass digitale Währungen kein Metall, keine Tinte und kein Papier verbrauchen und nicht transportiert und physisch gesichert werden müssen, ist nur die Spitze des Eisbergs der Vorteile, die sie gegenüber Fiat-Währungen mit sich bringen. Digitale Währungen bringen Geld in eine neue Ära. Sie weisen drei wesentliche grundlegende Eigenschaften auf.

3.1 Digitale Währungen sind programmierbar

Als Entitäten eines Computersystems sind digitale Währungen per se programmierbar, und dies eröffnet ein Universum von Möglichkeiten, von denen die dezentrale Welt bereits einen guten Überblick gibt.

Eine digitale Währung kann so programmiert werden, dass sie:

- fungibel ist, d. h. Token sind wie bei Bitcoin streng gleichwertig zueinander, sodass mit ihnen Transaktionen durchgeführt werden können;
- nicht fungibel ist, d. h. ein Token stellt einen bestimmten Ort auf der Blockchain dar, der selbst etwas Bestimmtes enthält, zum Beispiel den Quellcode eines Bildes oder Videos, eine Eigentumsurkunde, eine künstlerische Arbeit, ein Zeugnis, ein Patent usw., das der Person gehört, die das daran angehängte Token besitzt; das ist das Prinzip von NFTs;
- seinem Eigentümer Rechte einräumt, zum Beispiel Mieten im Rahmen der Tokenisierung, Zinsen oder Dividenden zu bestimmten Zeiten;
- speziell in einem bestimmten System verwendet werden und als „Gutschein" dienen, der die Nutzung der Dienste dieses Systems ermöglicht: Auf Englisch ist die Rede von einem sogenannten Utility Token. ETH, die Währung des

Ethereum-Systems, ist ein Utility Token, da er die Nutzung der Ethereum Virtual Machine ermöglicht, die im Zentrum des Ethereum-Projekts steht. BAT ist ein weiteres Beispiel, da es von Werbetreibenden im Brave-Browser verwendet wird, um ihre Botschaften zu verbreiten und Benutzer für ihre Aufmerksamkeit zu belohnen.

Token können daher in vier Kategorien zusammengefasst werden:

- Zahlungs-Token: Token, die für Zahlungen verwendet werden
- NFT: nicht fungible Token
- Security-Token: Token, die einen Vermögenswert darstellen (Immobilien, Aktien usw.) und seinem Inhaber ein gesetzlich garantiertes Recht verleihen
- Utility-Token: „Gutschein"-Token, die in einem bestimmten System für einen bestimmten Zweck verwendet werden können

Diese Unterscheidung zwischen Token wird also dadurch ermöglicht, dass eine digitale Währung programmiert werden kann. Hier sind einige Beispiele unter Tausenden von möglichen Anwendungen:

- Ein von einer Geschäftsbank oder einem spezialisierten Unternehmen ausgegebener digitaler Euro kann so programmiert werden, dass er seinen Inhabern automatisch Zinsen zu einem bestimmten Satz und in einer bestimmten Häufigkeit ausgibt und so die Verwendung des von ihnen ausgegebenen digitalen Euro anstelle des von der EZB ausgegebenen Euro fördert.
- Ein digitaler Euro kann so gestaltet sein, dass er Rückerstattungsklauseln enthält, z. B. wenn Sie damit einen Flug gekauft haben und dieser storniert wird, oder wenn Sie für den Aufstieg auf die Spitze des Eiffelturms bezahlt haben, diese aber aufgrund von Wind nicht zugänglich ist (in diesen Beispielen werden Orakel unerlässlich, um die zutreffende Information dem Zahlungssystem mitzuteilen).
- Das Bildungsministerium kann eine Schulanfangsbeihilfe so programmieren, dass sie nur zum Kauf dessen verwendet werden kann, wofür sie bestimmt ist, und nicht für Flachbildschirme oder Flugtickets nach Teneriffa; dasselbe gilt für andere Arten von Sozialleistungen bzw. Zuschüssen.

3.2 Digitale Währungen ermöglichen schnelle und kostengünstige Mikrozahlungen

Es mag nicht nach viel klingen, aber Mikrozahlungen, also Zahlungen von Kleinstbeträgen, oft unter einem Cent, sind für die Digitalisierung der Wirtschaft absolut unerlässlich und lassen neue Geschäftsmodelle entstehen. Zunächst einmal muss klargestellt werden, dass ein Cent im Internet der Dinge, das Machine-to-Machine (M2M) Zahlungen ermöglicht, einen großen Betrag darstellt. Es gibt gute Gründe, warum die kleinste Einheit eines Bitcoins 10^{-8} BTC oder ein Satoshi ist und die der ETH ein Wei oder 10^{-18} ETH. Hier sind die drei wichtigsten.

3.2.1 Genauigkeit

Bei sehr kleinen Beträgen können Sie sehr genau sein und müssen nicht aufrunden oder eine Zahlung einfach nicht einziehen. Damit eine Währung als gute Rechnungseinheit und als Austauschmittel fungieren kann, muss diese teilbar sein. Die Tatsache, dass es unmöglich ist, unter einen Euro oder Dollar Cent hinauszugehen, sowie die Langsamkeit von Zahlungen über SEPA oder SWIFT sind bedeutende Hindernisse für das Aufkommen des Internets der Dinge.

3.2.2 Die Echtzeit als Standardeinstellung

Mikrozahlungen alle zehn Sekunden, jede Sekunde oder sogar kontinuierlich bzw. im Streaming sammeln zu können, ist eine Voraussetzung für das Aufkommen der Wirtschaft in Echtzeit, in der etwas passiert und sofort zu Zahlungen führt, auch von sehr kleinen Beträgen. Dies ist nicht rentabel und mit unseren derzeitigen Zahlungssystemen kaum möglich; aus diesem Grund verwenden wir immer noch Rechnungen, Prepaid-Angebote, Abonnements usw. und deswegen erfolgen Zahlungen oft lange vor oder lange nach Erbringung einer Dienstleistung. Wenn ich eine Dienstleistung anbiete und sie in Echtzeit bezahlt werden kann, dann muss ich nicht prüfen, ob der Verbraucher bezahlen kann, da er es jede Sekunde tut, ich muss nicht einmal wissen, wer es ist, ich brauche keine Rechnungen ausstellen, keine Abonnements verwalten usw. Dadurch erweitere ich die Basis potenzieller Nutzer meines Dienstes erheblich und spare Verwaltungskosten.

3.2.3 Die Möglichkeit, dass eine ganze Reihe neuer Wirtschaftsmodelle entstehen

Ab dem Zeitpunkt, an dem ein Smartphone, Internetbrowser, Fahrzeug usw. mit einer Wallet ausgestattet sind, mit dem sie sich identifizieren und Mikrozahlungen ausführen können, können eine ganze Reihe von „Microdienstleistungen“ und Prozessen entstehen, die bisher undenkbar waren. Dem Verlag einer Tageszeitung wird man beispielsweise ein paar Cent zahlen können, um einen Artikel online zu lesen, Ampeln und Straßenlaternen werden für jeweils kleine Beträge Informationen über den Straßenverkehr, das Wetter usw. an ein Fahrzeug übermitteln, Ihre kleine Windturbine auf Ihrem Dach wird alle 10 Sekunden ein paar Cents vom Stromnetzwerk erhalten, je nach dem Strom, den sie in dieses einspeist, usw. Eine Vielzahl von Mikrozahlungen wird sofort an die richtigen Empfänger überwiesen, ohne Rechnung am Ende des Monats, ohne Anpassung das nächste Jahr, einfach kontinuierlich über designierte digitale Währungen.

3.3 Digitale Währungen können einem Zweck zugeordnet werden

3.3.1 Währung als Informationsvektor

Digitale Währungen können zum Schluss so benannt werden, dass sie einer bestimmten Verwendung gewidmet sind. Ein einfaches Beispiel zur Veranschaulichung dieser Funktionalität wäre die Benennung von Währungen nach Empfängern, wie in diesem einfachen Beispiel, bei dem:

- ein Verbraucher 10 € mit digitalen Euros zahlt,
- DEMWST vom Finanzamt empfangen wird,
- EDK80689 bei der Verkaufsstelle bleibt,
- UNILDE dem Lieferanten Unilever Deutschland überwiesen wird,
- GLOBEXDE dem Spediteur überwiesen wird.

Wie in der folgenden Grafik zu sehen ist, handelt es sich um einen Smart Contract, der die 10 Euro des Verbrauchers in so viele dedizierte Währungen umwandelt, wie es Parteien gibt, die sich den Umsatz teilen, und gemäß den geltenden Vereinbarungen und Gesetzen über die Aufteilung des Umsatzes. Der Verbraucher ist sich dessen nicht bewusst; aus seiner Sicht hat er nur 10 Euro ausgegeben.

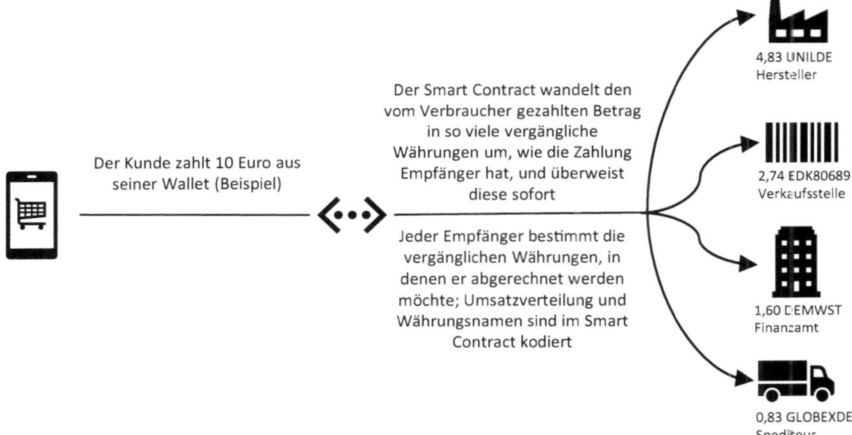

Abbildung 29: Die Zahlungen von morgen werden es allen Transaktionsparteien ermöglichen, dank digitaler Währungen und Smart Contracts in Echtzeit in dedizierten Währungen zu bezahlen

Quelle: Darstellung des Autors

Wenn es einem Zweck gewidmet werden kann, wird Geld zu einem Informationsvektor, was die grundlegende Rolle der Wallet weiter hervorhebt. Dadurch werden die Geldströme aus meiner Wallet viel über mich als Verbraucher sagen: Wenn ich ständig einen HLTNAT Coin verwende, kann es sein, dass ich Kunde einer namenhaften Hotelkette in Österreich bin. Wenn ich jeden 28. des Monats die Währung DEALG I erhalte, dann bedeutet es, dass ich in Deutschland arbeitslos gemeldet bin, usw. Ein Unternehmen könnte mir einen bestimmten Betrag anbieten, um sich die Geldströme meiner Wallet über die letzten x Tage anzuschauen. Wenn dieses Unternehmen aber meine Wallet betreibt, wird es noch einfacher sein, diese Information zu bekommen. Einige Währungen können mit Verkaufsstellen verknüpft sein, andere mit Marken, wieder andere mit Kommunen, Sozialleistungen, Arbeitgebern, Städten, Maschinen usw. Auch die Buchhaltung von Unternehmen und Verwaltungen wird einen Sprung in Sachen Präzision und Effizienz machen: Die Steuerverwaltung kassiert sofort ihre DEMWST, die Verkaufsstelle muss nur auf die Geldströme schauen, um die Verteilung ihrer Umsätze zu kennen, und die Zahlungsverzögerungen gehören der Vergangenheit an.

3.3.2 Vergängliche Währungen verwenden

Damit ein solches System möglich ist, muss auf vergängliche Währungen zurückgegriffen werden. Zur Erinnerung: Eine vergängliche Währung ist ein Stablecoin, deren Einheiten nach ihrer Ausgabe vernichtet oder in etwas anderes als Geld umgewandelt wird, und die daher im Wesentlichen als Informationsvektor in Zahlungsprozessen dient.

Dies würde, wenn wir das vorherige Beispiel noch einmal heranziehen, folgenden Prozess ergeben:

- Der Verbraucher zahlt 10 digitale Euro.
- Der Smart Contract lagert diese 10 Euro in Form von Sicherheiten.
- Die vier oben beschriebenen Währungen werden in ganz bestimmten Verhältnissen durch den Smart Contract erstellt, die ausgehandelt oder vorgeschrieben und in seinen Code aufgenommen wurden.
- Der Smart Contract überweist die entsprechenden Beträge an die Beteiligten.
- Diese verwenden diese Währungen für ihre Buchhaltung und vernichten sie, um ihre Sicherheiten zurückzuerhalten, wenn sie dies wünschen, beispielsweise am Ende des Tages. Die Verkaufsstelle hat beispielsweise 2,74 EDK80689 erhalten und rechnet sie am Ende des Tages in 2,74 Euro um, nachdem sie die Bewegung von EDK80689 in ihrer Buchhaltung erfasst hat.

Mithilfe dieses Systems wird die Rolle der Informationsvektoren hervorgehoben, die Währungen in der Digitalisierung der Wirtschaft spielen werden. Es ist zu erkennen, dass dieses System eine gigantische Datenfabrik sein wird.

3.4 Digitale Register werden zur neuen SSOT

Sobald ihnen eine digitale Identität zugewiesen wird, werden die Maschinen autonom, können Informationen, Leistungen und digitale Währungen gemäß ihrem Programm in einem digitalen Register austauschen, das die Funktion der notariellen Validierung von Transaktionen zwischen identifizierten Teilnehmern übernimmt. Das digitale Register ist der Ort, an dem zwischen den Maschinen Informationen darüber ausgetauscht werden, welche Leistung erbracht wurde oder welcher Teil zusammengebrochen ist, z. B. die von Orakeln oder Sensoren bereitgestellten Informationen der Außenwelt, und an dem über Zahlungen in digitaler Währung ständig Wert zwischen Maschinen getauscht wird. Alles findet sofort auf demselben Register statt, und das ändert alles. Das digitale

Register wird zur Single Source of Truth (SSOT auf Englisch für Single Source of Truth). Mit anderen Worten, das Register hat Gesetzeskraft. Während Mikrozahlungen in digitalen Währungen Vorgänge „zur gleichen Zeit" ermöglichen, so sind digitale Register das Werkzeug für Vorgänge „am selben Ort", auch wenn es virtuell stattfindet. Durch die Kombination von Blockchain und externen Daten kann ein sehr hoher Automatisierungsgrad erreicht werden. Nichts ist besser als ein paar Beispiele für neue Prozesse und Wirtschaftsmodelle, um zu verstehen, was die Allianz aus Smart Contracts, Orakeln und digitalen Währungen und Registern unserer Wirtschaft bringen kann.

3.4.1 Delivery vs. Payment

Nehmen wir das Beispiel einer Transaktion auf einer Kleinanzeigenseite.

3.4.1.1 Gestern

Der Käufer verpflichtet sich, einen Artikel zu kaufen und bezahlen. Er bezahlt den Verkäufer per SEPA, was mindestens einen Tag dauert, oder PayPal, was nur wenige Minuten dauert. Der Verkäufer versendet das Objekt. Der Käufer bestätigt die Transaktion oder beschwert sich bei der Website, wenn es ein Problem gibt. Wenn die Transaktion reibungslos verläuft, ist die Website nicht an der Zahlung beteiligt, sondern erhält eine Provision für das Zusammenbringen von Käufer und Verkäufer.

3.4.1.2 Heute

Der Käufer verpflichtet sich, einen Artikel zu kaufen und bezahlen. Er bezahlt auf der Website per SEPA oder Kreditkarte, was mindestens einen Tag dauert, oder PayPal, was max. eine Minute dauert. Der Verkäufer versendet das Objekt. Der Käufer bestätigt die Transaktion oder beschwert sich bei der Website, wenn es ein Problem gibt. Wenn die Transaktion reibungslos verläuft, überweist die Website das Geld an den Verkäufer und erhält möglicherweise eine Provision für das Zusammenbringen von Käufer und Verkäufer. Er spielt die Rolle des Treuhänders, escrow auf Englisch.

3.4.1.3 Morgen

Der Käufer verpflichtet sich, einen Artikel zu kaufen und bezahlen. Er bezahlt den Smart Contract für den Verkauf in digitaler Währung, was Sekunden dauert. Das Geld wird durch den Smart Contract transparent aufbewahrt. Der Verkäufer schickt das Objekt, teilt die Sendungsverfolgungsnummer an den Smart Contract mit, der durch ein Orakel das Paket verfolgen lässt und dem Verkäufer und dem Käufer mitteilt, wann es am Bestimmungsort angekommen ist. Das Geld wird dann beispielsweise einen Tag oder länger nach Erhalt an den Verkäufer überwiesen, um dem Käufer Zeit zu geben, sich zu äußern, falls etwas nicht stimmt. All dies kann durch einen Standard-Smart-Contract programmiert und verwaltet werden, der in so viele Verkäufe unterteilt ist, wie die Website generiert. Die Operation findet auf demselben digitalen Register statt, wobei ein Käufer und ein Verkäufer jeweils durch eine öffentliche Adresse symbolisiert werden, die es ihnen ermöglicht, sich zu identifizieren und Zahlungen zu senden bzw. zu empfangen.

3.4.2 Pay per Use

Hier ist ein Beispiel aus der medizinischen Welt.

3.4.2.1 Gestern

Ein Krankenhaus kauft einen Röntgenscanner für 200.000 Euro und nutzt ihn zwanzig Jahre lang, wobei regelmäßig Teile ausgetauscht werden müssen. Bei einem Ausfall wird ein Techniker hinzugezogen, wodurch das Gerät regelmäßig nicht verfügbar ist. Sobald das Röntgengerät abgenutzt oder veraltet ist, verkauft das Krankenhaus den Scanner weiter, zerlegt ihn oder entsorgt ihn.

3.4.2.2 Heute

Das Krankenhaus mietet oder kauft den Scanner auf Zeit in Form von Leasing inklusive Wartung und zahlt feste monatliche Raten, die im Voraus mit dem auf das Leasing von medizinischen Geräten spezialisierten Unternehmen oder dem Hersteller selbst, der Eigentümer des Scanners ist, vereinbart werden. Wenn das Gerät ausfällt, kommt ein Techniker ins Krankenhaus, um das Gerät zu reparieren und möglicherweise Teile auszutauschen, ohne dass zusätzliche Kosten entstehen, weil die Wartung im Vertrag enthalten ist. Das Gerät bleibt jedoch funktionslos, solange es heruntergefahren ist. Sobald das Gerät Eigentum des Krankenhauses ist, kann das Krankenhaus die Wartung übernehmen oder einen neuen Vertrag mit einem Unternehmen ausschließlich für die Wartung des Geräts abschließen. Während des Leasingvertrages wird monatlich eine Rechnung erstellt und an das Krankenhaus geschickt, die die Buchhaltung mit mehr oder weniger Verspätung bezahlt und archiviert.

3.4.2.3 Morgen

Ein auf das Leasing von medizinischen Geräten spezialisiertes Unternehmen bietet dem Krankenhaus das Gerät im Rahmen eines „Pay-per-Use"-Vertrags an: Dem Krankenhaus werden Rechnungen mit im Voraus festgelegten Beträgen gemäß den von der Maschine ausgeführten Operationen in Echtzeit gestellt, sodass das Krankenhaus kein Geld in die Maschine investieren muss und nur für den tatsächlichen Verbrauch bezahlt. Das Krankenhaus zahlt den Strom und das Unternehmen kümmert sich um die Instandhaltung. Die Maschine informiert ihren Eigentümer über die durchgeführten Vorgänge und die Teile, die abgenutzt werden oder ausfallen, sodass eine vorausschauende Wartung durchgeführt werden kann und der Scanner sehr selten nicht verfügbar ist. Das Gerät und das Krankenhaus werden durch ihre öffentliche Adresse in demselben digitalen Register vertreten. Die Maschine informiert den Smart Contract, der den Leasingvertrag regelt, über die von ihr durchgeführten Operationen. Das Krankenhaus wird in Echtzeit abgerechnet, sodass nach jeder vom Gerät erbrachten Leistung digitale Währungstransfers zu den im Smart Contract programmierten Raten erfolgen, der diese Zahlungen auslöst und dokumentiert.

Die Maschine informiert ihren Eigentümer regelmäßig über den Wartungsbedarf.

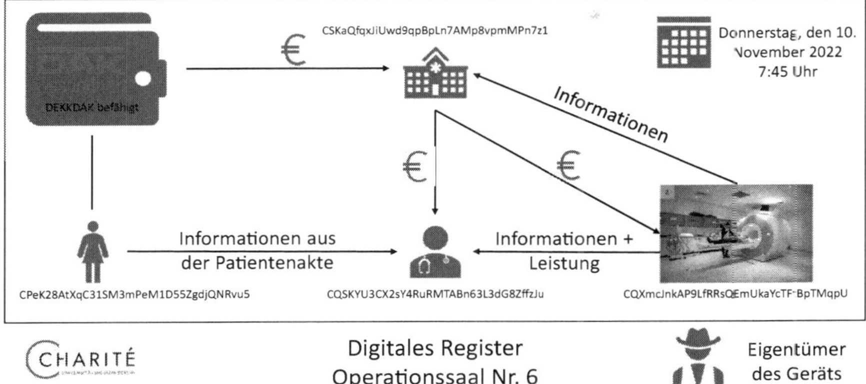

Abbildung 30: Alle wirtschaftlichen Prozesse werden von digitalen Registern verwaltet, in denen die Teilnehmer über ihre digitale Identität interagieren; hier während einer Operation in einem Operationssaal

Quelle: Darstellung des Autors; ein solches System wird in der Charité bzw. von der DAK zurzeit nicht verwendet

3.4.3 In intelligente Gegenstände investieren

Hier nehmen wir das Beispiel einer intelligenten Straßenlaterne.

3.4.3.1 Gestern

Die Stadt besitzt die Straßenlaterne, die so programmiert ist, dass sie sich zu dieser und jener Zeit ein- und ausschaltet, natürlich mit Schwankungen im Laufe des Jahres. Die Stadt zahlt den Strom und hält die Straßenbeleuchtung instand.

3.4.3.2 Heute

Die Stadt besitzt die Straßenlaterne, an der sich oben ein kleines Solarpanel befindet, über das Strom erzeugt und die Helligkeit ermittelt wird, bei der das Licht ein- oder wieder ausgeschaltet wird. Die Stadt zahlt den restlichen Strom und hält die Straßenbeleuchtung instand.

3.4.3.3 Morgen

Die Straßenlaterne wird von der Firma, die sie gebaut und mit Genehmigung der Stadt installiert hat, mit einem Token versehen. Es wird jedem angeboten, Teile der Straßenlaterne in Form von Token zu erwerben. Wir können uns vorstellen, dass 1.000 Token erstellt werden und jeder für 68 € verkauft wird. Die Straßenlaterne erzeugt Strom über ein kleines Solarpanel an der Spitze und zahlt den Strom, den sie nachts verbraucht, autonom an den interessantesten Anbieter. Sie ist so programmiert, dass sie anhand des Zeitpunkts des Sonnenuntergangs und der Differenz des Strompreises zwischen dem Zeitpunkt der Produktion und dem Zeitpunkt, zu dem sie ihn verbrauchen muss, entscheidet, ob sie den von ihr produzierten Strom speichert oder verkauft. So wird sie im Winter den tagsüber produzierten Strom tendenziell speichern, weil Strom zwischen 17 und 22 Uhr teuer ist, und ihn im Sommer verkaufen, weil sie erst gegen 21 oder 22 Uhr leuchten muss. Sie schaltet sich von selbst auf messbare und von der Stadt vertraglich festgelegte Leuchtstärken ein und aus, damit alle Straßenlaternen gleichzeitig ein- und ausgehen, wem auch immer sie gehören.

Die Straßenlaterne ist außerdem mit einem Bewegungssensor bzw. einer kleinen Kamera ausgestattet, die in einem Umkreis von 12 Metern um sie herum kontinuierlich das Geschehen auf der Fahrbahn in Echtzeit aufzeichnet. Diese Informationen werden kontinuierlich an autonome Fahrzeuge verkauft, die in der Umgebung unterwegs sind und sehr daran interessiert sind, in Echtzeit zu wissen, was 100 Meter weiter in Fahrtrichtung passiert, um ihr Verhalten anzupassen oder sogar ihre Route zu ändern. Die Straßenlaterne kann beispielsweise auch mit zusätzlichen Regen-, Luftqualitäts- oder Temperatursensoren ausgestattet werden und die generierten Informationen an andere Kunden, Wetterdienste oder den städtischen Mautberechnungsdienst weiterverkaufen, der seinen Tarif je nach Luftqualität anpasst. Die Stadt muss daher nicht in die Straßenlaterne investieren, sie mit Strom versorgen oder selbst warten, da sie zu einer Investition wird, die von privaten Investoren finanziert wird und in Besitz privater Investoren ist, die ihre Instandhaltung sicherstellen, im Auftrag der Stadt betreiben und Vorteile daraus ziehen. Dies wäre die natürliche Weiterentwicklung des Geschäfts eines Unternehmens wie JC Decaux oder Clear Channel.

Die Straßenlaterne wird daher in Form von Token an Investoren verkauft, die daraus Einnahmen entsprechend dem Anteil an der Gesamtzahl der Tokens erzielen. Ein Dienst wie Google Maps hätte hier einen entscheidenden Vorteil, weil er genau weiß, wo der meiste Verkehr ist und wo die Straßenlaternen daher die meisten Einnahmen generieren könnten, da diese im Wesentlichen von darunter fahrenden autonomen Fahrzeugen stammen würden. Die Straßenlaterne ist mit ihrer öffentlichen Adresse im digitalen Lichter- und Straßenlaternenregister der Stadt vertreten und bietet seine Daten gegen kleine Beträge von digitalen Währungen jedem an, der sie kaufen möchte, insbesondere autonomen Fahrzeugen, die natürlich auch mit einer Wallet ausgestattet sind. Diese sind durch ihre öffentliche Adresse im Stadtregister vertreten und können daher auf ihrer Reise an vielen Straßenlaternen und Ampeln winzige Beträge in digitaler Währung bezahlen. Sobald ein autonomes Fahrzeug in einer neuen Gemeinde ankommt, verbindet es sich über seine Wallet mit dem digitalen Register der Gemeinde und kann mit Ampeln und Straßenlaternen interagieren, das Parken oder eine mögliche städtische Maut usw. mit vorheriger Zustimmung des Eigentümers bezahlen. Die an die Straßenlaterne übermittelten Beträge betragen jeweils weniger als ein Cent, daher die Bedeutung von Mikrozahlungen, um die Entstehung und Entwicklung solcher Modelle zu ermöglichen. Alle Transaktionen mit Straßenlaternen werden natürlich im digitalen Register der Stadt erfasst, das als SSOT gilt, was eine ganze Reihe von Anwendungen haben kann, beispielsweise für rechtliche Ermittlungen oder maschinelles Lernen.

3.4.4 Streaming-Überweisungen

Nehmen wir das Beispiel des Online-Konsums von Kulturgütern.

3.4.4.1 Gestern

Ich sehe einen Film, der mich interessiert, auf einem Online-Portal, ich erwerbe ihn entweder für ein paar Stunden oder für immer, indem ich einen bestimmten Betrag per Kreditkarte oder PayPal bezahle.

3.4.4.2 Heute

Ich abonniere Netflix, Amazon Prime oder eine andere ähnliche Plattform und zahle ein monatliches Abonnement, das mir Zugriff auf eine große Auswahl an Filmen und Serien gibt. Einige Inhalte sind jedoch weiterhin kostenpflichtig. Ich bezahle monatlich per Lastschrift.

3.4.4.3 Morgen

Nicht nur die Inhalte, die ich sehe, sondern auch das Geld, das ich dafür bezahle, werden gestreamt: Im Austausch für einen Datenstreamingkanal, der es mir ermöglicht, einen bestimmten Film oder eine Serie anzusehen oder Musik zu hören, wird ein Kanal des „Geldstreamings" eingerichtet z. B. mit Überweisungen kleiner Beträge im Sekundentakt, was bedeutet, dass ich kein Abonnement abschließen muss, genau für das bezahle, was ich konsumiere, viel Inhalt probieren kann, und dass ich aufhöre zu zahlen, sobald ich mir nichts mehr anschaue oder anhöre. Ich muss daher kein Abonnement mehr abschließen; alles wird in Echtzeit verbraucht und bezahlt. Solche Modelle lassen sich auch auf die Wasser- oder Stromversorgung anwenden.

3.4.5 Clever Strom verbrauchen

Nehmen wir zum Schluss das Beispiel einer Waschmaschine.

3.4.5.1 Gestern

Ich stehe um zwei Uhr morgens auf, um meine Waschmaschine anzuschalten, die viel Strom verbraucht, weil dieser mitten in der Nacht viel weniger kostet.

3.4.5.2 Heute

Ich programmiere meine Waschmaschine so, dass sie um zwei Uhr morgens startet, damit ich ruhig schlafen kann und weniger für den Strom zahlen muss.

3.4.5.3 Morgen

Meine neue Waschmaschine, die echt clever ist, zahlt von selbst Wasser und Strom in Echtzeit und ist mit dem Stromversorgerregister verbunden; sie kennt also die Strompreise in Echtzeit. Diese variieren viel stärker als in der Vergangenheit, sind aber mitten in der Nacht tendenziell immer noch niedriger. Ich habe sie so programmiert, dass sie aktiviert wird, sobald diese unter 19 Cent pro kWh fallen, was häufig gegen zwei Uhr in der Nacht der Fall ist. Sie ist durch ihre Wallet Teil des digitalen Registers, das mein Haus in der realen Welt (nicht im Metaversum) verwaltet, sowie mein Computer, mein Kühlschrank, der bestimmte Produkte, die ich selbst vordefiniert habe, selber bestellt, die Solarpanele auf meinem Dach, die mir regelmäßig Geld bringen, mein Modem, mein Fernseher, meine Spielkonsolen, mein Smartphone usw. Alle werden mit einer Wallet ausgestattet und durch ihre öffentliche Adresse vertreten. Alle sind somit in der Lage, Zahlungen zu senden oder zu empfangen und bestimmte Dienste selbstständig zu bezahlen, wie z.B. das Internet oder die neue Bandbreitensteuer, die automatisch abgebucht wird und ohne die all diese mit dem Internet verbundenen Geräte nicht funktionieren können. Daher muss ich die Wallet meiner Geräte regelmäßig mit digitalen Euros und sonstigen spezifischen digitalen Währungen versorgen, damit sie weiter funktionieren. All diese Geräte informieren mich in Echtzeit über ihren Verbrauch, ihre Zahlungen und ihren Status, damit ich eine Panne vorhersehen und sie dank ihrer Wallet und der Art und Weise, wie ich sie konfiguriert habe, verwalten kann.

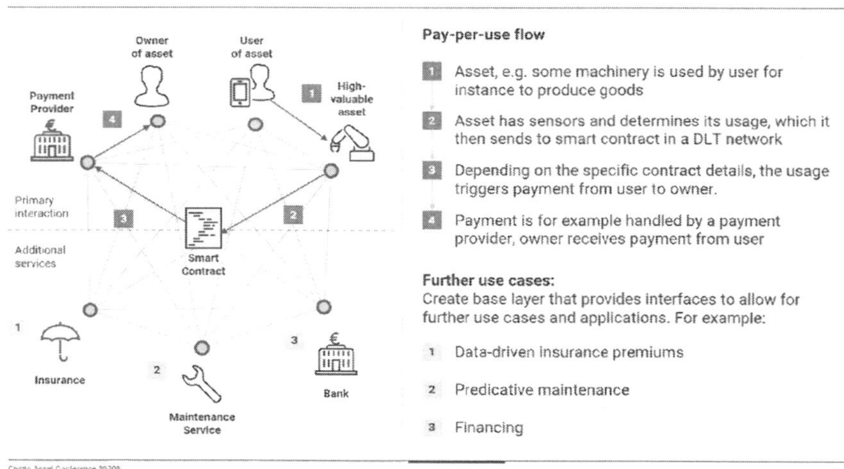

Abbildung 31: Die neue Digitalisierung der Wirtschaft aus der Sicht des Beratungsunternehmens D-fine

Quelle: D-fine GmbH

4. Eine neuartige Wirtschaft entsteht gerade

Nachdem Sie nun einen guten Überblick über den Entwicklungsstand und die Verwendung digitaler Währungen und Register in zentralisierten und dezentralisierten Bereichen haben, ist es an der Zeit, zusammenzufassen, wie die aufkommende Digitalisierung der Wirtschaft aussehen wird.

4.1 Die grundlegenden Merkmale der Digitalisierung der Wirtschaft

Alle in diesem Kapitel beschriebenen Wirtschaftsmodelle haben mehrere grundlegende Merkmale gemeinsam, die dabei helfen, zu bestimmen, wie die Digitalisierung der Wirtschaft aussehen und welche erheblichen Vorteile sie uns bringen wird.

4.1.1 Die Digitalisierung der Wirtschaft ist vor allem eine der Echtzeit

Transaktionen und Informationsaustausch erfolgen zur gleichen Zeit, wie die Leistung selbst in der realen Welt erbracht wird, und werden in einem digitalen Register verwaltet und aufgenommen, das maßgeblich ist und reale Teilnehmer und Interaktionen darstellt. Diese Teilnehmer sind eindeutig identifiziert und können digitale Währungen über ihre Wallet senden und empfangen. Keine Abonnements, Rechnungen, Zahlungsfristen, unbezahlten Schulden, Zahlungsausfälle usw. Folglich werden Verbrauchssteuern und -abgaben systematisch an der Quelle erhoben.

4.1.2 Eine Vielzahl von Teilnehmern

Die Digitalisierung der Wirtschaft ist in drei Schlüsselbereichen sehr inklusiv:

- Im sozialen Bereich: Die Verallgemeinerung digitaler Währungen, egal ob sie zentralisiert oder dezentralisiert sind, wird es je nach Land Bevölkerungsgruppen von etwa 10 % bis hin zu mehr als zwei Dritteln ermöglichen, wirtschaftlich deutlich aktiver zu werden.
- Im wirtschaftlichen Bereich: Indem es Entitäten, Gegenständen und insbesondere Maschinen ermöglicht wird, eine digitale Identität zu erwerben, mit anderen Teilnehmern zu interagieren und Werte auszutauschen, wird die Digitalisierung der Wirtschaft Milliarden von neuen Formen von Teilnehmern ermöglichen, Transaktionen zu senden und zu empfangen.
- Im Umweltbereich: Wir haben uns bisher damit noch nicht viel auseinandergesetzt, aber die Schaffung digitaler Identitäten ist eine hervorragende Gelegenheit, den CO_2-Fußabdruck von Produkten und Dienstleistungen, aber auch von Prozessen, die von Maschinen erbracht werden, systematisch in der Wirtschaft zu berücksichtigen und diesen zur Bildung der Preise beitragen zu lassen. Wir werden dies im Kapitel 6: Was ist mit der Umwelt? genauer sehen.

4.1.3 Eine Vielzahl neuer Geschäftsmodelle wird entstehen

Wir haben gerade einige Beispiele erwähnt, aber die Systematisierung der Echtzeit, die Verwendung programmierbarer digitaler Währungen, die für eine Verwendung bestimmt sind und die Durchführung von Mikrotransaktionen ermöglichen, und die Tatsache, dass jedem Teilnehmer eine digitale Identität verliehen wird, werden eine erhebliche Anzahl neuer Dienstleistungen, Investitions- und damit Interaktionsmöglichkeiten entstehen lassen.

4.1.4 Upgrade der Genauigkeit, Effizienz und Transparenz

Wir haben es auch an den Beispielen des vorherigen Teils erahnt: Die sehr genaue Zuordnung von Zahlungen an spezialisierte und identifizierte Teilnehmer, manchmal über sehr viele Mikrotransaktionen, die Systematisierung der Echtzeit und die Verwendung von vergänglichen Währungen wird unsere Systeme wirtschaftlich nicht nur effizienter, sondern möglicherweise auch transparenter machen, wenn ein Benutzer im Detail sehen kann, wie seine Zahlungen umgewandelt werden.

4.1.5 Die Komplexität des Geldsystems wird sich von Downstream zu Upstream verlagern

Diese Wirtschaft, die aus digitalen Währungen und Registern, Smart Contracts und Wallets besteht, wird aufgrund der viel höheren Anzahl von Teilnehmern und Währungen viel komplexer sein als die derzeitige Wirtschaft. In der heutigen Wirtschaft finden Finanzströme in einer einzigen Währung je nach Gebiet statt, und diese werden anschließend von Unternehmen und Einzelpersonen aufgelistet, um Buchhaltungsunterlagen, Jahresberichte, Steuererklärungen usw. zu erstellen. Da für die gesamte Wirtschaft eine einheitliche Währung verwendet wird, ist es notwendig, die Transaktionen a posteriori systematisch zu melden, sodass unsere derzeitige Wirtschaft „downstream" (nachdem Zah-

Millionen von Transaktionen zwischen Millionen von Teilnehmern jede Sekunde in 1 Währung pro Gebiet

Aktuelles System

- Buchhaltung
- Wirtschaftsprüfung
- Controlling
- Jahresberichte
- Steuererklärung
- Kontoauszüge
- usw.

Transaktionen werden nach ihrer Durchführung in verschiedenen Prozessen und Dokumenten aufgelistet (abhängig von den gesetzlichen Rahmenbedingungen oder geltenden Vorschriften)

Die Komplexität des Systems liegt Downstream

Abbildung 32: Unser derzeitiges Wirtschaftssystem ist komplex Downstream, d. h. nachdem Zahlungen stattgefunden haben

Quelle: Darstellung des Autors

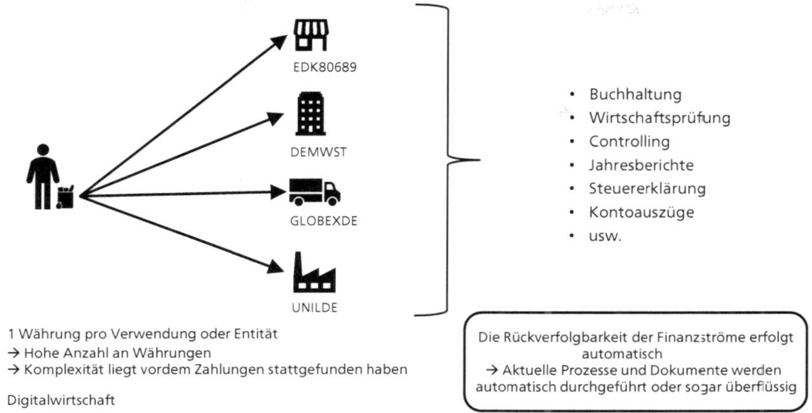

Abbildung 33: Durch dedizierte digitale Währungen könnten viele derzeit aufwendige Prozesse automatisiert werden, wie zum Beispiel die Steuererklärung

Quelle: Darstellung des Autors

lungen stattgefunden haben) als komplex anzusehen ist. In der Digitalisierung der Wirtschaft hingegen werden dedizierte, sogenannte vergängliche, digitale Währungen geschaffen, Smart Contracts programmiert, digitale Identitäten vergeben, die ein sehr hohes Maß an sehr präzisen Interaktionen zwischen Teilnehmern unterschiedlicher Art und die Wirtschaft des „zur gleichen Zeit am selben Ort" ermöglichen. Wenn diese Interaktionen einmal stattgefunden haben, lassen sie sich sehr einfach ordnen, sodass die Komplexität der Digitalisierung der Wirtschaft vorgelagert sein wird.

4.1.6 Eine gigantische Datenfabrik

Diese neue Wirtschaft wird dank der informationstragenden Rolle dedizierter digitaler Währungen, der Tatsache, dass alle Interaktionen in digitalen Hauptbüchern stattfinden und aufgezeichnet werden, und dass der Anteil von Online-Zahlungen weiter zunehmen wird, letztendlich ein riesiger Datengenerator sein. Diese in den Währungen enthaltenen Informationen werden durch Wallets geleitet, die ein wesentlicher Teil der Digitalisierung der Wirtschaft darstellen werden.

4.2 Interview mit dem CEO von iExec, Lyon

Ich habe Gilles Fedak interviewt, Mitbegründer und Direktor von iExec, einem Unternehmen mit Sitz in Lyon, Frankreich, das einen dezentralisierten Marktplatz für Rechenressourcen auf Basis von Blockchain, Wallets, Smart Contracts, Token usw. entwickelt.

Können Sie uns etwas über Ihre Technologie erzählen und Beispiele für bestehende oder zukünftige Anwendungen nennen?

Wir bieten einen dezentralen Marktplatz für Rechenressourcen, auf dem Benutzer mit Datensätzen, Anwendungen und Rechenleistungen handeln können. Durch unseren Marktplatz wird ermöglicht, die Nutzung dieser IT-Ressourcen zwischen verschiedenen Interessengruppen zu monetarisieren. Bei uns geht es jedoch nicht um die Vermietung von Datenspeicherung, sondern um die Monetarisierung von Rechenleistung. Mit dem „iExec Marketplace" können Benutzer ihre Ressourcen anderen Benutzern anbieten, die diese gerade brauchen. Eigentümer von nicht ausgelasteten Maschinen können so ihre Rechenkapazitäten und/oder die von ihnen generierten Daten monetarisieren, und Benutzer auf der Suche nach Ressourcen und/oder Daten können diese Ressourcen einfach und mit vollem Vertrauen erwerben. Beispielsweise können ungenutzte Computer für Wissenschaftler monetarisiert werden, die erhebliche Rechenleistung benötigen, um Simulationen durchzuführen. Wir haben hauptsächlich zwei Typen von Ansprechpartnern bzw. Kunden: Unternehmen und Kryptoprojekte. Die Vertraulichkeit der Daten ist ein wichtiger Aspekt unseres Angebots: Dank der Technologie des „Confidential Computing" können wir Berechnungsverfahren anbieten, bei denen die Maschine, die die Berechnungen durchführt, eine Zahlung erhält, aber keine Kenntnis von den Eingaben oder dem Ergebnis der Berechnung hat.

Können Sie uns die neue Welt beschreiben, die (teilweise dank Ihnen) mit der Dezentralisierung und ihren Hauptvorteilen für die Benutzer entsteht?

Die Dezentralisierung gibt Nutzern neue Souveränität und eröffnet schwindelerregende Möglichkeiten der Datennutzung. Nehmen Sie das Beispiel medizinischer Daten. Wenn ich der Eigentümer meiner Daten bin, kann ich entscheiden, ob ein Arzt, ein Richter oder der Vertreter einer Versicherungsgruppe sie sich anschauen darf. Ich könnte sie auch mit einem Forschungsinstitut oder einer Versicherungsgesellschaft auf Gegenseitigkeit monetarisieren, und ich könnte diese und jene Person autorisieren, neue Informationen in meine auf einer Blockchain gespeicherte Patientenakte einzutragen. Mit dezentralisierten Modellen wie dem unserem, die Blockchain, Token und Privacy Computing kombinieren, können Benutzer die Daten und Ressourcen, die ihnen gehören, wirklich besitzen und monetarisieren, während sie das angemessene Datenschutzniveau Sektor für Sektor wahren. Sie können damit ungenutzte Rechenkapazitäten ihres Computers oder ihres Smartphones monetarisieren, aber auch die Daten, die sie beim Surfen im Internet, beim Umzug, durch die Reduzierung ihres CO_2-Fußabdrucks über Mobilität oder Lebensmittel usw. generieren. Es ist letztlich eine Erweiterung des von Bitcoin eingeführten Konzepts: Ich werde der wahre Eigentümer von Elementen, die mit meiner Person verbunden sind, die ich erworben oder generiert habe, die einen Wert haben und die heute noch von Organisationen wie Banken, GAFAM oder Behörden verwaltet werden. Anstatt diesen zentralisierten Einheiten zu vertrauen, vertraue ich einem (Computer-)

System, das nach genauen und transparenten Regeln arbeitet, wie wir es heute in der dezentralen Finanz sehen können.

5. Was tun?

Jetzt, da Sie mehr über das Potenzial und die Komponenten der Digitalisierung der Wirtschaft wissen, fragen Sie sich vielleicht, wie Sie unabhängig von Ihrer beruflichen und finanziellen Situation daran teilhaben und davon profitieren können. Stellen Sie sich vor, wir stehen heute in Bezug auf die Digitalisierung der Wirtschaft ein bisschen wie 1997 in Bezug auf das Internet: kurz vor dem Schlüpfen. Also was nun?

5.1 Falls Sie Angestellter oder Manager in einem Unternehmen oder einer Behörde sind

Es ist leicht zu verstehen, warum sowohl öffentliche als auch private Organisationen nicht zu viel in dezentralisierte Systeme investieren wollen, die von schwer identifizierbaren Organisationen oder Personen entwickelt wurden, die Transparenz fördern und mit den meisten Rechtsvorschriften nicht ausdrücklich vereinbar sind. Aber das sollte Sie nicht davon abhalten, Ethereum, Solana, Bitcoin, Polygon, Polkadot, Chainlink in der dezentralisierten Welt oder Corda, Hyperledger, Diem, Quorum, Hedera in der zentralisierten Welt kennenzulernen. JP Morgan, IBM, die Big Four (EY, PWC, KPMG, Deloitte), Nike, Samsung, Tesla, Barbados, die Marshallinseln, El Salvador oder natürlich Meta warten nicht darauf, dass CBDCs in Europa oder Nordamerika entstehen, um mit diesen neuen Systemen zu interagieren, virtuelle Geschäfte und Botschaften bei Meta oder Decentraland zu eröffnen, Gesetze zugunsten digitaler Währungen und Register zu verabschieden, NFTs zu erstellen, bestimmte Kryptowährungen zum gesetzlichen Zahlungsmittel zu machen usw. Kryptowährungen bieten neue Möglichkeiten für Investitionen, Interaktionen, Zusammenarbeit, Entscheidungsfindung usw. und werden für ein Anfängerpublikum immer zugänglicher. Zögern Sie nicht, Ihre ersten NFTs zu erstellen und in verschiedene Projekte zu investieren, wie es die Deutsche Telekom im Dezember 2021 mit Polkadot offiziell getan hat.

5.2 Falls Sie ein Anleger sind

Die Möglichkeiten sind zahlreich: Vom klassischen langfristigen Handel über Investitionen in NFTs oder neuartige Modelle der dezentralen Finanz bis hin zu digitalem Eigentum und all den neuen Modellen, die sich in einem immer noch grauen Bereich entwickeln, bietet die Kryptosphäre innovative Möglichkeiten der Kapitalbeteiligung: Staking, dezentralisierte Kreditvergabe, Zuschüsse für Start-ups (sogenannte Grants), die Unternehmen wie iExec den Mutigsten und Ehrgeizigsten gewähren, die an ihre Tür klopfen. Da Kryptowährungen keine klassische Werbung machen und Geld aus dem Nichts schaffen können, steht es ihnen allen frei, es an Personen und Organisationen zu verteilen, die es verwenden möchten. Natürlich müssen Sie zuerst wissen, wie man zuverlässige Anlagen auswählt, die zu investierenden Mittel und die einzugehenden Risiken festlegen, wie bei jeder Investition; die Krypto-Welt ist nicht risikofrei und weist hohe Schwankungen auf.

5.3 Falls Sie im Bildungsbereich arbeiten

Digitale Währungen und Register werden sich auf alle Wirtschaftssektoren und alle Berufe erstrecken: Unabhängig von der Ebene und dem Bereich, in dem Sie unterrichten, oder die Einrichtung, für die Sie verantwortlich sind, sollten Sie diese neuen Werkzeuge allmählich in Ihren Unterricht integrieren, um Ihre Schüler und Studenten auf die Welt vorzubereiten, die sie am Ende ihres Studiums erwartet.

VI. Was ist mit der Umwelt?

Wir könnten dieses Buch nicht beenden, ohne das wichtigste Thema unserer Zeit anzusprechen: den Klimawandel. Sie haben sicherlich schon von dem phänomenalen Stromverbrauch durch Bitcoin gehört. Sie denken vielleicht sogar, dass jede Blockchain, jede Währung, jedes digitale Register ein Albtraum für unseren Planeten ist. Die Realität ist viel komplexer. Nachdem wir Bitcoin unter dem Umweltaspekt untersucht haben, werden wir sehen, wie digitale Währungen und Register unsere Besteuerung und Wirtschaft nachhaltiger, fairer und transparenter machen könnten.

1. Der CO_2-Fußabdruck des Bitcoins

Das erste, woran die meisten Menschen denken, wenn sie von der Blockchain, Kryptowährungen oder Bitcoin hören, ist, dass sie Umweltkatastrophen sind, daher wäre ihre Übernahme durch Regierungen ein Fehler und es Unsinn, sie zu verwenden, um unser Konsummodell nachhaltiger zu machen. Die Realität ist jedoch viel komplexer, und wenn wir bei dieser falschen Beobachtung bleiben würden, würden wir das riesige Potenzial verpassen, das digitale Währungen und Register haben, um unsere Gesellschaften effizienter, fairer, transparenter und umweltbewusster zu machen. Aber beginnen wir mit dem, was an diesem Klischee stimmt: Ja, der durch Bitcoin erzeugte Stromverbrauch ist immens.

1.1 Bitcoin und Stromverbrauch

Der durch Bitcoin verursachte Stromverbrauch macht etwa 0,40 % des Stromverbrauchs auf der Erde aus, mehr als der von Belgien, was Bitcoin auf den 27. Platz der Stromverbraucher auf der Erde bringen würde, wenn es ein Land wäre. Ironischerweise kam der durch Bitcoin verursachte Stromverbrauch dem für den Goldabbau gewidmeten 2021 sehr nahe, so das Cambridge Centre for Alternative Finance (CCAF), das diese Themen genau verfolgt. Und das alles für eine Währung, die völlig virtuell, immer noch kaum genutzt und a priori überflüssig ist, da Staaten nicht auf Bitcoin gewartet haben, um Währungen in verschiedenen Formen auszustellen. Der Stromverbrauch des Bitcoin-Netzwerks ist eine Realität, der niemand widerspricht; es ist nur eine Tatsache, die von der CCAF, einer Referenz in diesem spezifischen Bereich, besonders aufmerksam verfolgt wird. Diejenigen, die die Realität von digitalen Währungen und Registern nicht kennen, gehen sogar so weit zu glauben, dass jede digitale Währung, jede Blockchain ein Umweltmonster ist, und dass es genauso sinnlos ist, diese Technologien übernehmen zu wollen, wie jeden Erdenbürger mit einem SUV zur Förderung der Mobilität auszustatten. Es ist wichtig zu verstehen, dass die Realität viel komplexer ist, und welches Potenzial digitale Währungen und Register in unserem Kampf gegen den Klimawandel haben.

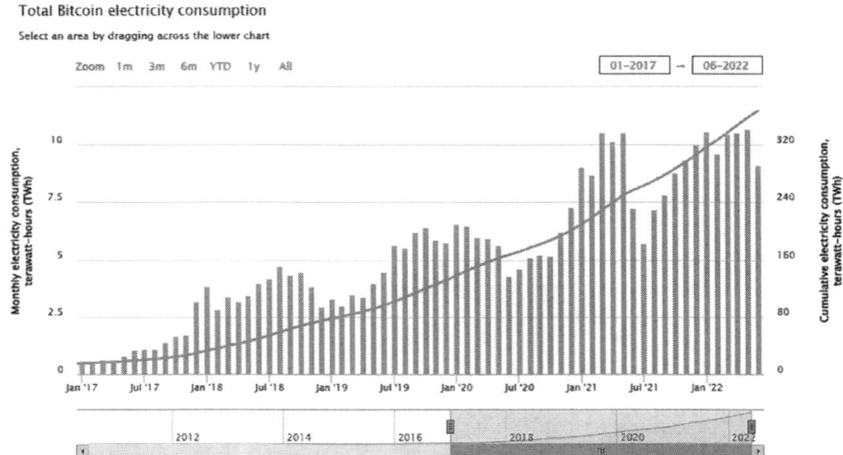

Abbildung 34: Bitcoin-Stromverbrauch seit Januar 2017 in TWh
Quelle: CCAF, Stand 29. Juli 2022

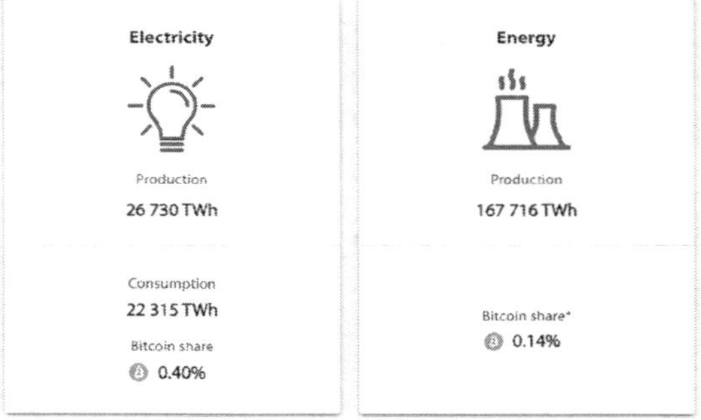

Abbildung 35: Bitcoin-Miner verbrauchen derzeit 0,40 % des weltweiten Stroms, also umgerechnet wie die Philippinen
Quelle: CCAF, Stand 29. Juli 2022

1.2 Die Rolle des Konsensalgorithmus

Der phänomenale Energieverbrauch von Bitcoin hängt nicht mit der Blockchain zusammen, sondern mit dem von Bitcoin verwendeten Konsensalgorithmus; das haben wir am Anfang des Buches gesehen. Eine Blockchain ist nichts anderes als ein dezentralisiertes und gemeinsam genutztes digitales Register innerhalb einer Community oder auf der ganzen Welt. Einziger Kritikpunkt aus Umweltsicht ist, dass die Sicherheit einer Blockchain insbesondere dadurch entsteht, dass sie auf allen am Netzwerk beteiligten Rechnern in gleicher Weise erfasst und durch diese aktualisiert wird. Daten, die Ihre Bank auf einem oder vielleicht zwei oder drei Servern speichert, werden in einem Netzwerk wie dem von Bitcoin oder Ethereum auf Tausenden von Computern gelagert. Dies führt sicherlich zu einem erhöhten Energieverbrauch im Vergleich zu zentralisierten Systemen, da Tausende von Computern dieselben Daten aktualisieren und speichern, anstatt zwei oder drei, aber dieser Aufwand ist weit entfernt von den 0,62 % des weltweiten Stromverbrauchs.

Eine Blockchain wird von einem Konsensalgorithmus gesteuert, der es ermöglicht, sie in regelmäßigen Abständen und damit immer auf dem neuesten Stand zu halten, um stets eine einzige „Wahrheit" vorzuweisen, die von allen Netzwerkteilnehmern geteilt wird, und diese zu ermutigen, durch eine subtile Verflechtung der Interessen des Systems und derjenigen seiner Teilnehmer positiv zum System beizutragen. Wie wir gesehen haben, herrschen in der dezentralisierten Welt zwei Konsensalgorithmen: Proof of Work und Proof of Stake (und ihre Variationen). Indem die Teilnehmer erhebliche Beträge in Ausrüstung und Energie investieren müssen, um ein kryptographisches Rätsel zu lösen, das ich in meinem ersten Buch ausführlich beschrieben habe, verursacht der Arbeitsnachweis einen Stromverbrauch, der direkt von der Anzahl der Teilnehmer abhängt, die neue Blöcke erstellen und Belohnungen erhalten möchten. Die Schwierigkeit bei der Lösung des kryptographischen Rätsels passt sich automatisch an den kumulativen Energieaufwand der Teilnehmer an, um die Häufigkeit der Blockerstellung stabil zu halten. Je mehr Energie die Teilnehmer also in das System investieren, um zu versuchen, Belohnungen zu sammeln, desto schwieriger wird es für sie, dies zu tun.

Bitcoin ist nicht die einzige Kryptowährung, die PoW verwendet; Litecoin, Bitcoin Cash, Monero und Ethereum 1.0 tun es auch. Aber Bitcoin ist bei weitem das bekannteste und energieaufwändigste Netzwerk. Proof of Work ist der ultimative Konsensalgorithmus, der einem dezentralisierten System große Sicherheit bieten kann, da Miner kein Interesse daran haben, ein offenes Netzwerk zu zerstören, in das sie kolossale Beträge investieren. Daher ist Bitcoin noch nie gescheitert und wurde noch nie gehackt. In einem PoW-System zählt nur die Rechenleistung, die Miner in das Netzwerk investieren, um die ersten zu sein, die das kryptographische Rätsel lösen, was einen potenziell unendlichen Stromverbrauch erfordert, da sie in ständigem Wettbewerb ohne Grenzen oder rechtlichen Rahmen stehen. Proof of Work ist eine sehr elegante (und energieintensive) Lösung für ein sehr komplexes Problem: sich in regelmäßigen Zeitabständen auf die „Wahrheit" eines dezentralen Netzwerks zu einigen, in dem die Teilnehmer einander nicht vertrauen müssen. Aber der Proof of Work hat absolut keinen Sinn in einem zentralisierten System, in dem eine Logik für die Ernennung von wahrscheinlich identifizierten Validatoren eingerichtet werden kann, die z. B. nach ihrer Investition in das System, der Reihe nach oder nach dem Zufallsprinzip erfolgen kann.

Im Proof of Stake, der sowohl für die zentralisierte als auch für die dezentralisierte Welt geeignet ist, werden Validatoren nach dem Zufallsprinzip entsprechend der Anzahl der Einheiten des Systems, die jeder hat, (Coins/Token) bestimmt, sodass ein Teilnehmer, der 1 Coin in einem 1.000-Coins-System besitzt, eine Chance von 1 zu 1.000 hat, einen Block zu validieren. Der Proof of Stake verursacht in keinster Weise einen besonderen Energieaufwand, sodass die Ethereum Foundation angekündigt hat, den Energieaufwand des Ethereum-Netzwerks beim Übergang vom Proof of Work (Ethereum 1.0) zum Proof of Stake um 99,5 % zu reduzieren (Ethereum 2.0).

Eine Blockchain an sich ist also nicht automatisch ein Umweltmonster; der Energieaufwand, den sie verursacht, hängt fast ausschließlich von ihrem Konsensalgorithmus ab. Proof of Work ist hier viel eher die Ausnahme als die Regel, aber die Tatsache, dass er Bitcoin regiert, macht ihn sehr medienfreundlich. Schon seit Jahren übernimmt kein bedeutendes neues Kryptowährungsprojekt Proof of Work als Konsensalgorithmus, und Ethereum hat wie bereits beschrieben die ermutigende Aufgabe übernommen, den Proof of Work aufzugeben, was im zweiten Teil des Jahres 2022 vollständig erfolgen wird.

1.3 Bitcoin und Stromverbrauch: Fakten und Zahlen

Beim Stromverbrauch zählt vor allem nicht die Zahl der kWh an sich, sondern der aus der Produktion resultierende CO_2-Fußabdruck, der stark von den genutzten Stromquellen abhängt. Derzeit gibt es in diesem Bereich keinen Konsens in Bezug auf Bitcoin, aber die kritischsten sprechen von 40 % erneuerbarer Energie und das Cambridge Centre for Alternative Finance von 44 Millionen Tonnen jährlichem CO_2-Ausstoß durch das Bitcoin-Netzwerk im Jahr 2020, wobei die Aktivität von Bitcoin im Jahr 2021 erheblich zugenommen hat. Nach der Preisexplosion ist es sicher, dass sich die CO_2-Bilanz von Bitcoin seit 2020 verschlechtert hat ...

Beim Energieverbrauch von Bitcoin ist zu beachten, dass er weitgehend vorhersehbar ist und überall auf der Welt stattfinden kann, solange dieser Ort mit dem Internet verbunden ist, sodass ein erheblicher Teil des von Bitcoin verbrauchten Stroms aus Überproduktion durch isländische Erdwärme, Staudämme, Windturbinen und Sonnenkollektoren fast überall auf der Erde, Wasserfälle in Paraguay oder Vulkane in Salvador stammt. Initiativen wie Jack Dorseys Bitcoin Clean Energy Investment Initiative fördern außerdem die Nutzung der Wärme von Computern, die Bitcoin abbauen, um Gewächshäuser oder Häuser zu heizen, oder sogar Whisky zu destillieren. Durch das Bitcoin-System entsteht die Forderung, die Stromproduktion zu optimieren, weil Miner ein Interesse daran haben, sich dort anzusiedeln, wo Strom günstig ist, also oft dort, wo das Angebot die Nachfrage übersteigt, d. h. in Regionen, in denen zu viel erneuerbarer Strom für die wenigen Einwohner und Industrien produziert wird. Island ist ein Paradebeispiel dafür.

1.4 Was bringt der Bitcoin Stromverbrauch überhaupt?

Bitcoin ist ein rein dezentrales System; dies macht einen erheblichen Teil seines Wertes aus. Mining ist der Prozess, der ein solches System ermöglicht, einen Konsens in regelmäßigen Zeitabständen nach strengen und öffentlichen Regeln zu erreichen. Dieses System besteht aus Computern, die Teilnehmern gehören, die nicht identifiziert sind, sich nicht kennen und einander nicht vertrauen, die

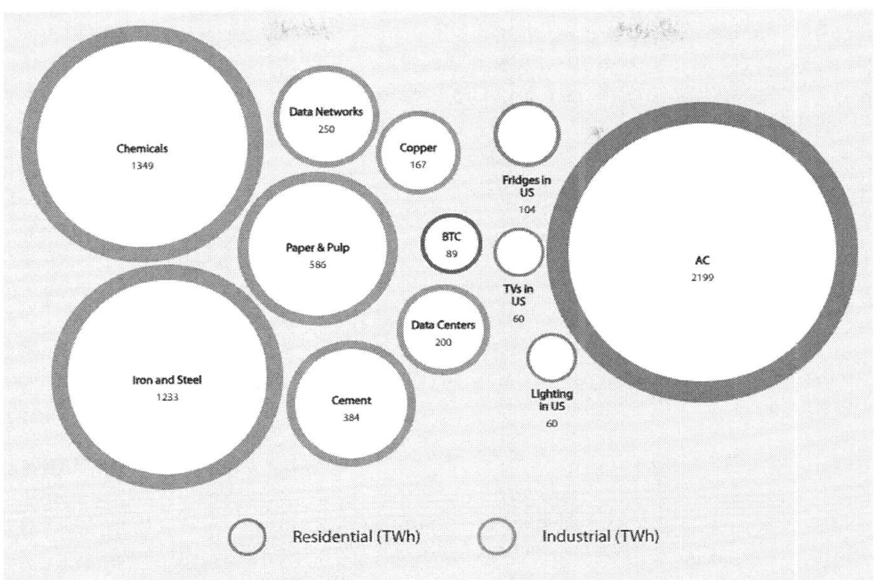

Abbildung 36: Vergleich des Stromverbrauchs von Bitcoin mit anderen Systemen, wobei BTC = Bitcoin und AC = Klimaanlage

Quelle: CCAF, Stand 29. Juli 2022

aber die Aufrechterhaltung und Sicherheit des Systems stets gewährleisten, weil es ihnen einen bedeutenden finanziellen Anreiz gewährt. In diesem System werden sensible Daten (Transaktionen) verarbeitet; es wird gerade mehr oder weniger 500 Milliarden Dollar (!) geschätzt, und hat in den über dreizehn Jahren seines Bestehens nie versagt. Die ersten Flugzeuge und Autos waren aus Umweltgesichtspunkten sicherlich kein Segen, aber sie waren ein notwendiger Schritt, um heute zu Elektroautos und morgen zu Solar- oder Wasserstoffflugzeugen zu gelangen. In der Lage zu sein, Werte darzustellen und auszutauschen, ist ein Muss für jedes Wirtschaftssystem, und wenn wir akzeptieren, dass der heutige Kapitalismus in schlechtem Zustand ist, dann ist es heilsam, dass Alternativen entstehen. Diese Alternativen sind ebenso wie die Systeme, die sie ersetzen, nicht perfekt, haben aber eindeutig das Potenzial, sie zu übertreffen und sie daher zu ersetzen. Wenn man Bitcoin wegen dem einen oder anderen Grunde kritisiert, sollte man auch nicht vergessen, dass unser heutiges Währungssystem auch nicht perfekt ist und ebenfalls einen bedeutenden Energie- und Ressourcenaufwand verursacht.

Letztlich ist die Frage, wie viel Energie Bitcoin verbrauchen „darf". Ansichtssache. Wer in Kryptowährung keinen Vorteil sieht, wird denken, dass selbst eine einzige kWh schon zu viel ist. Wer hingegen denkt, dass das Aufkommen und die Entwicklung von Bitcoin unserer Gesellschaft oder seinem Portemonnaie zugutekommt, sieht in diesem Energieaufwand ein notwendiges Übel, der durch alle Beiträge von Bitcoin gerechtfertigt wird: Hier ist von der Blockchain bis hin zur reinen Dezentralisierung die Rede, durch die eine neue Art der Verwaltung und des Austauschs von Werten in großem Umfang und mit hoher Zuverlässigkeit ermöglicht wurde. Der Markt hat sich jedenfalls längst seine eigene Meinung gebildet.

2. Steuerwesen 2.0

Die Digitalisierung der Wirtschaft, die durch die Gewährung einer digitalen Identität für jede Person und die Verwendung dedizierter digitaler Währungen und Register gekennzeichnet ist, in denen Interaktionen ständig in Echtzeit stattfinden, könnte eine goldene Gelegenheit für Steuerverwaltungen der ganzen Welt sein, neuartige Modelle zu erforschen und anzuwenden. Wir werden hier über Mehrwertsteuer sprechen, ebenso über neue Steuern und Sozialleistungen des Staats, die das Licht der Welt erblicken könnten.

2.1 Auf dem Weg zu einer Verallgemeinerung der Quellensteuer?

Das „In Echtzeit"-Konzept, das die Digitalisierung der Wirtschaft auszeichnet, wird aus steuerlicher Sicht in „Quellensteuer" übersetzt, das heißt, sobald die Aktion stattfindet, auf die die Steuer erhoben wird, zum Beispiel sobald man etwas kauft. Die Einkommensteuer wird in Deutschland bereits seit Jahrzehnten als Quellensteuer erhoben, das heißt, sobald Gehälter gezahlt werden. Die Mehrwertsteuer macht einen wesentlichen Teil der Staatseinnahmen der meisten Staaten aus. Hinzu kommen weitere spezifische Verbrauchssteuern, etwa auf Benzin oder Tabak. Auch für diese gilt, was ich hier erläutern werde. Der Einfachheit halber verwende ich den Begriff Mehrwertsteuer. Hier werden wir erneut das Konzept der Echtzeitzahlungen mit vergänglichen Währungen verwenden, das im vorherigen Teil vorgestellt wurde:

Die Steuerverwaltung erhebt für jede Transaktion, auf die sie sich bezieht, eine Zahlung, die von den interagierenden Parteien, dem verbrauchten Produkt oder

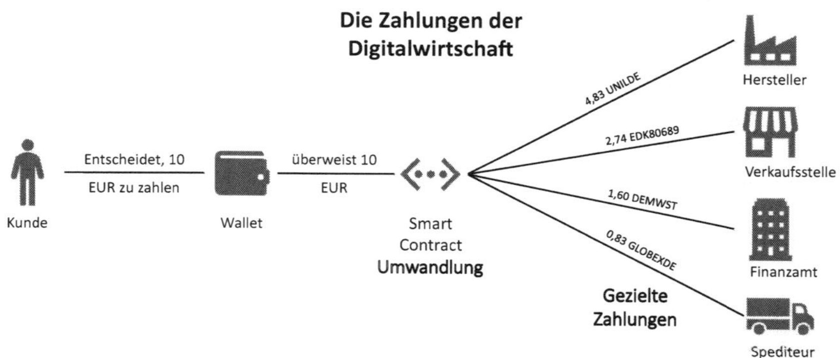

Abbildung 37: Zahlungen für die Digitalisierung der Wirtschaft erfolgen in Echtzeit, einschließlich Mehrwertsteuer

Quelle: Darstellung des Autors

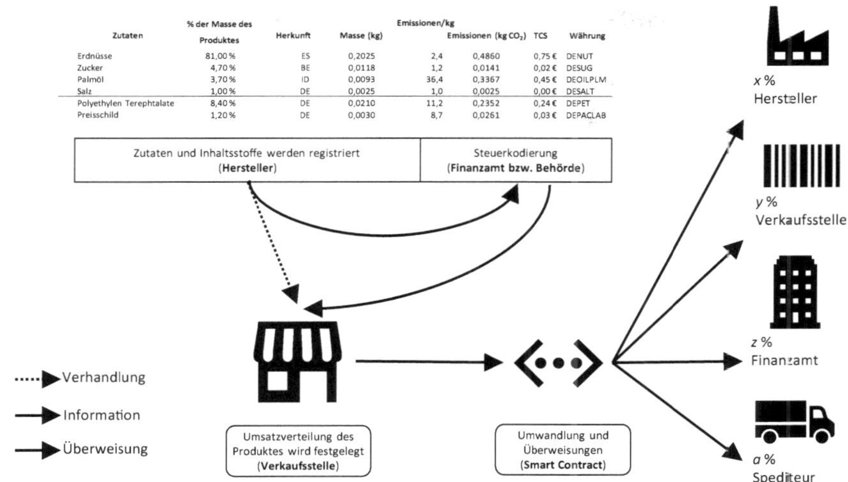

Zutaten	% der Masse des Produktes	Herkunft	Masse (kg)	Emissionen/kg	Emissionen (kg CO_2)	TCS	Währung
Erdnüsse	81,00 %	ES	0,2025	2,4	0,4860	0,75 €	DENUT
Zucker	4,70 %	BE	0,0118	1,2	0,0141	0,02 €	DESUG
Palmöl	3,70 %	ID	0,0093	36,4	0,3367	0,45 €	DEOILPLM
Salz	1,00 %	DE	0,0025	1,0	0,0025	0,00 €	DESALT
Polyethylen Terephtalate	8,40 %	DE	0,0210	11,2	0,2352	0,24 €	DEPET
Preisschild	1,20 %	DE	0,0030	8,7	0,0261	0,03 €	DEPACLAB

Abbildung 38: Beispiel für die Anwendung von vergänglichen Währungen auf Erdnussbutter; hier werden Steuern pro Zutaten über vergängliche Währungen angewendet

Quelle: Darstellung des Autors

der erbrachten Dienstleistung und dem Betrag abhängt. Der Kauf einer Briefmarke führt beispielsweise nicht zur Zahlung von DEMWST.

Zur Erinnerung gelten in Deutschland zwei Mehrwertsteuersätze:

- der normale Satz von 19 %, der standardmäßig für die meisten Verkäufe von Waren und Dienstleistungen gilt;
- der ermäßigte Satz beträgt 7 % und gilt für den Grundbedarf.

Man könnte sich dann vorstellen, dass der deutsche Staat bzw. Körperschaften des öffentlichen Rechts den Vorsatz „DE" in der Taxonomie digitaler Währungen vorwegnehmen, sodass jede Währung, deren Name mit „DE" beginnt, eine Währung wäre, die von der deutschen öffentlichen Verwaltung oder zum Beispiel eine Krankasse verwendet wird, egal ob es sich um eine Steuer oder eine Sozialleistung handelt. Zum Beispiel hätten wir „IE" in Irland oder „JP" in Japan. Die deutsche Steuerverwaltung würde daher DEMWST erstellen, um automatisch Mehrwertsteuer auf Waren und Dienstleistungen zu erheben, die auf deutschem Boden konsumiert werden. Diese Währung wäre vergänglich. Milliarden intelligenter Verträge würden die Verteilung der Zahlungen für jede Ware und Dienstleistung kodieren: Eine bei Rewe in Traunstein gekaufte Packung Milch würde zu einer anderen Verteilung der Zahlungen führen als dieselbe Packung Milch, die bei Edeka in Lübeck gekauft wird. Wir sehen es hier wieder, Produkte müssen mit einer digitalen Identität ausgestattet werden, damit der Smart Contract automatisch weiß, welcher Mehrwertsteuersatz entsprechend der Produktkategorie anzuwenden ist. Die Mehrwertsteuer würde systematisch an der Quelle auf äußerst präzise, effiziente und automatische Weise abgezogen, und die DEMWST-Ströme würden verwendet, um die Buchhaltung der Steuerverwaltung automatisch und in Echtzeit nach dem Grundsatz der vergänglichen Währungen zu vereinfachen. Es wird keine Zahlungsverzögerungen oder -ausfälle mehr geben, die Berechnung der Beträge erfolgt automatisch durch Smart Contracts, die Buchhaltung wird weitgehend automatisiert und jeder, der die Zahlungen in einem bestimmten Register, beispielsweise einer Verkaufsstelle, einsehen kann, wird sofort wissen, wofür DEMWST steht.

2.2 Auf dem Weg zu einer Individualisierung der Besteuerung?

Lassen Sie uns jetzt die Verwendung digitaler Identitäten und Smart Contracts weiter erforschen, um zu untersuchen, inwieweit diese neuen Werkzeuge der Besteuerung einen großen Sprung in Bezug auf Genauigkeit und Transparenz ermöglichen werden. In Zahlungssystemen der nahen Zukunft könnte das Prinzip des „Wer kauft was?" gelten, d. h. bestimmte Preise variieren je nach den Merkmalen der digitalen Identität des Käufers. Bitte beachten Sie, dass dies nur Vorschläge sind, die darauf abzielen, das Steuerwesen 2.0 weiter zu erläutern und die potenziellen Auswirkungen der in diesem Buch beschriebenen Techniken aufzuzeigen.

Hier sind einige Möglichkeiten für Steuern und Sozialleistungen des Staats, die dank digitaler Währungen und Register entstehen könnten:

- Mein BMI (Body-Mass-Index) wirkt sich exponentiell auf die Steuer aus, die auf die von mir gekauften zucker- und fetthaltigen Lebensmittelprodukte erhoben wird.

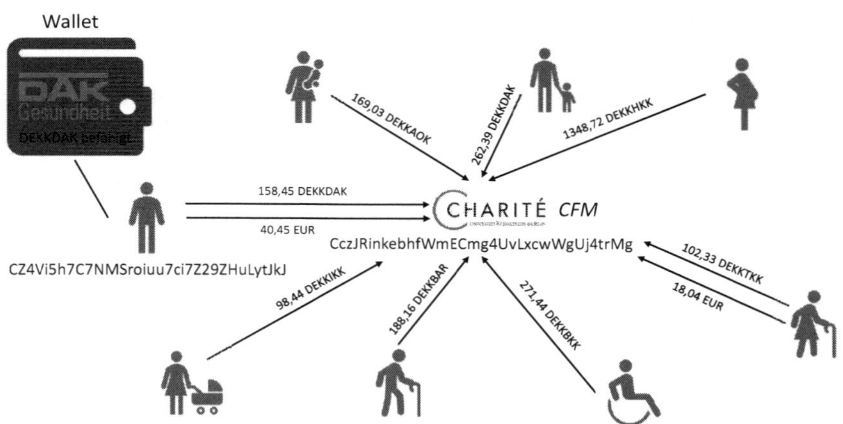

Abbildung 39: Vergängliche Währungen könnten die Buchhaltung im Gesundheitswesen ebenfalls vereinfachen

Quelle: Darstellung des Autors; weder die Charité noch die DAK Gesundheit bieten zurzeit ein solches System an bzw. nehmen an einem solchen System teil

- Wenn ich nicht gegen Covid geimpft bin, zahle ich jeden Monat eine bestimmte Steuer, wie sie Griechenland im Winter 2021-2022 kurzzeitig eingeführt hat.
- Wenn ich ein Eigenheim besitze, wird die Grundsteuer jeden Monat automatisch abgezogen.
- Wenn ich ein Auto besitze, zahle ich eine neue Kfz-Steuer, die von der Masse meines Fahrzeugs und meinem Wohnort abhängt (je dichter besiedelt, desto höher die Kfz-Steuer).
- Wenn jemand in einem bestimmten Monat keine Geldüberweisung von einem beim Wirtschaftsministerium registrierten Arbeitgeber erhält, erhält er/sie automatisch entsprechend Arbeitslosengeld (DEALG I).
- Das Arbeitslosengeld II (umgangssprachlich Hartz IV genannt), das Kindergeld und alle weiteren Sozialleistungen (Wohn-, Familien-, Alters-, Sozial-, Behindertenzulagen) könnten auch schrittweise so kodiert werden, dass sie automatisch an berechtigte Empfänger gezahlt werden, was beispielsweise verhindern würde, dass diese bestimmte Leistungen nicht erhalten.
- Eine Steuer auf die Nutzung von Bandbreite und die Speicherung von Online-Daten könnte eingeführt und von allen mit dem Internet verbundenen Objekten verlangt werden, sonst würden sie nicht funktionieren.

Die Allianz von digitalen Identitäten und Währungen würde es ermöglichen, die Besteuerung erheblich zu individualisieren und damit an Legitimität und Transparenz zu gewinnen, aber auch ihre Basis zu verbreitern, was ein entscheidender Hebel zur Steigerung der Steuereinnahmen ist. Meiner Meinung nach sollte jede Steuerverwaltung als Ziel haben, in den nächsten rund zehn Jahren die Steuererhebung vollständig zu automatisieren, was die Einkommenserklärung überflüssig machen würde, den Quellenabzug zu systematisieren, die Besteuerung zu individualisieren und deutlich transparenter, fairer, genauer und effektiver zu machen, unter anderem um unsere Konsumgesellschaft nachhaltiger zu gestalten. Die Auszahlung der Sozialleistungen muss ebenso automatisiert erfolgen. Jedes Ministerium bzw. Körperschaft des öffentlichen Rechts wird eigene Währungen verwalten, zum Beispiel DEALG I, DEALG II, DERENTE, DEKINDG usw. für Sozialleistungen sowie DEKKDAK, DEKKAOK, DEKKHKK, DEKKTKK, DEKKBKK, DEKKAUD, DEKKBAR usw. für Krankenkassen. Behörden und Unternehmen werden eine ganze Reihe dedizierter digitaler Währungen verwalten und im Gegenzug zur Entstehung und kontinuierlichen Entwicklung der Digitalisierung der Wirtschaft beitragen.

2.3 Vorschlag für eine individuelle Innenstadtmaut

2.3.1 Was ist Ignite?

Ignite ist ein Vorschlag für ein dynamisches städtisches Mautsystem, dessen Berechnung in Echtzeit anhand mehrerer Daten zum Fahrzeug (Anzahl der Fahrgäste, Herstellerangaben zu CO_2-Emissionen) und der äußeren Umgebung (Verkehrslage, Luftqualität) durchgeführt wird, die aus Orakeln bzw. digitalen

Registern stammen. Anders als beispielsweise die City-Maut in London, die immer gleich ist, wird Ignite in Echtzeit berechnet, an jede Fahrt angepasst und Autofahrern vor, während und nach der Fahrt in Form eines Berechnungsnachweises vorgelegt. Da Ignite fair, genau, transparent und individualisiert ist, hat es eine größere Chance, von den Steuerzahlern akzeptiert zu werden, als eine Pauschalsteuer.

2.3.2 Wie wird Ignite berechnet?

Ignite wird basierend auf sechs Kriterien dynamisch berechnet:

- die Anzahl der im Fahrzeug anwesenden Personen (einschließlich Kinder und Babys)
- der aktuelle Luftverschmutzungsindex in der Gemeinde
- der aktuelle Straßenverkehrsstauindex in der Gemeinde
- CO_2-Emissionsindex des Fahrzeugs im Stadtzyklus
- der Gemeindekoeffizient (siehe unten)
- etwaige Mautgebühren (Tunnel usw.)

Ein „Gemeindekoeffizient" (eine ganze Zahl zwischen 0 und 10), der zur Berechnung von Ignite verwendet wird, wird von jeder Gemeinde bei der Einführung des Systems und dann bei jeder Wahl festgelegt. Je höher dieser Koeffizient, desto niedriger die Ignite-Maut und umgekehrt.

Tabelle 6: Beispiel für Informationsquellen, die vom intelligenten Vertrag von Ignite in Paris gebraucht würden

Information	Quelle	Typ
Personenzahl	Interne Fahrzeugsensoren	Echtzeit
CO_2-Emissionsindex des Fahrzeugs	Digitale Identität des Fahrzeugs	Fest
Luftqualitätsindex	Airparif → Orakel	Echtzeit
Stauindex	Sytadin → Orakel	Echtzeit
Gemeindekoeffizient [0–10]	Stadtverwaltung	Fest, bei jeder Wahl einstellbar
Maut	Geolokalisierung und Autobahnunterneh-men	Echtzeit

Quelle: Darstellung des Autors

2.3.3 Berechnungsbeispiel

Die Variablen in der Formel wären wie folgt:

- Anzahl der Personen: n
- CO_2-Emissionsindex des Fahrzeugs: e/ea
- Luftqualitätsindex: q/qa
- Stauindex: d/d

- Gemeindekoeffizient [0–10]: c
- Maut: p

$$Ignite = \frac{\left(\left(\frac{e}{e^a}+0,1\right)\times\frac{q}{q^a}\times\frac{j}{j^a}\right)^2}{2^{(n+c+2025\text{-}Jahr)}} + p$$

Beispiel ohne Berücksichtigung des Jahres:

- Anzahl der Personen: 3
- CO_2-Emissionsindex des Fahrzeugs: 122/100 = 1,22
- Luftqualitätsindex: 36/50 = 0,72
- Stauindex: d/d = 135/100 = 1,35
- Gemeindekoeffizient [0–10]: c = 4
- Maut: p = 0

$$Ignite = \frac{(1{,}32 \times 0{,}72 \times 1{,}35)^2}{2^7} + p = \frac{1{,}6461916416}{128} = 0{,}0128608722 \text{ € pro km}$$

Hier sehen Sie, dass digitale Währungen für Mikrotransaktionen verwendet werden können, inwiefern die digitale Identität von Maschinen verwendet werden und die Komplexität eines intelligenten Vertrags weit über einen einfachen Austausch von Währungen oder Waren hinausgehen kann.

Hier sind einige zusätzliche Informationen über das System:

- Ignite wird von der Gemeinde automatisch erhoben, wenn das Fahrzeug diese verlässt, entsprechend der Anzahl der in der Gemeinde gefahrenen km und der oben aufgeführten Berechnung.
- Ignite wird dem Fahrer des Fahrzeugs in Rechnung gestellt, der diese Kosten insbesondere, wenn es um Taxis bzw. Taxidienste mit Privatwagen (Uber usw.) geht, Mitfahrern in Rechnung stellen kann.
- Der Fahrer wird automatisch vor seiner Fahrt (Schätzung), während und nach der Fahrt über den abgebuchten Betrag informiert.
- Ignite wird nicht für Fahrten von weniger als 100 Metern und für die Benutzung von Fahrzeugen im beruflichen Bereich (Handwerker, Krankenpflege usw.) angerechnet, abgesehen von Taxis und Taxidiensten mit Privatwagen.
- In Ignite wird die Erhebung und Zuweisung von Beträgen an Gemeindekassen anhand eines digitalen Registers auf sehr transparente und zuverlässige Weise ausgeführt.
- Stadtverwaltungen könnten die erhobenen Beträge verwenden, um z.B. öffentliche Verkehrsmittel aufzubauen, Parks zu bauen, Bäume zu pflanzen; sie könnten ebenfalls Bürgern durch eine ständige Online-Volksabstimmung ermöglichen, über die Projekte in ihrer Gemeinde abzustimmen, die sie am liebsten über Ignite würden finanzieren lassen.

2.3.4 Die Vorteile von Ignite

Ignite bietet je nach Teilnehmer mehrere Vorteile:

- Die Berechnung, Erhebung und Zuteilung von Ignite erfolgen dank eines digitalen Registers transparent und fair in Euro oder in einem stabilen Government-Token: Jeder zahlt nach seiner Umweltbelastung in Echtzeit.
- Örtliche Behörden können dank Ignite ihre Straßeninfrastruktur, öffentliche Verkehrsmittel bzw. andere Projekte von gemeinsamem Interesse finanzieren.
- Ignite wird in Echtzeit von der Stadtverwaltung erhoben.
- Vergängliche Währungen, die nach den durchquerten Gemeinden benannt werden, z. B. DE48488 für Emsbüren, könnten dem System eine gewisse Rückverfolgbarkeit hinzufügen, nach dem Motto: Ich zahle regelmäßig in DE48488 → Ich wohne wahrscheinlich in bzw. neben Emsbüren.
- Ignite ist ein Anreizsystem, das Bürger entmutigt oder sogar davon abhält, ihr Auto zu nehmen, wenn die Luftqualität schlecht ist und/oder es viele Staus in einer Gemeinde gibt, und sie ermutigt, gemeinsam bzw. ohne Auto zu reisen.
- Die Formel könnte vom obigen Vorschlag abweichen; die Dichte der Gemeinde oder bestimmte Daten der digitalen Identität des Fahrers könnten zum Beispiel in der Berechnung berücksichtigt werden, zum Beispiel: Ignite wird höher oder niedriger, wenn ich in der Gemeinde selber wohne.

2.3.5 Wie könnte Ignite eingeführt werden?

Die Umsetzung von Ignite könnte durch folgende Maßnahmen begünstigt werden:

- Die Gemeinde könnte die öffentlichen Verkehrsmittel kostenlos machen (weil von Ignite finanziert).
- Fahrer, deren Fahrzeug mit dem Ignite-System ausgestattet ist, würden weniger zahlen, da mehr Kriterien, die die Ignite-Maut reduzieren, in der Berechnung berücksichtigt werden könnten; Fahrer ohne das Ignite-System würden einen ziemlich hohen Pauschalbetrag zahlen, wie zurzeit in London z. B. der Fall.
- Ignite könnte auf einem niedrigen Niveau eingeführt werden, beispielsweise ein paar Cent pro Fahrt, indem beispielsweise ein hoher Kommunalkoeffizient festgelegt wird.
- Mehrere Gemeinden oder sogar ganze Regionen könnten gleichzeitig Ignite einführen, da Fahrer eine einzelne Stadt mit Ignite vermutlich meiden würden.

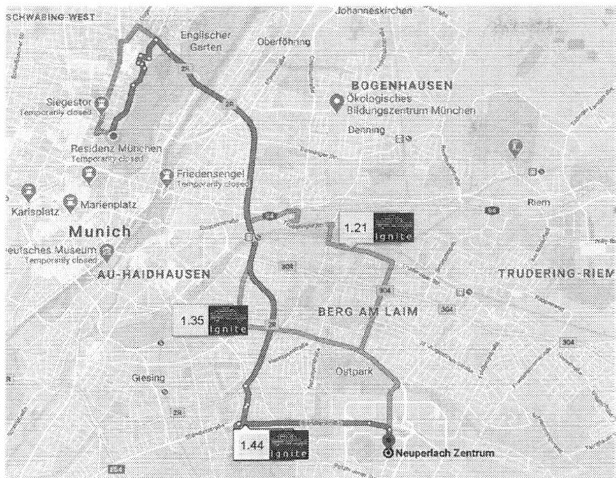

Abbildung 40: Was wäre, wenn Google Maps den Wert von Ignite basierend auf Ihrem Fahrzeug, der aktuellen Luft- und Verkehrssituation in der Gemeinde in Echtzeit anzeigen würde?

Quelle: Google Maps, mit Ergänzungen des Autors

- Die erwarteten Vorteile für die Umwelt sowie die daraus resultierenden Auswirkungen auf die Lebensqualität der Einwohner könnten von den teilnehmenden Gemeinden in den Medien beschrieben werden.
- Der innovative Aspekt und die Relevanz des Modells in unseren zunehmend verschmutzten und überlasteten Städten könnten ebenfalls hervorgehoben werden.

3. Die ökologische Marktwirtschaft

Abschließen möchte ich dieses Buch mit zwei Vorschlägen zur systematischen Integration der Ökologie in die Wirtschaft beenden, an denen ich derzeit arbeite und mit denen ich bereits mehrere Preise gewinnen konnte. Ich betrachte das Aufkommen digitaler Währungen und Register als historische Chance, um den Kapitalismus, wie wir ihn heute kennen, gründlich zu ändern. Im heutigen Kapitalismus wird nur der wirtschaftliche Wert von Waren und Dienstleistungen berücksichtigt, sodass die Natur bestenfalls als eine Belastung unter anderem in den Selbstkosten einer Ware oder Dienstleistung betrachtet wird, schlimmstenfalls in der wirtschaftlichen Kalkulation völlig außer Acht gelassen wird.

3.1 Versöhnen wir uns mit der Realität

Das Gesetz von Angebot und Nachfrage stellt die grundlegende Realität der Wirtschaft dar, die sich im Rahmen freier Märkte treffen und zur Bildung des wesentlichsten Indikators der Marktwirtschaft führen: dem Preis. Der Markt für Vermögenswerte, Waren und Dienstleistungen ist in den meisten Ländern seit

Jahrzehnten liberalisiert worden. Der primäre Kapitalmarkt ist es nicht, weil die Geldausgabe ausschließlich von den Zentralbanken ausgelöst und verwaltet wird. Ich möchte hier noch einmal Saifedean Ammous, den Autor von „The Bitcoin Standard“, zitieren: „Die Geldmengenplanung durch eine Zentralbank ist weder wünschenswert noch möglich ... Somit wird der wichtigste Markt einer Volkswirtschaft den wenigen Menschen anvertraut, die ausreichend eitel und ignorant gegenüber den Realitäten der Marktwirtschaft sind, um zu glauben, dass sie einen so riesigen, abstrakten und wichtigen Markt zentral planen können, wie den Kapitalmarkt. Sich vorzustellen, dass Zentralbanken Rezessionen „verhindern“, „bekämpfen“ oder „bewältigen“ könnten, ist genauso phantasievoll und fehlgeleitet, wie Brandstifter zu Feuerwehrleuten zu machen.“ (Quelle: Saifedean Ammous, The Bitcoin Standard, Seite 119) Durch Kryptowährungen wird dieses Monopol der Zentralbanken auf die Ausgabe von Geld in Frage gestellt und diese werden gedrängt, die Bewegung zur Schaffung ihrer CBDCs zu beschleunigen. Wir befanden uns seit ca. zehn Jahren bis zum Anfang des Jahres 2022 in der Ära des einfachen Geldes, da von allen Zentralbanken riesige Geldmengen ausgestellt wurden, offiziell um Krisen zu bewältigen. Diese Bewegung hat sich mit der Covid-19-Pandemie deutlich beschleunigt, und dafür finden Regierungen bzw. Zentralbanken immer gute Gründe, weswegen die staatliche Verschuldung überall explodiert ist. Wir können wirklich von einer Flucht nach vorne sprechen, und die Zentralbankdirektoren finden es zunehmend schwierig, ihre irrsinnigen Geldausgaben und die Beibehaltung der Zinssätze auf sehr niedrigem Niveau zu rechtfertigen. Anfang 2022 haben sich Zentralbanken dafür entschieden, weniger Geld auszustellen, weniger Schulden von Staaten abzukaufen und ihre Leitzinsen zu erhöhen, um gegen die Inflation zu kämpfen, die sie zum Teil durch die hohe Menge an geschaffenem Geld selber hervorgebracht hatten.

Die Realität der Umwelt sind CO_2e-Emissionen, wobei e für „equivalent“ (Äquivalent) steht, da auch Methan oder weitere Gassorten zum Treibhauseffekt beitragen. Wir sind jetzt in der Lage, mit relativ hoher Genauigkeit die Treibhausgasemissionen zu messen, die durch die meisten Produkte, Dienstleistungen und Aktivitäten verursacht werden, die wir produzieren, konsumieren oder ausführen: ein Kilo Bio-Äpfel aus Südtirol, die in LKW transportiert und in Pforzheim verkauft werden, eine Flugreise von Frankfurt (FRA) nach Newark (EWR) in einem Airbus A320 ohne Zwischenstopp, eine Margherita-Holzofenpizza mit 33 cm Durchmesser, ein 250-ml-Shampoo, 30 km mit dem Fahrrad usw. Der CO_2-Fußabdruck von Waren hat aber im heutigen System keinen Einfluss auf deren Preis: Das ist genau das Problem. Von Umwelt oder Nachhaltigkeit zu reden, ohne die Integration von CO_2e-Emissionen in unser Wirtschaftssystem in Betracht zu ziehen, ist wie die Katze um den heißen Brei herumzuschleichen. Wir ignorieren in unserem heutigen Wirtschaftssystem die Umwelt bewusst, deswegen ist Palmöl aus Indonesien oftmals billiger als Rapsöl oder Sonnenblumenöl aus Österreich, deswegen kostet ein Rindsteak genauso viel wie ein „Steak“ aus Tofu, deswegen war fliegen lange Zeit billiger als mit dem Zug fahren, was auf der Umweltebene Unsinn ist.

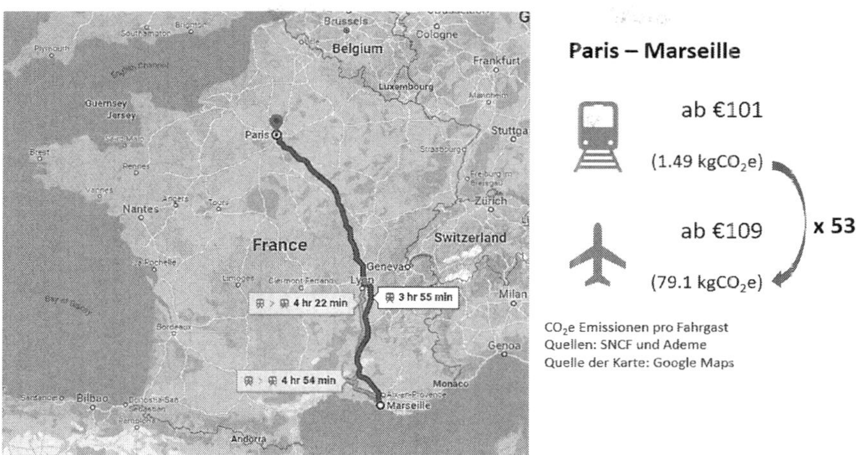

Abbildung 41: Im Mobilitätsbereich wie in weiteren Bereichen hat der verursachte CO_2-Ausstoß keinen Einfluss auf den Preis

Quelle: Darstellung des Autors und Google Maps

Wir befinden uns leider immer noch in einem Wirtschaftssystem, in dem die meisten Beteiligten bestenfalls kein wirtschaftliches Interesse daran haben, die Umwelt zu schonen, schlimmstenfalls ein Interesse daran haben, sie direkt oder indirekt zu zerstören, um „Wert" zu schaffen oder das BIP letztendlich zu steigern. Die Realität durch Logiken und Systeme zu ersetzen, die wir so entwickelt haben, weil es an einem bestimmten Zeitpunkt (z. B. nach dem zweiten Weltkrieg) vorteilhaft für uns war, ist nicht länger tragfähig: Rezessionen, Krisen, Ungleichheiten und Blasen in der Wirtschaft, Klimawandel und der Zusammenbruch der biologischen Vielfalt in der Umwelt zeigen uns fast täglich, dass wir auf dem falschen Weg sind. Diese Folgen werden sich verschärfen, wenn wir die Geldausgabe weiterhin willkürlich und undurchsichtig kontrollieren und die Umwelt in unseren Wirtschafts- und Geldsystemen ignorieren wollen. Der Kapitalismus ist krank; die Wirtschafts- und Umweltkrise, in der wir uns längst befinden, zeigt es uns täglich. Diese Krise ist weder eine ausschließliche Tatsache der Regierungen noch der Unternehmen noch der Verbraucher, sondern des Wirtschaftssystems, in dem all diese Teilnehmer handeln und aus dem sie unablässig versuchen, jeder auf seine eigene Art und Weise und auf seiner eigenen Ebene das Beste zu ziehen. Dieses System ist veraltet. Es ist sinnlos, jemandem den Schwarzen Peter zuschieben zu wollen, einen anderen Systemteilnehmer oder ein anderes Land als Schuldige zu benennen. Wir müssen das System ändern.

Ein gutes System besteht aus einer Reihe von Regeln und Prinzipien, die auf natürliche Weise, d. h. ohne oder mit sehr geringem Eingriff, Teilnehmer mit unterschiedlichen Profilen, Rollen und Interessen dazu ermutigen, ihre Bemühungen, ihre Energie, ihr Kapital usw. bereitzustellen, um ihnen, dem System selbst, den anderen Teilnehmern sowie Entitäten außerhalb des Systems, wie zum Beispiel der Umwelt, zugutezukommen. Die ökologische Marktwirtschaft ist ein Wirtschafts- und Währungssystem, in dem der Preis gleichermaßen von zwei Realitäten bestimmt wird: Angebot und Nachfrage für die wirtschaftliche Seite, die verursachten THG-Emissionen für die ökologische Seite. In jedem Preis werden somit diese beiden Variablen berücksichtigt, während im derzeitigen System nur die wirtschaftliche Variable berücksichtigt wird, was zu den uns bekannten Konsequenzen führt. In einem solchen System steht es jedem Einzelnen oder Unternehmen frei, das zu konsumieren, was er will und sich leisten kann, in voller Kenntnis der ökonomischen und ökologischen Komponenten des Produkts bzw. der Dienstleistung, die er oder sie erwirbt, weil diese im Preis enthalten sind.

Freiheit ist untrennbar mit Verantwortung verbunden und eine Voraussetzung für unsere Entfaltung: Sie ist daher ein grundlegender Bestandteil dieses Systems. Unser derzeitiges System führt uns zu einer Klimakatastrophe, weil den Teilnehmern dieses Systems (Regierungen, Unternehmen und Bürger) die Verantwortung (im ökologischen Bereich) entzogen wurde, die als Pendant für ihre Freiheit gelten sollte: Wir können das konsumieren, was wir wollen aber zahlen nicht (sofort) für die Umweltauswirkungen der Produkte, Aktivitäten und Dienstleistungen, die wir verbrauchen. Wir schieben diese Rechnung anhand unseres derzeitigen verantwortungslosen Wirtschaftssystems auf die nächste Generation über die Verschuldung und die Verschmutzung der Umwelt, in der diese leben wird, sowie auf andere Länder, die direkter als wir vom Klimawandel betroffen sind bzw. die sich weniger dagegen wehren können als wir. Luxusprodukte und -dienstleistungen auf der Umweltebene wie z. B. Fleisch oder Fliegen werden künstlich billig gehalten, vor allem weil die ökologischen Auswirkungen dieser Aktivitäten und Produkte sich gar nicht in deren Preis widerspiegeln. Leider drängt sich uns die Realität immer wieder auf, wie wir es heutzutage mit dem Klimawandel immer mehr sehen können.

Dass jeder jeden Tag Fleisch essen oder nach Lust und Laune fliegen kann, wird manchmal sogar als gesellschaftlicher Fortschritt dargestellt. Das mag in den 1970er-Jahren der Fall gewesen sein, aber heute ist es so, als würden wir das Haus essen, in dem wir leben, im Stil von Hänsel und Gretel. Das offensichtlichste Zeichen dafür, dass unser Wirtschaftssystem zusammengebrochen ist, ist in der Tat, dass sein grundlegender Indikator, der Preis, nicht die ökologische Realität widerspiegelt, weil wir alles getan haben, um die Umweltauswirkungen, die durch die Produktion unserer Waren und Dienstleistungen verursacht werden, zu unterschätzen oder völlig zu ignorieren: Entfernung, Abfallproduktion, Ressourcenverbrauch, Verschlechterung von Böden, Wäldern und Ozeanen usw. Dazu kommt noch das tierische Leid, das allerdings nicht quantifiziert werden kann, aber das einen bedeutenden Kollateralschaden unserer Konsumgesellschaft darstellt und ebenfalls von den meisten gerne ignoriert wird. In der ökologischen Marktwirtschaft spiegeln sich die wirtschaftlichen ökologischen Realitäten in den Preisen wider, sodass jeder Teilnehmer fundierte Entscheidungen treffen kann und die ökologische Verantwortung anhand Messungen und wirtschaftlicher Verfahren systematisch im Preis umgesetzt wird.

Wenn die spanische Avocado 50 % weniger als ihr mexikanisches Äquivalent kosten wird, werden die Verbraucher ihre Ausgaben natürlich umlenken, basierend auf der Realität der CO_2e-Emissionen, die durch die Produktion und den Transport von Avocados aus Mexiko im Vergleich zu spanischen Avocados verursacht werden. Diese Realität würde also im Preis widergespiegelt, zusammen mit dem wirtschaftlichen Prozess, Avocados in beiden Ländern zu züchten und diese bis zum Supermarkt um die Ecke zu transportieren. Diese Logik fehlt in unserem gegenwärtigen Wirtschaftssystem völlig; nur der gute Wille von Unternehmen oder Verbrauchern spricht derzeit für ökologische Verantwortung, aber dies ist nicht genug und zu willkürlich, um zu hoffen, unseren Konsum nachhaltig zu gestalten. Nur mit gutem Willen können wir nicht hoffen, mehr als 5 % des Verbrauchs nachhaltig zu gestalten: Es wird immer mehr oder weniger 5 % der Menschen geben, die sich vegan bzw. vegetarisch ernähren, die nicht fliegen wollen, die keinen Kunststoff verbrauchen usw. Aber Dinge ändern sich nicht mit 5 %. Diejenigen, die etwas ändern wollen, müssen 100 % als Ziel haben. Es wird daher ein System benötigt, was bedeutet, dass alle Teilnehmer betrifft und dass für 100 % des Verbrauchs gilt.

Der vom Ende des Bretton-Woods-Systems vor fünfzig Jahren geerbte Kapitalismus ist am Ende seiner Kraft. Leichtes Geld ist keine gute Idee. Preise spiegeln die ökologische Realität überhaupt nicht wider und erfüllen daher nur halbwegs ihre Rolle als Indikator. Die Verschuldung hat ein zu hohes Niveau erreicht. Die Zeit ist also reif für ein anderes System. Die Marktwirtschaft ist und bleibt das dominierende Wertetauschsystem der Menschheit, weil sie das Zusammenspiel von Angebot und Nachfrage am besten zum Ausdruck bringt, sofern sie mit guten Währungen ausgestattet ist. Dem Preis muss eine umweltbezogene Komponente hinzugefügt werden, um die Umwelt konsequent in die Marktwirtschaft zu integrieren. Dazu muss die Umwelt in etwas umgewandelt werden, das mit der Marktwirtschaft vereinbar ist: Maße, die in Werte umgewandelt werden, die in Form von Währungen ausgedrückt werden. Wir können uns darauf einigen, dass je höher die CO_2e-Emissionen einer Ware oder einer Dienstleistung ist, desto „unerwünschter" diese für die Umwelt ist, und desto stärker muss deren Kauf oder deren Verbrauch eingeschränkt werden. Dabei stehen uns zwei Möglichkeiten zur Verfügung, um diese Emissionen in Wert umzuwandeln: in Form einer Steuer oder in Form einer Belohnung.

3.2 TCS: ein zu 100 % ökologischer Mehrwertsteuervorschlag

3.2.1 Die MwSt. der neuen Generation

Stellen Sie sich vor, dass für jeden Bestandteil von Produkten des täglichen Bedarfs eine vergängliche Währung geschaffen wird: Lebensmittel, Kosmetika, Waschmittel usw. Jede Währung würde einer Zutat bzw. einem Inhaltsstoff gewidmet und kodiert, damit ein Steuersatz in Abhängigkeit von Umweltkriterien angewendet werden kann: Zutatentyp, Masse, Produktionsmethode (biologisch oder nicht), Herkunft. Jeder Produktkauf würde eine Umrechnung in so viele Währungen auslösen, wie das Produkt Zutaten bzw. Inhaltsstoffe enthält, die zusammen eine Verbrauchssteuer bilden würden, die direkt und ausschließlich vom CO_2-Fußabdruck der Zutaten bzw. Inhaltsstoffe abhängig wäre, aus denen das Produkt besteht. Das System heißt TCS für „Tailored Contribution System". Zum Beispiel hätten wir die Zahlungen wie in Tabelle 7 ausgeführt.

Tabelle 7: Durch TCS werden so viele Mikrozahlungen ausgelöst, wie das Produkt Zutaten enthält

Inhaltsstoff/Zutat	% der Masse des Produktes	Bio ?	Herkunft	Emissionen/kg	Masse (kg)	Emissionen (kg CO_2)	TCS	Währung
Schweinefleisch	62,00 %		DE	12,1	0,0620	0,7502	0,75 €	DEMEATPK
Wasser	15,00 %		DE	0,3	0,0150	0,0045	0,00 €	DEWTR
Rindfleisch	5,00 %		AU	27,0	0,0050	0,1350	0,22 €	DEMEATBF
Bacon	4,00 %		AU	12,1	0,0040	0,0484	0,12 €	DEMEATBC
Pistazien	3,00 %	x	IR	4,3	0,0030	0,0129	0,02 €	DENUT
Ionisiertes Speisesalz (Speisesalz, Kalium jodat)	0,18 %		NL	1,0	0,0002	0,0002	0,00 €	DEADD
Konservierungsmittel: Natriumnitrat	0,16 %		US	2,0	0,0002	0,0003	0,00 €	DEADD
Geschmacksverstärker	0,14 %		BE	2,0	0,0001	0,0003	0,00 €	DEADD
Aroma	0,12 %		BE	2,0	0,0001	0,0002	0,00 €	DEADD
Stabilisatoren (Natriumcitrat, Diphosphat)	0,10 %		NL	2,0	0,0001	0,0002	0,00 €	DEADD
Dextrose	0,12 %	x	AT	2,0	0,0001	0,0002	0,00 €	DESUG
Zucker	0,09 %	x	AT	2,0	0,0001	0,0002	0,00 €	DESUG
Antioxidans (Ascorbinsäure)	0,03 %		DE	2,0	0,0000	0,0001	0,00 €	DEADD
Antioxidationsmittel (Natriumascorbat)	0,03 %		DE	2,0	0,0000	0,0001	0,00 €	DEADD
Geschmacksverstärker: Mononatriumglutamat	0,03 %		UK	2,0	0,0000	0,0001	0,00 €	DEADD
Polyvinylchlorid	8,40 %		DE	11,2	0,0084	0,0941	0,09 €	DEPVC
Polyethylen niedriger Dichte	0,40 %		DE	11,6	0,0004	0,0046	0,00 €	DELDPE
Preisschild	1,20 %		DE	8,7	0,0012	0,0104	0,01 €	DEPACLAB
						Summe	**1,24 €**	**30,9 %**
						DEMWST (aktuelles System):	0,19 €	

Quelle: Darstellung des Autors

Um Hersteller zur Teilnahme am System zu motivieren, würde es so konzipiert, dass es bei fehlenden Informationen ungünstige Vorgabewerte verwenden würde:

- Ein Produkt ohne verlässliche Herkunftsangaben würde als aus dem anderen Ende der Welt stammend angesehen.
- Ein Produkt würde standardmäßig als nicht biologisch betrachtet.
- Die genaue Zusammensetzung des Produkts (in %) könnte auch nicht einsehbar sein, um Herstellungsgeheimnisse zu schützen.

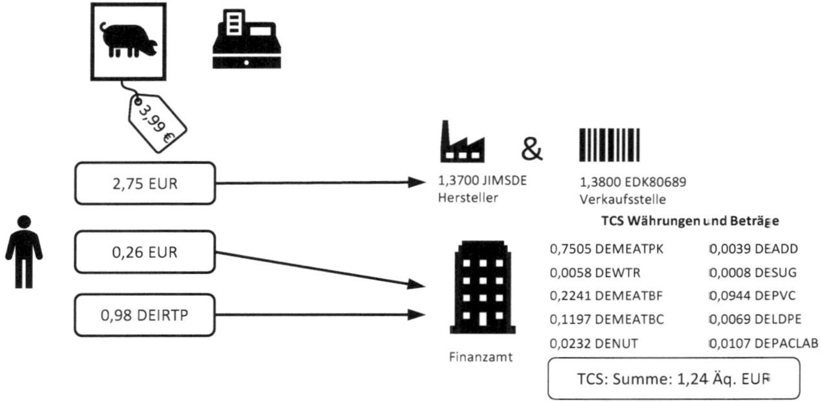

Abbildung 42: Alle Steuern werden sofort beim Kauf in Form von vergänglichen Währungen an das Finanzamt überwiesen

Quelle: Darstellung des Autors

Jedes Produkt und jede Dienstleistung haben einen CO_2-Fußabdruck. Intuitiv denken wir an Konsumgüter, Möbel, Lebensmittel und Verkehrsmodi, aber die digitale Identität aller Produkte und Dienstleistungen wird morgen einen CO_2-Fußabdruck enthalten, der sich positiv oder negativ auf den Preis auswirkt. Der CO_2-Fußabdruck der folgenden Dienstleistungen könnte beispielsweise demnächst berechnet werden:

- Eine Kinovorstellung, abhängig von den CO_2-Emissionen, die durch die Herstellung des Films verursacht werden.
- Ein Tag Ihres Kindes im Kindergarten, in der Schule, in der Realschule oder im Gymnasium, je nachdem, was es dort isst und wie die Räumlichkeiten geheizt werden.
- Ein Kandidat für eine Wahl auf der Grundlage der durch seine Kampagne verursachten CO_2-Emissionen.

Dieses System nutzt die drei grundlegenden Eigenschaften der digitalen Währungen:

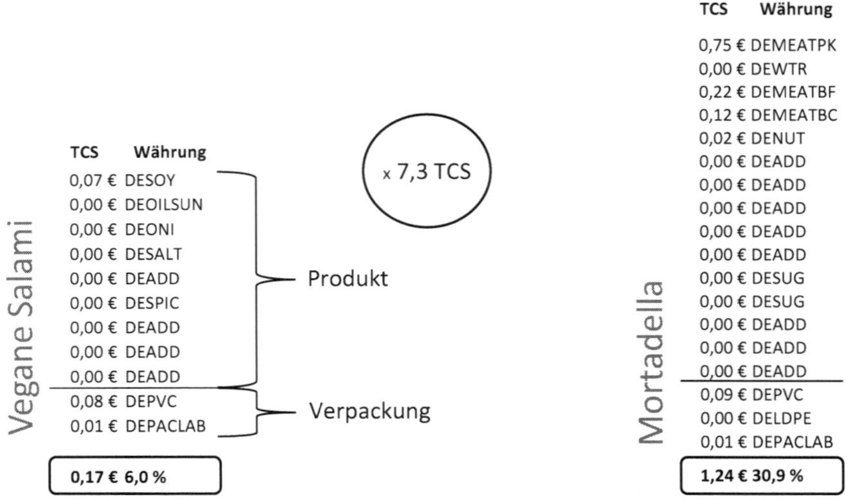

Abbildung 43: Ein Fleischprodukt und sein Sojaäquivalent würden unter TCS sehr unterschiedlich besteuert

Quelle: Darstellung des Autors

- Jede Währung ist so programmiert, dass sie verwendet wird, wenn die entsprechende Zutat Teil eines vom Verbraucher gekauften Produkts ist.
- Jede Zahlung wird in viele Mikrozahlungen unterteilt, um eine hohe Genauigkeit zu gewährleisten.
- Jede Währung ist einer Zutat gewidmet und trägt einen Namen, der ihre Identifizierung ermöglicht, um als Informationsträger zu dienen; so wird DECOSNA im Beispiel des unteren Shampoos verwendet, um Umweltsteuern auf die Bestandteile natriumhaltiger Kosmetikprodukte in Deutschland zu erheben.

Tabelle 8: Beispiel für ein komplexeres Produkt: ein Shampoo

Produkt: Herbal Essences Coconut Milk	Anteil der Produktmasse	Bio ?	Herkunftsland	Emissionen/kg	Masse (kg)	Emissionen (kg CO_2)	TCS	Währung
Aqua	65,56 %		FR	0,1	0,1639	0,0164	0,08 €	DEAQUA
Sodium Laureth Sulfate	6,33 %		DE	3,3	0,0158	0,0527	0,05 €	DECOSNA
Cocamidopropyl Betaine	3,11 %		BE	5,3	0,0078	0,0414	0,04 €	DECOSALC
Sodium Lauryl Sulfate	2,04 %		BE	1,9	0,0051	0,0095	0,01 €	DECOSNA
Sodium Citrate	1,51 %	x	DE	0,0	0,0038	0,0001	0,00 €	DECOSNA
Sodium Xylenesulfonate	1,19 %		NL	6,0	0,0030	0,0179	0,02 €	DECOSNA
Sodium Chloride	0,97 %		US	3,0	0,0024	0,0073	0,02 €	DECOSNA
Stearyl Alcohol	0,82 %		BE	7,5	0,0020	0,0153	0,02 €	DECOSALC
Parfum	0,70 %		BE	0,5	0,0018	0,0009	0,00 €	DECOSPAR
Cetyl Alcohol	0,61 %		NL	9,1	0,0015	0,0140	0,01 €	DECOSALC
Glycol Distearate	0,54 %	x	AT	1,8	0,0014	0,0024	0,00 €	DECOSALC

Produkt: Herbal Essences Coconut Milk	Anteil der Produkt-masse	Bio ?	Her-kunfts-land	Emissio-nen/kg	Masse (kg)	Emissio-nen (kg CO_2)	TCS	Währung
Glycerin	0,48 %	x	AT	9,8	0,0012	0,0118	0,01 €	DECOSALC
Dimethiconol	0,44 %		NL	9,7	0,0011	0,0106	0,01 €	DECOSALC
Citric Acid	0,39 %		NL	2,3	0,0010	0,0022	0,00 €	DECOSACID
Sodium Benzoate	0,36 %		NL	3,3	0,0009	0,0030	0,00 €	DECOSNA
Dimethicone	0,33 %		NL	3,3	0,0008	0,0027	0,00 €	DE-COSPDMS
Hexyl Cinnamal	0,30 %		NL	8,5	0,0008	0,0064	0,01 €	DECOSPLA
Guar Hydroxypropyltri-monium Chloride	0,28 %		NL	0,7	0,0007	0,0005	0,00 €	DECOSCL
Tetrasodium EDTA	0,26 %		NL	4,0	0,0006	0,0026	0,00 €	DECOSNA
Sodium Hydroxide	0,24 %		NL	4,4	0,0006	0,0026	0,00 €	DECOSNA
TEA-Dodecybenzenesul-fonate	0,22 %		FR	4,2	0,0006	0,0023	0,00 €	DECOSHAM
Polyquaternium-6	0,21 %		FR	1,0	0,0005	0,0005	0,00 €	DECOSACR
Trihydroxystearin	0,19 %		FR	3,0	0,0005	0,0015	0,00 €	DECOSTRIG
Trideceth-10	0,18 %		FR	9,8	0,0004	0,0044	0,00 €	DECOSTRIG
Histidine	0,17 %		FR	2,6	0,0004	0,0011	0,00 €	DECOSACID
Benzyl Salicylate	0,16 %		BE	2,8	0,0004	0,0011	0,00 €	DECOSACID
Limonene	0,15 %		BE	3,7	0,0004	0,0013	0,00 €	DECOSTERP
Linalool	0,14 %		BE	0,5	0,0003	0,0002	0,00 €	DECOSALC
Propylene Glycol	0,13 %		FR	1,4	0,0003	0,0005	0,00 €	DECOSALC
Butylene Glycol	0,12 %		FR	9,7	0,0003	0,0029	0,00 €	DECOSALC
Magnesium Nitrate	0,11 %		FR	3,9	0,0003	0,0011	0,00 €	DECOSMG
Ecklonia Radiata Extract	0,11 %		DE	3,8	0,0003	0,0010	0,00 €	DECOSPLA
Aloe Barbadensis Leaf Juice	0,10 %		DE	9,8	0,0003	0,0025	0,00 €	DECOSPLA
Zea Mays Silk Extract	0,09 %		DE	6,3	0,0002	0,0015	0,00 €	DECOSPLA
Orchis Mascula Flower Extract	0,09 %		DE	0,8	0,0002	0,0002	0,00 €	DECOSPLA
Cocos Nucifera Fruit Extract	0,08 %		DE	9,5	0,0002	0,0020	0,00 €	DECOSPLA
Alcohol Denat	0,08 %		FR	3,8	0,0002	0,0007	0,00 €	DECOSPLA
Methylchloroisothia-zolinone	0,07 %		FR	2,9	0,0002	0,0005	0,00 €	DECOSALC
Magnesium Chloride	0,07 %		FR	1,0	0,0002	0,0002	0,00 €	DECOSCL
Methylisothiazolinone	0,06 %		FR	9,8	0,0002	0,0016	0,00 €	DECOSACID
Low-density polyethylene	9,80 %		DE	11,6	0,0245	0,2842	0,28 €	DELDPE
Label: paper and glue	1,20 %		DE	8,7	0,0030	0,0261	0,03 €	DEPACLAB
						Summe	**0,64 €**	**21,5 %**

Quelle: Darstellung des Autors

3.2.2 *Zahlungsprozesse der neuen Generation*

Wir könnten uns dann mehrere vergängliche Währungen vorstellen, die bestimmten Empfängern gewidmet sind, sowie andere, die durch die Inhaltsstoffe bzw. Zutaten der gekauften Produkte ausgelöst werden, um unsere Zahlungssysteme sehr genau zu machen, die Buchhaltung und Steuererklärungen zu automatisieren und die Umwelt bei den Preisen systematisch zu berücksichtigen, zum Beispiel über eine Mehrwertsteuer der neuen Generation. Nehmen wir als weiteres Beispiel den Kauf einer Zahnpasta. Stellen Sie sich vor, dass jedem Inhaltsstoff der Zahnpasta und Bestandteil der Verpackung eine Währung zugeordnet ist und dass der Betrag, der beim Kauf von dieser Verbrauchssteuer der neuen Generation erhoben wird, die die Mehrwertsteuer ersetzen würde, nur von der Masse und dem CO_2-Fußabdruck der jeweiligen Inhaltsstoffe bzw. Zutaten abhängt. Im Beispiel in Tabelle 7 entsprechen die Höhe der CO_2-Emissionen und die Massenverteilung nicht den wissenschaftlichen Daten).

Tabelle 9: Für jeden Inhaltsstoff/Bestandteil eines Produkts würden vergängliche Währungen erstellt und verwendet, um kleine Beträge pro Inhaltsstoff zu erheben, hier mit dem fiktiven Beispiel des Kaufs einer Zahnpasta in Deutschland

Inhaltsstoff/ Zutat	Anteil der Produktmasse	Emittierte kg CO_2/kg	Volumen (l)	Emissionen (kg CO_2)	Betrag	Währung
Aqua (Wasser)	69,62 %	0,10	0,052215	0,005222	0,00438606	DEAQUA
Sorbitol	15,66 %	19,40	0,011745	0,227853	0,019139652	DESORB
Hydrated silica	4,23 %	26,35	0,003173	0,083595	0,007022012	DEHYDR
Glycerin	3,58 %	48,16	0,002685	0,129310	0,010862006	DEGLYC
Sodium lauryl sulfate	2,33 %	49,23	0,001748	0,086029	0,007226472	DESODI
PEG-12	2,02 %	78,11	0,001515	0,118337	0,009940279	DEPEG
Aroma	1,03 %	21,68	0,000773	0,016748	0,001406815	DEAROM
Cellulose gum	0,51 %	13,69	0,000383	0,005236	0,00043986	DECELL
Sodium fluoride	0,56 %	65,22	0,000420	0,027392	0,002300962	DESODI
Sodium saccharin	0,46 %	67,89	0,000345	0,023422	0,001967452	DESODI
Polyethylen niedriger Dichte		86,57	0,020000	1,731400	0,1454376	DEPOLY
Tinte		53,24	0,001000	0,053240	0,00447216	DEENCR
Verpackung (Pappe)		31,49	0,008000	0,251920	0,02116128	DECART
				Summe	**0,24**	**EUR**

Quelle: Darstellung des Autors

Jede vergängliche Währung, deren Name mit „DE“ beginnt, wäre eine Währung, die von deutschen Behörden, hier der Steuerverwaltung, ausgegeben und verwaltet wird, wobei jede Einheit einem Euro entspricht und einem ganz bestimmten Zweck gewidmet ist. Somit ermöglichen es vergängliche Währungen, Ihre Zahlung in so viele Währungen aufzuschlüsseln, wie es Empfänger und Steuern gibt. Der Kauf Ihrer Zahnpasta würde dann Zahlungsströme wie in Abbildung 43 verursachen.

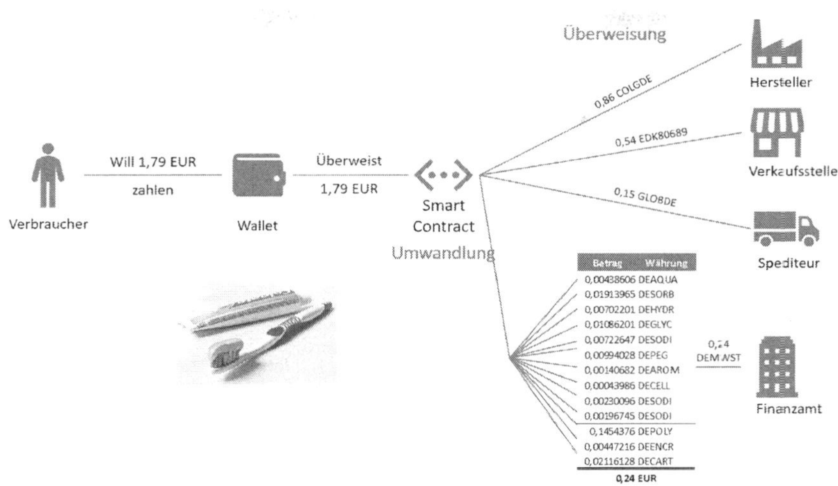

Abbildung 44: Der Kauf einer Zahnpasta würde durch die Verwendung von vergänglichen Währungen mehrere Mikrozahlungen auslösen, die den Empfängern sowie dem jeweiligen CO_2-Fußabdruck der Inhaltsstoffe und Komponenten der Zahnpasta und ihrer Verpackung entsprechen

Quelle: Darstellung des Autors

Diese Zahlungen der nächsten Generation würden unser Wirtschaftssystem viel genauer, effizienter, fairer und transparenter, aber auch komplexer machen, als es heute ist. Alle Abrechnungen würden in Echtzeit erfolgen: keine Zahlungsausfälle oder Verzögerungen mehr; alle Empfänger werden sofort bezahlt, das Finanzamt inklusive. Der Verbraucher müsste sich nicht um die Umrechnung seiner digitalen Euros kümmern, die durch seine Wallet in Verbindung mit dem Smart Contract der Verkaufsstelle gewährleistet wäre, sondern könnte auf Wunsch die Aufschlüsselung seiner Zahlung einsehen, so dass er sich die Zusammensetzung des von ihm gekauften Produkts sowie die Verteilung des generierten Umsatzes anschauen kann, indem er einfach die Währungen und Beträge betrachtet, die an der resultierenden Zahlung beteiligt waren, wie es auf der obigen Darstellung zu sehen ist. Geld würde dann nicht nur Wertaufbewahrungsmittel, Rechnungseinheit und Tauschmittel, sondern auch ein Informationsträger. Unsere Wirtschaft könnte dann ein hervorragendes Maß an Transparenz und Präzision erreichen und wäre in der Lage, den CO_2-Fußabdruck von Waren und Dienstleistungen systematisch in Zahlungen zu integrieren, was zur ökologischen Marktwirtschaft führen würde.

3.2.3 Individuelle Verschmutzungsrechte

TCS wäre eine Anwendung der bisher vorgestellten Technologien und Konzepte, um unser Konsummodell gerechter, nachhaltiger, genauer und transparenter zu machen. Man könnte sich darüber hinaus vorstellen, dass eine Regierung, die dieses System einrichtet, regelmäßig, zum Beispiel jeden Monat, einen bestimmten Betrag einer anderen vergänglichen Währung, die man IVR (individuelle Verschmutzungsrechte) oder IRTP auf Englisch („individual rights to pollute") nennen könnte, an ihre Bürger verteilt, die so programmiert wäre, dass man damit nur TCS-Steuern begleichen könnte. Wenn die Schweiz ihren Bürgern 12 CHIRTP pro Monat zuteilt, könnte man sich vorstellen, dass eine Person 36 CHIRTP erhalten würde, die ein Visum für einen dreimonatigen Aufenthalt in der Schweiz bekommt. Wenn die TCS-Währungstransaktionen transparent wären, das heißt, wenn jeder sie einsehen könnte, ohne allerdings die Emittenten (Verbraucher) identifizieren zu können, könnten die Medien oder das Gesundheitsministerium die Verkaufsstellen einstufen, an denen das meiste Fleisch, Zucker, Palmöl usw. ausgegeben wird und entsprechende Maßnahmen ergreifen. Auch hier würde das Geldsystem zu einer gigantischen Datenfabrik.

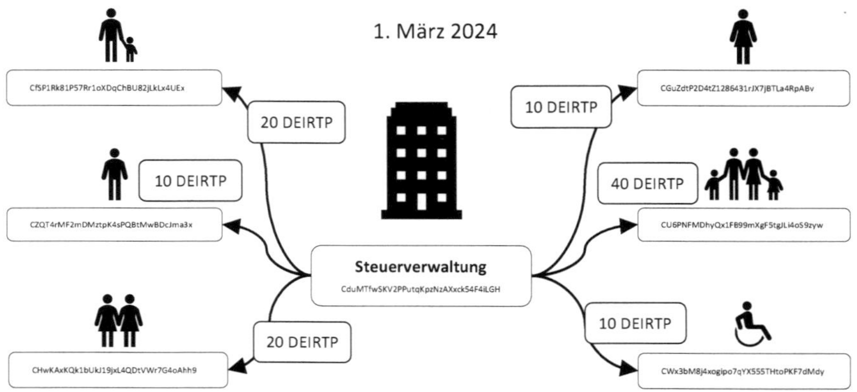

Abbildung 45: Die Steuerverwaltung würde monatliche „Verschmutzungsrechte" an jeden Bürger verteilen

Quelle: Darstellung des Autors

3.3 Common: ein Treueprogramm der neuen Generation

Jetzt kehren wir das TCS-System um und betrachten eine vergängliche Währung namens „Greencent" (GC), die nur durch umweltbewusstes Handeln erworben und nur für den Kauf umweltfreundlicher Produkte und Dienstleistungen der Umwelt ausgegeben werden kann, und die in Zertifikate über die „Nicht-Emission" von CO_2 umgewandelt wird, nachdem sie ausgegeben wurde. Der Greencent ist eine Belohnung für 1 kg nicht emittiertes CO_2: Jedes Mal, wenn ich durch meine Handlungen und Entscheidungen den Ausstoß von 1 kg CO_2 vermeide, egal wo ich mich befinde und was ich tue (mich bewege, einkaufe, esse usw.), gewährt mir das System automatisch einen Greencent, der als Treuepunkt betrachtet werden kann. Es geht hier nicht darum, das gesamte Projekt und das Wirtschaftsmodell rund um den Greencent, das Common heißt und in Form einer derzeit auf iOS und Android verfügbaren Applikation verfügbar ist, im Detail zu beschreiben, sondern zu sehen, wie es die neuen Tools und

Konzepte einsetzt, die in diesem Buch beschrieben werden, um unsere Gesellschaft in die Lage zu versetzen, sich hin zu nachhaltigeren Konsummodellen zu bewegen. Zusammenfassend ist Common ein Treueprogramm, das seine Mitglieder nicht für das Geld belohnt, das sie ausgeben, sondern für die kg CO_2, die sie durch ihre Aktivitäten und Einkäufe vermeiden zu emittieren, immer im 1:1 Verhältnis mit den Greencents, die das System ihnen anschließend zuteilt. Hierzu können wir weiter untersuchen, wie uns digitale Register helfen können, das „Umweltverhalten" von Common-Mitgliedern zu messen, wie Greencents vergeben und wie sie ausgegeben werden können.

Durch Common wird das Umweltverhalten seiner Nutzer in allen Bereichen bewertet, also alle Aktivitäten, die Einzelpersonen ausführen können:

- die Stadt- und Fernmobilität
- der Verzehr von Speisen und Getränken in Restaurants, Cafés, Hotels usw.
- der Verbrauch von Bandbreite und Online-Speicherplatz
- die Abfallwirtschaft
- das Online- und Offline-Shopping von nicht essbaren Produkten (Klamotten usw.)
- der Kauf von Konsumgütern
- der Energieverbrauch

In jedem dieser Bereiche werden digitale Währungen und Register es ermöglichen, immer genauere Informationen darüber zu erhalten, „wer was tut", solange Common-Benutzer der Applikation die Einwilligung erteilen, ihr Umweltverhalten aufzuzeichnen, um gegebenenfalls Greencents zu erhalten. Wir werden nun zwei sehr unterschiedliche Beispiele untersuchen, um die Funktionsweise der Applikation zu erläutern: urbane Mobilität und den Konsum von Speisen und Getränken in Restaurants.

Wenn sich eine Person in der Stadt bewegt, benutzt sie, wenn sie nicht zu Fuß geht, ein Transportmittel, von privaten Fahrrädern bis hin zu öffentlichen Verkehrsmitteln, einschließlich Rollern und anderen Leihfahrrädern. Jedes dieser Fahrzeuge wird in absehbarer Zeit in einem digitalen Register eindeutig identifiziert, und der Benutzer wird mit der Wallet des Fahrzeugs über dieses Register interagieren, um beispielsweise seine Fahrt zu bezahlen, außer im Fall des persönlichen Rollers oder Fahrrads, die bereits zuverlässig nachverfolgt werden können, ohne dass digitale Identitäten, Währungen und Register erforderlich sind. Dem Common-System wird daher nicht nur bekannt sein, welches Fahrzeug der Benutzer benutzt, wie lange und über welche Entfernung er es tut, sondern auch wie hoch die CO_2e-Emissionen dieses Fahrzeugs sind (Buslinie 52 kann beispielsweise mit Wasserstoffbussen ausgestattet sein, während die 57 weiterhin mit Diesel fährt; die Düsseldorfer Straßenbahn verbraucht möglicherweise weniger Strom pro km als diejenige von Freiburg im Breisgau) und sogar wie viele Fahrgäste sich in diesem befinden, indem das System sich mit der Wallet des Benutzers und des Fahrzeugs verbindet, die die jeweiligen digitalen Identitäten verwalten. Zur Erinnerung: Common weist seinen Benutzern einen

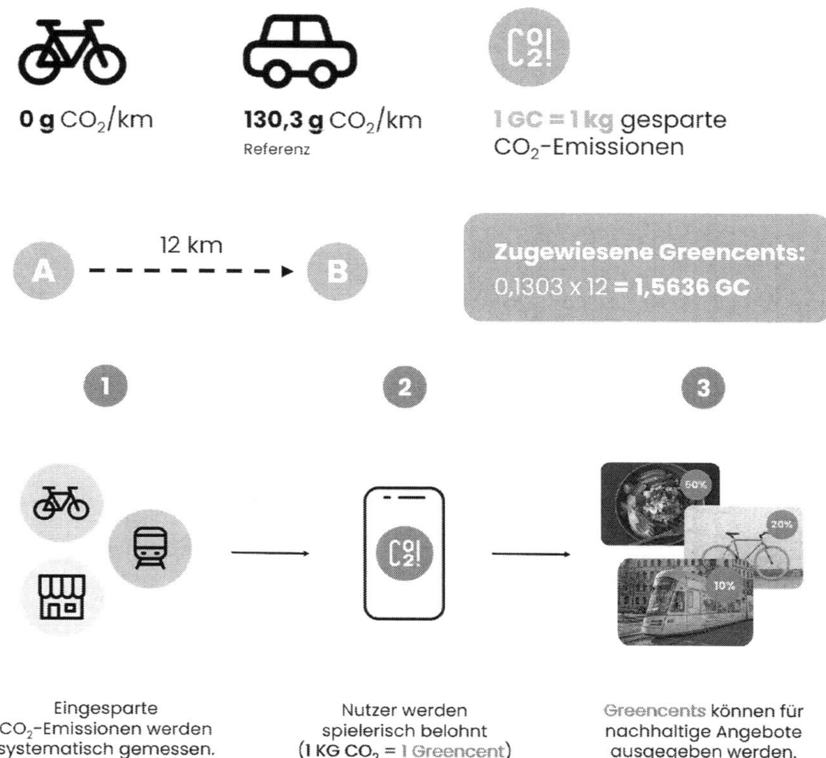

Abbildung 46: Beispiel einer Berechnung einer Belohnung in Greencents für 12 km Radfahren

Quelle: Darstellung des Autors

Greencent zu, sobald sie es durch ihre Aktivitäten und Entscheidungen schaffen, 1 kg CO_2-Emissionen zu vermeiden. Wie vermeidet man 1 kg CO_2-Emissionen im Mobilitätsbereich? Und im Verhältnis zu welcher Sache? Um dies in der urbanen Mobilität zu messen, berechnet Common die Differenz zwischen einer Referenzaktivität, etwa alleine im Auto zu fahren, und der Aktivität, die der Benutzer ausführt. 138 g CO_2 pro km werden laut der European Environmental Agency im Durchschnitt emittiert, wenn man alleine in der Stadt im Auto fährt. Diese Zahl ist ein Durchschnittswert, der tendenziell sinkt, weil Verbrennungsmotoren besser werden und Elektrofahrzeuge Marktanteile gewinnen. Wenn ein Benutzer 5 km mit der Straßenbahn fährt und die Straßenbahn 12 g CO_2 pro km ausstößt, dann hat dieser Benutzer die Emission von 5 × (138 – 12) = 630 g CO_2 vermieden. Er erhält also automatisch 0,63 GC, da 630 g = 0,63 kg.

Jetzt nehmen wir ein Beispiel im Essensbereich. Stellen Sie sich nun vor, eine Person will ein Thai-Curry bestellen und hat die Wahl zwischen fünf Proteinquellen mit einem entsprechenden CO_2-Fußabdruck:

- Huhn und 3,76 kg CO_2-Emission
- Fisch und 4,12 kg CO_2-Emission
- Rindfleisch und 5,75 kg CO_2-Emission
- Ente und 4,51 kg CO_2-Emission
- Tofu und 0,61 kg CO_2-Emission

Der durchschnittliche CO_2-Ausstoß dieser Gerichte von 3,75 kg wird als Referenz genommen, um die Belohnung in Greencents zu berechnen. Belohnt wird natürlich nur das Tofu-Gericht: 3,75 – 0,61 = 3,14 GC.

Der Greencent könnte in ein paar Jahren so programmiert sein, dass er nicht zum Kauf von Produkten und Dienstleistungen verwendet werden kann, auch nicht teilweise, deren CO_2-Fußabdruck größer als beispielsweise 152 g ist. Diese Information wird in der digitalen Identität der Produkte und Dienstleistungen enthalten und abrufbar sein, nach dem „Wer kauft was und womit?"-Prinzip. Die Zahlung wäre dann technisch unmöglich.

Dieses System ist bereits eine Realität in München und Budapest: Man kann seine Greencents bei bestimmten Partnern (Restaurants, Fahrradwerkstätten, Cafés usw.) ausgeben; in anderen Worten kann man bereits dank Common mit seiner Umweltfreundlichkeit zahlen:

Wir sehen hier also erneut, dass das System die drei grundlegenden Eigenschaften digitaler Währungen nutzt, um dazu beizutragen, unsere Konsumgesellschaft nachhaltiger zu gestalten:

- Der Greencent wird so programmiert, dass er vergeben wird, wenn eine Person eine umweltfreundliche Aktivität ausführt, und nur ausgegeben wer-

Abbildung 47: Der Greencent wird 1:1 auf Basis der vom Nutzer verursachten CO_2-Einsparung zugeteilt

Quelle: Darstellung des Autors

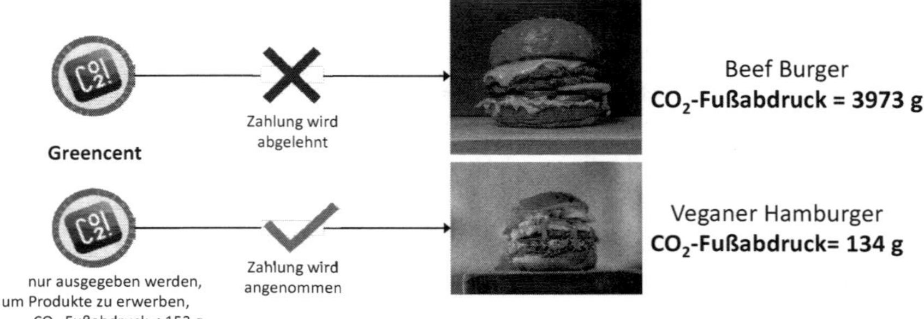

Abbildung 48: Der Greencent wird so programmiert, dass er nicht zum Kauf von Waren und Dienstleistungen mit einem CO_2-Fußabdruck über einem bestimmten Wert verwendet werden kann

Quelle: Darstellung des Autors

den kann, um Produkte und Dienstleistungen zu bezahlen, deren CO_2-Fußabdruck unter einem bestimmten Wert liegt, der transparent festgelegt und kommuniziert werden muss.

- Der Greencent wird durch mehrere Transaktionen zugeteilt und ausgegeben, manchmal in Höhe von wenigen Cents oder darunter, um das tugendhafte Umweltverhalten von Common-Benutzern systematisch zu belohnen und auch mit kleinen Beträgen bei Common-Partnern einsetzbar zu sein, die Greencent als Zahlungsmittel akzeptieren.
- Der Greencent ist einer sehr genauen Verwendung gewidmet: Er soll immer eine Belohnung für 1 kg nicht emittiertes CO_2 darstellen, unabhängig von der Aktivität, unabhängig vom Ort, gemäß genauen und transparenten Messungen und Regeln, um als Informationsvektor zu dienen: Wenn zum Beispiel eine Packung Cerealien 0,83 GC und eine andere gleicher Masse 1,26 GC bieten, weiß jeder sofort, welche der beiden den geringsten CO_2-Fußabdruck aufweist.

Indem Geschäfte, E-Commerce-Websites, Banken, öffentliche oder private Verkehrsunternehmen usw. den Greencent als Zahlungsmittel akzeptieren, lässt Common das Gesetz von Angebot und Nachfrage einen Wert für diesen bestimmen, also die Belohnung dafür, 1 kg CO_2 nicht emittiert zu haben, was das Gegenteil der CO_2-Zertifikate ist, die eine CO_2-Emissionsberechtigung für Industrien darstellen (und die zu Ihrer Information derzeit bei etwa 80 € pro Tonne liegen). Die Preisgestaltung ist in einer Marktwirtschaft von grundlegender Bedeutung und sollte so weit wie möglich dem natürlichen Mechanismus von Angebot und Nachfrage überlassen werden und die wichtigsten Bestandteile berücksichtigen, die nicht nur aus dem wirtschaftlichen Bereich stammen dürfen.

Falls eine Bäckerei ein Brötchen für 3 GC anbietet und alle anderen in der Umgebung es für 2,5 GC tun, vorausgesetzt sie sind von gleicher Masse und Qualität, dann wird die „teurere" Bäckerei den Preis für ihr Brötchen vielleicht irgendwann auf 2,5 GC senken, um wettbewerbsfähig zu bleiben. Wenn das Brötchen für 1 € angeboten wird, dann wurde durch Common ermöglicht, ein Verhältnis zwischen einer Belohnung für das Nichtausstoßen von 1 kg CO_2 und einem Wert in der Ortswährung zu erstellen. In diesem Beispiel ist 1 GC 0,40 € wert. Common hat es ermöglicht, CO_2 zu monetarisieren und damit die Umwelt in die Marktwirtschaft zu integrieren: Die ökologische Marktwirtschaft ist wahrgeworden.

Die Wirtschaftsgeschichte ist von langen Wachstumsphasen geprägt, die durch technologische Fortschritte ausgelöst werden, die zu großen Krisen und dann zu Fortschritten im sozialen Bereich führen, wie der Abschaffung der Sklaverei oder dem Wohlfahrtsstaat. Wir glauben, dass die konsequente Verbindung der Umwelt mit der Wirtschaft der beste Weg ist, um den Klimawandel effektiv zu bekämpfen, und deshalb glaube ich, dass die ökologische Marktwirtschaft der nächste Systemwandel sein wird, der aufgrund der von uns seit dem Ende des Zweiten Weltkriegs verursachten ökologischen Krise notwendig und dank digitaler Währungen und Register möglich werden wird.

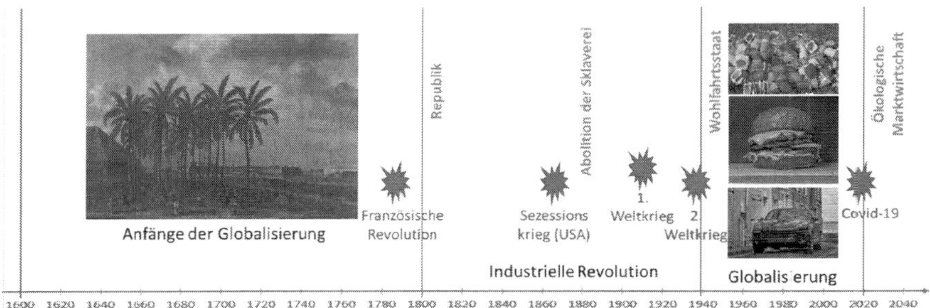

Abbildung 49: Die ökologische Marktwirtschaft könnte wohl das System darstellen, das uns dabei helfen würde, unsere derzeitige größte Herausforderung zu überwinden

Quelle: Darstellung des Autors

VII. Schlusswort

Digitale Währungen und Register werden das sein, was wir aus ihnen machen wollen: Spekulationswerkzeuge, alternative Währungen für Rebellen, Piraten oder „Geeks", Werkzeuge zur Bevölkerungskontrolle und -überwachung, neuartige Wert-Management-Werkzeuge für ganze Branchen und Behörden, wesentliche Instrumente für die Entstehung der Digitalisierung der Wirtschaft und des Internets der Dinge, grundlegende Vektoren der Transformation unserer Gesellschaften hin zu mehr Transparenz, Fairness und Nachhaltigkeit. Sie stellen in jedem Fall die Grundlagen nicht nur unserer Wirtschaft, sondern auch unserer Gesellschaft im Allgemeinen in Frage: Wertschöpfung, -Management und -Verteilung, Vertrauen, Governance, Transparenz, Zentralisierung usw.

Die eigentliche Herausforderung dieser disruptiven Werkzeuge ist weder Skalierbarkeit noch Benutzerfreundlichkeit noch sind es regulatorische Herausforderungen, sondern ihre Fähigkeit, einen immer größer werdenden Teil der Bevölkerung davon zu überzeugen, sie zu benutzen, anstatt sie dazu zu zwingen. Einzelpersonen, Organisationen und Institutionen, die die Verbreitung dieser aufkommenden Technologien fördern wollen, müssen sich dafür einsetzen, ein breites Publikum davon zu überzeugen, dass ihre persönlichen Daten sowie ihr Vermögen genauso sicher sein können wie in herkömmlichen zentralisierten Systemen oder in physischer Form, dass dezentralisierte Technologien einen Rolle in der neuen Wirtschaft spielen können und sollten, dass diese Technologien die Effizienz, Transparenz, Fairness und Nachhaltigkeit unserer Gesellschaften erheblich verbessern können und dass die Blockchain nicht automatisch ein Umweltmonster ist.

Falls Sie Gesetzgeber sind, könnten Sie digitalen Währungen und Registern die Tür aufmachen, die Allmacht der Zentralbank in der Geldpolitik hinterfragen, sich anschauen, was China gerade tut, und wie weit El Salvador, die Zentralafrikanische Republik, die Marshallinseln, Schweden usw. in diesem Bereich gekommen sind. Unternehmen müssen sich innerhalb eines von Ihnen festgelegten regulatorischen Rahmens weiterentwickeln; wer zu lange wartet, verliert seine Wettbewerbsfähigkeit, denn je früher wir damit anfangen, digitale Währungen und Register anzupacken, desto eher können wir die Vorteile der Digitalisierung der Wirtschaft nutzen. Dabei geht es nicht nur um Wettbewerbsfähigkeit, sondern auch um die Nachhaltigkeit unserer Wirtschaft. Treten Sie einen Schritt zurück und hinterfragen Sie die grundlegenden Aspekte unserer Gesellschaften und Volkswirtschaften: Geld, Wert, Eigentum, Vertrauen, Transparenz, Zentralisierung usw. Schaffen Sie Raum für Dezentralisierung in neuen Regulierungsrahmen und beginnen Sie mit der Standardisierung der digitalen Identität, einer Voraussetzung für die Digitalisierung der Wirtschaft. Verabschieden Sie Standards, ermutigen Sie Unternehmen und Verwaltungen, in diesen Bereichen zusammenzuarbeiten, autorisieren Sie Maschinen, Entscheidungen zu treffen, Zahlungen auszuführen und zu empfangen, schauen Sie sich an, was außerhalb unserer deutschen und europäischen Grenzen abläuft usw. Die Digitalisierung der Wirtschaft braucht einen rechtlichen Rahmen, den Sie bestimmen müssen, damit unsere Landsleute und Wirtschaftsakteure das Beste daraus machen können.

Die Welt der Blockchain und Kryptowährungen hat sich seit dem letzten Quartal 2020 unter anderem durch das öffentliche und finanzielle Engagement renommierter Persönlichkeiten und Institutionen, die spektakuläre Entwicklung der NFTs und der dezentralen Finanz hervorragend entwickelt, sowohl in der breiten Öffentlichkeit als auch hinter den Kulissen. Alle bedeutenden Banken und Finanznachrichtendienste zählen jetzt Bitcoin und oft Ethereum zu den Vermögenswerten, die sie verfolgen und/oder ihren Kunden anbieten. Eine Massenadoption ist auf dem Weg, wird aber unweigerlich durch das derzeit bestehende „vorherige" System gebremst, bestehend aus Zentralbanken, Fiat-Währungen und Regierungen. Monetäre Souveränität ist kein Thema, das auf die leichte Schulter genommen werden sollte, und es ist genau einer der grundlegenden Aspekte der zentralisierten Systeme, in denen wir alle arbeiten, die die aktuellen digitalen Währungen und Register in Frage stellen. Die Zukunft gehört öffentlichen und privaten Organisationen, die die richtige Balance zwischen zentralisierten und dezentralisierten Prozessen finden werden. Die dezentrale Welt ist noch nicht ganz fertig, weil sie oft noch Probleme mit der Benutzerfreundlichkeit und Skalierbarkeit zu lösen hat, aber sie schreitet schnell voran und stellt für die zentralisierte Welt ein Open-Air-Labor dar, in dem sehr relevante und manchmal revolutionäre Konzepte der Wertschöpfung und des Managements, der Entscheidungsfindung, Zusammenarbeit usw. verzeichnet werden, wie wir es vor allem bei Ethereum feststellen können.

Im Anschluss möchte ich sechs grundlegende Beiträge digitaler Währungen und Register hervorheben, die meiner Meinung nach ihre allgemeine Verbreitung rechtfertigen:

1. Die ökologische Marktwirtschaft: ein Wirtschafts- und Währungssystem, in dem die durch die Herstellung bzw. Erbringung von Waren und Dienstleistungen verursachten Umweltauswirkungen nach einer allgemein anerkannten Methodik systematisch bewertet, dargestellt und in der Preisgestaltung berücksichtigt werden, und in dem es daher finanziell vorteilhaft ist, Waren und Dienstleistungen mit geringen, neutralen oder positiven Umweltauswirkungen herzustellen, zu erbringen, anzubieten und zu verbrauchen.
2. Die Digitalisierung der Wirtschaft, d. h. das Aufkommen der Echtzeitwirtschaft, die durch digitale Register ermöglicht wird, in denen Informationen, Leistungen und Zahlungen ständig und dank digitaler Währungen in Echtzeit ausgetauscht werden, wobei den Teilnehmern, bei denen es sich um Personen, Organisationen oder Maschinen handeln kann, eine Wallet zur Verfügung gestellt wird, mit der sie sich identifizieren und digitale Währungen ausgeben und empfangen können.
3. Das digitale Eigentum, das es jedem ermöglicht, sich buchstäblich an der Digitalisierung der Wirtschaft zu beteiligen und dadurch das Metaversum,

das Web 3.0, die NFTs, die Tokenisierung, die dezentrale Finanz usw. möglich und wünschenswert machen.

4. Das Banking der größtmöglichen Anzahl von Menschen durch all diese neuen dezentralisierten (Kryptowährungen, NFT), aber auch zentralisierten Systeme (Diem usw.), die kein Bankkonto und zuweilen keine Identifikation erfordern, um digitale Werte zu lagern und auszutauschen, damit ein beträchtlicher Teil der Bevölkerung, der heute vom traditionellen Bankensystem ausgeschlossen wird, aktiv am Wirtschaftsleben teilnehmen kann.
5. Die Geldpolitik 2.0, die durch eine vorhersehbare und transparente Codierung bestimmt wird, und nicht durch willkürliche und undurchsichtige Entscheidungen der Zentralbanken, deren Rolle auf die operative Verwaltung der Währungen der neuen Generation beschränkt sein muss: die CBDCs und die unzähligen vergänglichen Währungen.
6. Die Buchhaltung und Besteuerung 2.0, die viel genauer, fairer und transparenter als derzeitige Systeme sein werden, dank der Möglichkeit, digitale Währungen zu programmieren, einem bestimmten Zweck zuzuordnen und für Mikrotransaktionen zu verwenden.

Natürlich wird es Widerstandsbewegungen in den bestehenden Systemen oder von Menschen geben, die sich beispielsweise gegen die Digitalisierung der Wirtschaft oder des Metaversums äußern. Aber der Fortschritt ist nicht zu stoppen, und digitale Währungen und Register stellen eine außergewöhnliche Gelegenheit dar, einem seit 2008 festgefahrenen Kapitalismus neue Impulse einzuhauchen und unser Konsummodell nachhaltig zu machen. Die Menschheit ist seit jeher mit Herausforderungen konfrontiert, die sie sich bei der Entwicklung und „Domestizierung“ der Natur zunehmend selbst zufügt. Technologie ist das wichtigste Werkzeug, mit dem wir uns diesen Herausforderungen stellen können, und wir brauchen sie heute mehr denn je angesichts der enormen Bedrohung, die der Klimawandel für die Menschheit darstellt. Lassen wir uns, Unternehmen, Einzelpersonen und Regierungen, diese Technologien gemeinsam nutzen, um zur Realität zurückzukehren und das Aufkommen der ökologischen Marktwirtschaft und der Digitalisierung der Wirtschaft zu ermöglichen. Ich bin der Meinung, dass Geld sowohl zu unserer jetzigen Situation geführt hat als auch die Lösung zu unseren Hauptherausforderungen sein wird. Wir brauchen bessere, transparentere, mit der Umwelt verbundene Geldformen, die durch digitale Währungen durchaus realisierbar sind.

Wir haben uns daran gewöhnt, in einem Wirtschafts- und Währungssystem zu leben, das nur halb liberalisiert ist und dessen wichtigster Indikator, der Preis, nur die Hälfte der Realität widerspiegelt. Lassen wir uns den Mut haben, die Liberalisierung unserer Wirtschaft zu vollenden, indem wir die Geldausstellung transparent und vorhersehbar machen, damit der Markt selbst dem Grundstoff unserer Wirtschaft dynamisch einen Wert erteilt, wie er es seit langem für Waren und Dienstleistungen tut. Und lassen wir uns die ökologische Komponente auf gleicher Ebene mit ihrem wirtschaftlichen Pendant systematisch in die Preise integrieren, um die Freiheit und die Verantwortung in Einklang zu bringen, die wir alle durch unseren Konsum gegenüber unserer Umwelt tragen, anstatt sie auf andere Völker und künftige Generationen systematisch abzuwälzen. Die ökologische Komponente unseres Konsums in ihrem Hauptindikator, dem Preis, zu verschleiern, kommt in der Tat einer Entziehung unserer ökologischen Verantwortung gleich: Genau das tun wir mit den uns bekannten Folgen. Es ist an der Zeit und es ist möglich, unsere wirtschaftliche und ökologische Flucht nach vorne zu stoppen. Digitale Währungen und Register sind die Technologien, die es uns ermöglichen werden, diese beiden Ziele vor dem Ende des Jahrzehnts zu erreichen: das erste im Wesentlichen durch deren Programmierbarkeit, das zweite durch die Tatsache, dass sie sofortige und kostengünstige Mikrozahlungen ermöglichen, und dass sie einer Verwendung gewidmet werden können.

VIII. Glossar

Anti-Money-Laundering (AML) – Bekämpfung der Geldwäsche

Maßnahmen zur Verhinderung, Bekämpfung und Verfolgung von Geldwäsche, d. h. Verschleierung und Verlagerung von Vermögenswerten, die aus illegalen Aktivitäten stammen.

Atomic Swaps (keine Übersetzung)

Atomic Swaps bieten eine Möglichkeit, Daten von verschiedenen Blockchains Peer-to-Peer auszutauschen, ohne dass ein Dritter wie eine Börse erforderlich ist, typischerweise einen Token in einen anderen umzuwandeln.

Blockchain

Die Blockchain ist ein dezentralisiertes und gemeinsam genutztes digitales Register, dessen Betrieb und Sicherheit auf asymmetrischer Kryptographie basieren und in dem Daten in Sätzen zusammengefasst werden, die als Blöcke bezeichnet werden und aus Computersicht durch Regeln begrenzt sind, die in einem Protokoll veröffentlicht werden, die unveränderlich und kryptografisch mit jedem anderen Block verknüpft sind.

Central Bank Digital Currency (CBDC) – Digitale Zentralbankwährung

Eine CBDC ist eine ausschließlich digitale Währung, die von einer Zentralbank ausgestellt wird, als gesetzliches Zahlungsmittel auf einem bestimmten Territorium dient und für jedermann zugänglich ist.

Delivery vs. Payment (DvP), Lieferung gegen Zahlung

Die Lieferung gegen Zahlung ist eine Geschäftsart in der Digitalisierung der Wirtschaft, bei der eine Leistung quasi gleichzeitig mit deren Gegenleistung erbracht wird.

Digital Economy – Digitalisierung der Wirtschaft

Die Digitalisierung der Wirtschaft bezieht sich auf die Vernetzung von Maschinen und Prozessen durch fortschrittliche Technologien und Kommunikation, hauptsächlich durch digitale Währungen und Register, das Internet der Dinge und die künstliche Intelligenz. Die Begriffe „Machine Economy“ und „Industrie 4.0“ stellen ähnliche Konzepte zur Digitalisierung der Wirtschaft dar.

Distributed-Ledger-Technologie (DLT) – Dezentrales digitales Register

Die DLT bezieht sich sowohl auf eine Infrastruktur als auch auf ein Protokoll für die sichere und dezentrale Validierung, Speicherung und Aktualisierung von Daten; sie ist der Oberbegriff für die Blockchain.

Enterprise Resource Planning (ERP) – Integrierte Verwaltungssoftware

ERP-Systeme ermöglichen die Modellierung von Geschäftsprozessen, von der Personalverwaltung über die Maschinen- bis hin zur Einkaufsplanung.

Exchange – Handelsplattform für Krypto-Vermögenswerte

Eine Exchange ist eine Handelsplattform wie Binance, Kraken, Coinbase, Huobi, Bittrex usw., die auf den Handel mit Kryptowährungen spezialisiert ist.

Internet of Things (IoT) – Internet der Dinge

Das Internet der Dinge bezieht sich auf Netzwerke von Geräten, Maschinen, Sensoren und Systemen, die so programmiert sind, dass sie über das Internet autonom miteinander kommunizieren und interagieren können, sodass der Bedarf an menschlichem Eingreifen im Vergleich zu aktuellen Systemen weitgehend minimiert wird.

Machine-to-Machine Payments (M2M) – Zahlung von Maschine zu Maschine

Eine M2M-Zahlung ist eine autonome Zahlung, die ohne menschliches Eingreifen zwischen zwei oder mehr Maschinen mit digitalen Währungen erfolgt.

Micropayments – Mikrozahlungen

Mikrozahlungen sind Transaktionen von sehr kleinen Beträgen, in der Regel weniger als 1 Cent eines Euro oder Dollar, die mittels digitaler Währungen ausgeführt werden.

Mining – Schürfen

Im Zusammenhang mit kryptografischen Vermögenswerten ist Mining ein Begriff, der der Goldproduktion entlehnt ist: Es handelt sich um die Tätigkeit, die oft von spezialisierten Computern ausgeführt wird, die Miner einem Blockchain-Netzwerk zur Verfügung stellen, und es ermöglichen, in regelmäßigen Zeitabständen einen Konsens im Proof-of-Work-System zu erreichen, wodurch Miner in Form von Einheiten des Systems (Coins/Token) bezahlt werden.

Money Streaming – Geld-Streaming

Geld-Streaming besteht aus Zahlungen für eine Dienstleistung, die während der Inanspruchnahme der Dienstleistung kontinuierlich geleistet werden, z. B. das Ansehen eines Films, sodass der Anbieter der Dienstleistung den Verbraucher weder identifizieren noch sicherstellen muss, ob er zahlungsfähig ist.

Nodes – Knoten

Ein Knoten ist ein Computer, der mit einem dezentralisierten Netzwerk verbunden ist, der die Rolle der Überprüfung, Speicherung und Weiterleitung von Netzwerkinformationen, Transaktionen im Falle von Kryptowährungsnetzwerken, übernimmt. In der Regel werden Knoten für diese Aufgaben nicht entlohnt.

Oracle – Orakel

Ein Orakel ist ein Dienst, der spezifische externe Daten sammelt, validiert und diese Smart Contracts in einer Blockchain zur Verfügung stellt, damit diese überhaupt funktionieren können.

Proof of Stake (PoS) – Einsatznachweis

Proof of Stake ist ein von Blockchain-Systemen verwendeter Konsensalgorithmus, bei dem einem Validator nach dem Zufallsprinzip das Recht eingeräumt wird, einen Block zu validieren und die entsprechende Belohnung zu erhalten. Die Wahrscheinlichkeit, ausgewählt zu werden, steigt proportional zum Eigentum der Kryptowährung des Systems: Je mehr man hält, desto höher ist die Wahrscheinlichkeit, als Validator ausgewählt zu werden. Proof of Stake ist viel ressourceneffizienter als Proof of Work.

Proof of Work (PoW) – Arbeitsnachweis

Proof of Work ist ein von Blockchain-Systemen verwendeter Konsensalgorithmus, bei dem ein Teilnehmer ausgewählt wird, um Transaktionen zu bestätigen und eine Belohnung zu erhalten, sobald er eine bestimmte Aufgabe abgeschlossen hat. Bei Bitcoin besteht es darin, ein kryptografisches Rätsel zu lösen (einen Hash von SHA256 zu finden, der mit 19 „0" beginnt).

Single source of truth (SSOT) – Einzige Wahrheitsquelle

Die einzige Wahrheitsquelle bezieht sich darauf, Informationen zuverlässig an einem bestimmten Ort zu sichern, um sicherzustellen, dass sie aktuell und korrekt sind, und um Informationsfehler und Versionskonflikte zu vermeiden. Eine gut verwaltete Blockchain kann als einzige Wahrheitsquelle fungieren.

Smart Contract – Intelligenter Vertrag

Smart Contracts sind Programme, die auf einer Blockchain ausgeführt werden und oft einfach, aber theoretisch von unbegrenzter Komplexität sind. Sie können vertragliche Vereinbarungen zwischen einer beliebigen Anzahl von Parteien automatisch umsetzen, einschließlich automatisierter Zahlungen.

Stablecoin

Ein Stablecoin ist ein Krypto-Asset, das Preisstabilisierungsmechanismen nutzt, um Schwankungen zu minimieren, und an einen bestimmten Vermögenswert außerhalb des Krypto-Marktes gekoppelt ist, oftmals an eine bedeutende Währung wie den US-Dollar.

Tokenization – Tokenisierung

Die Tokenisierung ist die digitale Darstellung von Vermögenswerten und entsprechenden Rechten, beispielsweise Mieten, Lizenzgebühren oder Dividenden, in Form von Token, die fungibel sein können oder nicht. Eine Immobilie kann zum Beispiel in 100.000 Token dargestellt und anschließend vermietet werden: Jeder Token gibt seinem Eigentümer das Recht auf 1/100.000 der erzielten Mieten.

Diese zwei Konzepte werden vom Autor eingeführt:

Impermanent Currency – Vergängliche Währung

Eine vergängliche Währung ist ein Stablecoin, dessen Einheiten nach ihrer Ausgabe vernichtet oder in etwas anderes als Geld umgewandelt werden, sodass sie im Wesentlichen als Informationsvektor dient.

Market Ecology – Ökologische Marktwirtschaft

Ein Wirtschafts- und Währungssystem, in dem die durch die Herstellung bzw. Erbringung von Waren und Dienstleistungen verursachten Umweltauswirkungen nach einer allgemein anerkannten Methodik systematisch bewertet, dargestellt und in der Preisgestaltung berücksichtigt werden, und in dem es daher finanziell vorteilhaft ist, Waren und Dienstleistungen mit geringen, neutralen oder positiven Umweltauswirkungen herzustellen, zu erbringen, anzubieten und zu verbrauchen.